汽车网络控制系统检修

主 编 沙中玉 陈小长
副主编 张洪伟 李缘忠 韦 恩

北京理工大学出版社
BEIJING INSTITUTE OF TECHNOLOGY PRESS

内 容 提 要

本书根据汽车类专业教学标准及从事汽车职业的在岗人员对基础知识、基本技能和基本素质的需求，结合汽车专业人才培养的目的，重点介绍汽车网络系统概述、CAN数据总线系统、LIN数据总线系统、其他常用数据总线系统、以太网与FlexRay数据总线系统和各车系车载网络系统等内容。

全书讲解清晰、简练，配有大量的图片，明了直观。本书按照模块化教学的实际需求，理论联系实际，重视理论，突出实操。

本书适合作为职业院校汽车专业教材，也可作为汽车售后服务站专业技术人员的培训教材。

版权专有　侵权必究

图书在版编目（CIP）数据

汽车网络控制系统检修 / 沙中玉，陈小长主编 .—北京．北京理工大学出版社，2017.7

ISBN 978-7-5682-4456-5

Ⅰ．①汽… Ⅱ．①沙… ②陈… Ⅲ．①汽车 – 计算机网络 – 维修 – 高等职业教育 – 教材 Ⅳ．① U472.41

中国版本图书馆 CIP 数据核字（2017）第 182010 号

出版发行 / 北京理工大学出版社有限责任公司
社　　址 / 北京市海淀区中关村南大街 5 号
邮　　编 / 100081
电　　话 /（010）68914775（总编室）
　　　　　（010）82562903（教材售后服务热线）
　　　　　（010）68948351（其他图书服务热线）
网　　址 / http：//www.bitpress.com.cn
经　　销 / 全国各地新华书店
印　　刷 / 北京佳创奇点彩色印刷有限公司
开　　本 / 787 毫米 × 1092 毫米　1/16
印　　张 / 14　　　　　　　　　　　　　　　责任编辑 / 陆世立
字　　数 / 277 千字　　　　　　　　　　　　文案编辑 / 陆世立
版　　次 / 2017 年 7 月第 1 版　2017 年 7 月第 1 次印刷　　责任校对 / 周瑞红
定　　价 / 46.00 元　　　　　　　　　　　　责任印制 / 边心超

图书出现印装质量问题，请拨打售后服务热线，本社负责调换

前 言

截至 2015 年 6 月，我国汽车保有量已经突破了 1.63 亿辆。随着汽车电子技术的不断发展，车辆上电控系统的数量不断增多，而且功能也越来越复杂。如果仍采用常规的布线方式，即每一个电脑都需要与多个传感器、执行器之间发生通信，将导致汽车上电线数目急剧增加。电控系统的增加虽然提高了轿车的动力性、经济性和舒适性，但随之增加的复杂电路也降低了汽车的可靠性，增加了维修的难度。这给汽车维修业带来了极大的机遇和挑战，同时也对汽车维修人员的技术水平提出了更高、更新的要求。

同时，为了解决学生学不懂、学习兴趣不浓、教材内容枯燥乏味、老师不好教等问题，北京理工大学出版社特邀请一批知名行业专家、学者以及一线骨干老师结合新的专业教学标准，规划出版了该套图解版汽车职业教育系列教材。

本系列教材坚持如下定位：

☆ 以就业为导向，培养学生的实际运用能力，以达到学以致用的目的；

☆ 以科学性、实用性、通用性为原则，以使教材符合职业教育汽车类课程体系设置；

☆ 以提高学生综合素质为基础，充分考虑对学生个人能力的提高；

☆ 以内容为核心，注重形式的灵活性，以便于学生接受。

本系列坚持理论知识图解化的基本理念，教材配有大量的插图、表格和立体化教学资源，介绍了大量的故障诊断、维修服务和营销案例。

☆ 在内容上强调面向应用、任务驱动、精选案例、严控质量；

☆ 在风格上力求文字简练、脉络清晰、图表明快、版式新颖；

☆ 在理论阐述上，遵循"必需"、"够用"的原则，在保证知识体系相对完整的同时，做到知识讲解实用、简洁和生动。

本书共分为 6 个课题，重点介绍汽车网络系统概述、CAN 数据总线系统、LIN 数据总线系统、其他常用数据总线系统、以太网与 FlexRay 数据总线系统和各车系车载网络系统等内容。

本书图文并茂、通俗易懂，适合作为职业院校汽车专业教材，也可作为汽车售后服务站专业技术人员的培训教材。

由于作者水平有限，书中可能会有疏漏和不妥之处，欢迎读者批评指正。

编者

目录

课题一　汽车网络控制系统概述 … 1
- 任务一　认识车载网络系统 … 1
- 任务二　车载网络系统的组成与数据传输方式 … 11
- 任务三　车载网络的类型与协议标准 … 15
- 任务四　车载网络系统的要求与应用 … 22

课题二　CAN 数据总线系统 … 28
- 任务一　CAN 数据总线的发展史 … 28
- 任务二　汽车多路传输系统 … 30
- 任务三　CAN 数据总线传输系统的组成原理与特点 … 38
- 任务四　CAN 数据总线系统的通信协议 … 47
- 任务五　CAN 数据总线在汽车上的应用 … 54
- 任务六　CAN 数据总线系统的检修 … 68

课题三　LIN 数据总线系统 … 75
- 任务一　LIN 数据总线系统概述 … 75
- 任务二　LIN 数据总线系统的结构组成与工作原理 … 91
- 任务三　LIN 数据总线系统的检修 … 107

课题四　常用数据总线系统 … 113
- 任务一　VAN 数据总线系统 … 113
- 任务二　VAN 数据总线系统的检修 … 130
- 任务三　LAN 数据总线系统 … 133
- 任务四　LAN 数据总线系统的检修 … 150
- 任务五　MOST 数据总线的结构与传输 … 155
- 任务六　MOST 数据总线系统的检修 … 167

课题五　以太网与 FlexRay 数据总线系统 … 173
- 任务一　以太网 … 173
- 任务二　FlexRay 数据总线系统 … 182
- 任务三　FlexRay 数据总线系统的检修 … 197

CONTENTS

- 课题六　各车系车载网络系统 …………………………………………200
  - 任务一　奥迪车系车载网络系统 ……………………………………200
  - 任务二　通用车系车载网络系统 ……………………………………206
  - 任务三　典型汽车车载网络系统故障检修案例 ……………………211

课题一

汽车网络控制系统概述

[学习任务]

1. 了解车载网路系统的应用范围。
2. 熟悉车载网络系统的功能及作用。
3. 熟悉车载网络系统的分类。
4. 掌握车载网络系统常用术语。

[技能要求]

1. 掌握车载网络系统的数据传输方式。
2. 掌握车载网络系统常用术语的解释。

任务一　认识车载网络系统

车载网络系统是指汽车上多个处理器之间为相互连接、协调工作并共享信息而构成的汽车车载计算机网络系统。

随着汽车电子技术的不断发展，车辆上电控系统的数量不断增多，而且功能也越来越复杂。如果仍采用常规布线方式，将导致汽车上电线数目急剧增加，不利于汽车的使用。电控系统的增加虽然提高了数据传输的速度、轿车的舒适性等，但也提高了维修成本及难度。

一、车载网络系统的应用背景

自20世纪50年代汽车技术与电子技术开始融合以来，电子技术在汽车上的应用范围越来越大，特别是随着集成电路、大规模集成电路和超大规模集成电路的发展,为汽车提供功能大、速度快、性能可靠的汽车电控系统成为现实。电控系统提高了汽车的动力性、燃油经济性、安全性和舒适性。但随着电子技术的应用,汽车控制单元的数量不断增多,造成相应的传感器、执行器的数目不断增加,使汽车电路越来越复杂。汽车电路数量的增加,会造成汽车的布线十分复杂,一方面占用汽车空间,使在有限的汽车空间内布线越来越困难;另一方面也限制了功能的扩展。复杂电路也降低了汽车的可靠性,一旦汽车线束中出现问题,查找故障比较复杂,增加了维修的难度。据统计,导线质量在汽车上可占整车质量的 4%,导线质量每增加 50 kg,汽车油耗每百千米会增加 0.2 L。

为解决上述问题,现代汽车广泛采用车载网络技术,将过去一线一用的专线制改为一线多用制。车载网络技术在一条数据线上传递的信号可以被多个系统共享,从而最大限度地提高系统的整体效率,充分利用有限的资源,减少汽车上电线的数目,缩小线束的直径,车载网络技术将计算机技术融入整个汽车系统之中,加速了汽车智能化的发展。

汽车传统的信息传递方式是每项信息需独立的数据线完成,有几个信号就要有几条信号传输线。例如,某汽车发动机控制单元 J220 与自动变速器控制单元 J217 之间就需要 5 条信号传输线,如图 1-1 所示。

图 1-1 传统信号传递方式

如果需要传递的信号多,就需要更多的信号传输线,而采用车载网络技术,只需要 1 根或 2 根传输线即可,如图 1-2 所示。

图 1-2 数字信号传递方式

二、车载网络系统的功能及作用

1. 车载网络系统的功能

（1）多路传输功能

为了减少车辆电气线束的数量，多路传输通信系统可使部分数字信号通过共用传输线路进行传输。系统工作时，由各个开关发送的输入信号通过中央处理器（CPU）转换成数字信号，该数字信号以串行信号方式从传感器传输到接收装置，发送的信号在接收装置处将被转换为开关信号，再由开关信号对有关元件进行控制。

（2）"唤醒"和"休眠"功能

"唤醒"和"休眠"功能用于减少在关闭点火开关时蓄电池的额外能量消耗。当系统处于"休眠"状态时，多路传输通信系统将停止诸如信号传输和CPU控制等功能，以节约蓄电池的电能；当系统无人为操作时，处于"休眠"状态的有关控制装置立即开始工作，同时还将"唤醒"信号通过传输线路发送到其他控制装置。

（3）失效保护功能

失效保护功能分为硬件失效保护功能和软件失效保护功能。当系统的CPU发生故障时，硬件失效保护功能使其以固定的信号进行输出，以确保车辆能继续行驶；当系统某控制装置发生故障时，软件失效保护功能将不受来自有故障的控制装置的信号影响，以保证系统能继续工作。

（4）故障自诊断功能

故障自诊断功能具有两种工作模式，即多路传输通信系统的自诊断模式和各系统输入线路的故障自诊断模式，他们能对自身的故障进行自诊断，又能对其他系统进行故障诊断。

2. 车载网络系统的作用

为了简化线路，提高各电控单元之间的通信速度，汽车制造商开发设计了新的总线系统，即车载网络系统，把众多的电控单元连成网络，其信号通过数据总线的形式传输，可以达到信息资源共享的目的。

一辆汽车不管有多少块电控单元，不管信息容量有多大，每块电控单元都只需引出两条导线共同接在两个节点上，这两条导线就称为数据总线，如图1-3所示。

车载网络系统的出现同时也提高了汽车综合控制的准确性，当电控单元共享输入信息时，就能对汽车进行更为复杂的控制。例如，发动机控制单元可以利用来自安全气囊控制单元的碰撞信号来决定电动燃油泵控制电路是否需要被切断。

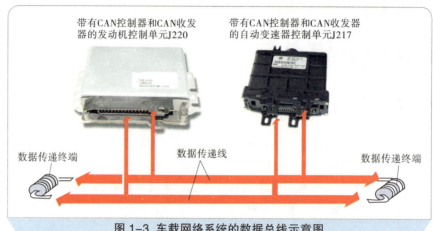

图1-3 车载网络系统的数据总线示意图

3. 车载网络系统的特点

汽车网络信息传输方式是利用数据总线将汽车上的各个功能模块（控制单元或电器多路控制单元）连接起来，形成汽车信息传输网络系统。发送数据和控制信号的功能模块将数据和控制信号以编码的方式发送在同一根总线上，接收数据或控制信号的功能模块通过解码获得相应的数据和控制命令（或某个开关动作）。总线每次只传送一个信息，多个信息分时逐个（串行）传输。它的传输特点如下：

①使用一根总线替代了多根导线，减少了导线的数量和线束的体积，简化了整车线束，降低了使用成本。

②减少了线路和节点，提高了信号传输的可靠性及整车线路的可靠性。

③改善了系统的灵活性，通过系统软件即可实现控制系统功能变化和系统升级。

④网络结构将各控制系统紧密连接，达到数据共享的目的，各控制系统的协调性可进一步提高。

⑤可为诊断提供通用的接口，利用多功能测试仪对数据进行测试与诊断，方便了维修人员对电子系统的维护和故障检修。

三、车载网络系统的发展状况

20世纪80年代末，BOSCH公司和英特尔公司研制了专门用于汽车电气系统的总线——控制器局域网（Controller Area Network）规范，简称CAN。

20世纪90年代，由于集成电路技术和电子器件制造技术的迅速发展，用单片机作为总线的接口端，采用总线技术的价格逐步降低，总线技术进入了实用化阶段。

随着汽车电子技术的发展，欧洲提出了控制系统的新协议TTP（Time Triggered Protocol）。

随着汽车信息系统对网络传输信息量要求的不断提高，多媒体系统总线协议标准（如D2B协议和MOST协议）应运而生。

车载网络技术已运用到奔驰、宝马、大众、通用、丰田、本田等公司生产的汽车上，同时相关单位也为车载网络技术传输制定了如表1-1所示的标准。

表1-1 主要车载网络的基本情况

车载网络	内容	速度（bit/s）	研发组织
CAN（Controller Area Network）	车身/动力传动系统控制用LAN协议，可能成为世界标准	1M	BOSCH公司、ISO
VAN（Vehicle Area Network）	车身系统控制用LAN协议，以法国为中心	1M	ISO
J1850	车身系统控制用LAN协议，以美国为中心	41.6k	Ford Motor公司
LIN（Local Interconnect Network）	车身系统控制用LAN协议，低端子系统专用	20k	LIN协会
TTP/C（Time Triggered Protocol by CAN）	重视安全，按用途分类的控制用LAN协议，通用时分多路复用	2~25M	TIT公司

CAN、LIN、FlexRay和MOST数据总线，它们通过网关彼此连接，实现了车内的有效通信。下面分别介绍4种总线的发展状况。

1.CAN数据总线

20世纪80年代，德国BOSCH和Inter公司联合研制并推广应用CAN数据总线。1991年，德国BOSCH公司制定并发布了CAN技术规范（Version 2.0）；1991年，CAN总线最先在BenzS系列轿车上实现；1993年，ISO正式颁布了控制器局域网（CAN）国际标准（ISO 11898）；1994年，SAE颁布基于CAN的J1939标准。

CAN数据总线为多主方式工作，事件驱动通信，采用非破坏总线仲裁技术。在报文标识符上，节点分成不同优先级访问媒体介质，只需通过对报文的标识符滤波即可实现点对点、一对多及全局广播等几种方式传送接收数据。每个报文有8个有效字节，传输时间短，受干扰概率低，数据出错率低。一般来说，CAN的拓扑结构为总线拓扑，通信介质为双绞线、同轴电缆或光纤，选择灵活。节点数主要取决于总线驱动电路，具有很高的灵活性，目前可达110个。CAN的直接通信距离最远可达10 km（速率在5 kbit/s以下），通信速率最高可达1 Mbit/s（此时通信距离最长40 m）。

由于采用了许多新技术及独特的设计，CAN数据总线与一般的通信总线相比，它的数据通信具有突出的可靠性、实时性和灵活性，得到了最为广泛的应用，从高速的网络到低价位的多路配线都可以使用CAN。在汽车的电子行业里，使用CAN连接发动机、自动变速器、防抱死制动系统（Anti-lock Breaking System）、防滑系统等实时性要求较高的控制单元，其传输速率达500 kbit/s。同时，可以将CAN安装在汽车本体的电子控制系统里，如车灯组、电气车窗等，用以代替接线配线装置。在欧洲，BMW、Volvo、VW公司等都将CAN作为电子系统控制器网络化的手段。

2.LIN数据总线

1999年，整车制造商Audi、BMW、DaimlerChrysler、Volvo、VW以及半导体生产商Motorola（现为Freescale）共同创建了LIN协会，其目的是为汽车网络系统提供一个开放的A类串行总线通信标准，允许在此基础上开发汽车低端网络系统，并且不需要使用者支付使用费或版税。2003年9月，LIN协会发布了LIN协议（Version 2.0），加入了一些新的特性，主要是标准化节点配置（诊断的支持），指定节点能力描述文件。

LIN数据总线采用单主多从、配置灵活的总线网络结构。主节点控制整个网络的通信，网络中不存在冲突，不需要仲裁。整个网络的配置信息只保护在主节点中，从节点可以自由接入或脱离网络而不会对网络中的其他节点产生任何影响。网络中的节点数不仅受标识符场长度的限制，还受总线物理特性的限制。LIN 网络在实际应用中挂接的节点数不多于 12 个。LIN 单信道双向传输，最大距离不超过 40 m，最大波特率受电磁干扰（Electro Magnetic Interference，EMI）的限制最高达 20 kbit/s，受网络传输的超时限制，最小为 1 kbit/s。LIN 信息帧中的数据场长度可变，可选择为 2、4、8 字节。由于通信速率不是很高，网络中从节点可以利用主节点发出的同步场进行同步，因此，从节点内不需要石英或陶瓷振荡器。

LIN 的目标是为现有汽车网络（如 CAN 数据总线）提供辅助功能。因此，LIN 总线是一种辅助的总线网络。使用最为普遍的低成本硬件接口使 LIN 的成本只有 CAN 的一半，采用单主机结构又使其在软件和系统设计上也能更容易地兼容其他网络协议。在不需要 CAN 总线的带宽和多功能的场合，如智能传感器和制动装置之间的通信，使用 LIN 总线可大大节省成本。在欧洲绝大多数新开发的汽车都使用 LIN 数据总线，典型的应用有后视镜、刮水器、照明、座椅以及其他智能传感器等，它正逐渐发展为低成本的串行通信的行业标准。虽然 LIN 最初的设计目的是用于汽车电子控制系统，但在工业自动化传感器总线、大众消费电子产品中也有着广泛的应用市场。

3.FlexRay 数据总线

1999 年，BMW AG 与 DaimlerChrysler AG 和半导体制造商 Freescale 和 Philips 合作创建了 FlexRay 协会，以开发新型通信技术。后来 BOSCH 和 General Motors 也加入了该协会。从 2002 年至今，Ford 汽车公司、Mazda、Elmos 和 Siemens VDO 也相继加入该协会。在此期间，世界范围内几乎所有有影响的汽车制造商和供货商都加入了 FlexRay 协会。

FlexRay 数据总线为多主方式工作，以时间触发通信为主，兼顾"事件触发"，可进行同步和异步数据传输，以满足各种需求。FlexRay 支持双通道冗余通信，每个通信信道最大速率 10 Mbit/s，具有极好的容错性能，其提供灵活的配置，支持各种拓扑，如总线、主动星形和混合拓扑，物理层设备可选用双绞线或光纤。FlexRay 采用分布式时钟同步，通过协议自动建立同步，并提供给应用层，每帧的有效字节多达 254 个。

FlexRay 是适应未来车辆系统需求的高性能总线，起源于"线控"技术，即以电子系统取代机械液压系统。BMW 就在其 X5-SUV 车型中采用了恩智浦的 FlexRay 收发器进行悬架控制，其应用解决了高舒适性、高速驾驶安全性和敏捷性之间的矛盾，通过电子阀控制使车轮负载的变化和底盘振动最小。FlexRay 有可能成为所有线控系统上的标准。

4.MOST 数据总线

1998 年，整车制造商 DaimerChrysler、BMW、Becker 和 OASIS（已被半导体解决方案的全球供应商 SMSC 收购）共同建立了在汽车上推广使用 MOST（Media Oriented System Transport）标准的合作机构。2004 年，95% 的全球汽车制造商属于 MOST 协会。基于 MOST 网络的车上媒体系统已经在 BMW、Audi 等豪华轿车上应用。随着大量数据需求的增长，下一代标准（MOST50）已定义，可提供原标准两倍的带宽。MOST 协会正在规划第 3 代网络，预计数据速率将达到 150 Mbit/s。

MOST 数据总线以塑料光纤为物理媒介构建环形拓扑结构，把位置分散、功能独立的车载多媒设备互连共享音频、视频和数据。在 MOST 网络中，采用分时多路复用、令牌环和 CSMA（Carrier Sense Multiple Access）总线访问方式，数据传输速度达到 24.8 Mbit/s，数据以信息块的形式传输。每个信息块包含 16 个帧，每帧由 7 个部分组成，共 64 字节，其中 60 字节用于传输同步数据和异步数据,剩余 4 字节用于传输控制数据和进行网络传输管理。一个时间主节点(通常是主控制器)负责驱动独立系统时钟,其他所有节点(时间从节点)在系统时钟脉冲下同步,当时间主节点在 MOST 网络的末端接收到帧后,将收回信号并发出下一帧。MOST 利用一根光纤,最多可以同时传送 15 个频道、CD 质量的非压缩音频数据,在一个局域网上,最多可连接 64 个节点(装置),每个接入装置均有一对端口,可即插即用,但是如果环状架构中的某一装置出现问题,总线就会停止运作。因此,MOST 数据总线主要应用于汽车上的多媒体设备,以及是为了其他诸如以流媒体传输速率为主要目标的市场而设计的。

新款奥迪 A6 轿车上通过 MOST 数据总线相连接的控制单元包括电话发送和接收器、电话、带 CD 机的导航系统、TV 调谐器、收音机调谐器和语音控制、数字式音响包控制单元、CD 机、数据总线自诊断接口和前部信息显示和操纵单元等。每一个与 MOST 总线相连接的控制单元内部都设置了信号的收发装置和其他装置。其中音频和视频作为同步数据进行传递和管理;图片、文本和功能作为异步数据进行传递。

图 1-4 从可靠性、带宽和成本方面对 CAN、LIN、FlexRay 和 MOST 总线进行了比较,可以更直观地看出每种总线的突出特点,适用于不同的应用场合。

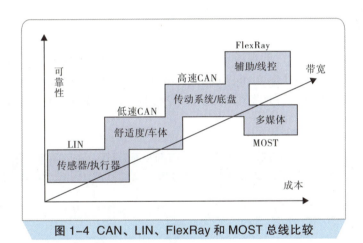

图 1-4 CAN、LIN、FlexRay 和 MOST 总线比较

四、车载网络系统常用术语解释

汽车车载网络系统中有许多计算机专用术语,如数据总线、CAN、局域网、多路传输、模块/节点、网关以及各种缩略语等。

1. 数据总线

数据总线是模块间运行数据的通道,即信息高速公路。数据总线可以实现在一条数据线上传递的信号可以被多个系统(控制单元)共享,从而最大限度地提高系统整体效率,充分利用有限的资源。如果系统可以发送和接收数据,则这样的数据总线就称为双向数据总线。

数据总线实际上是一条导线,也可能是两条导线,两线式的其中一条导线不是用作额外的通道,它的作用是当其中一条数据通道出现故障时,其他数据将换向通过一条或两条数据总线中未发生故障的部分。为了抗电磁干扰,双线制数据总线往往是绞在一起的,如图 1-5 所示。

图1-5 双线制数据总线

各汽车制造商一直在设计各自的数据总线,如果不兼容,就称为专用数据总线。如果是按照某种国际标准设计的,就称为非专用数据总线。为使不同厂家生产的零部件能在同一辆汽车上协调工作,必须制定标准。按照ISO有关标准,CAN的拓扑结构为总线式,因此也称为CAN数据总线(CAN-BUS)。

2.CAN

CAN是国际上应用极为广泛的现场总线之一。最初,CAN被设计作为汽车环境中的微控制器通信,在车载各电子控制单元(Electronic Control Unit,ECU)之间交换信息,形成汽车电子控制网络,如图1-6所示。例如,发动机管理系统、变速器控制器、仪表装备、电子主干系统中,均嵌入了CAN控制装置。

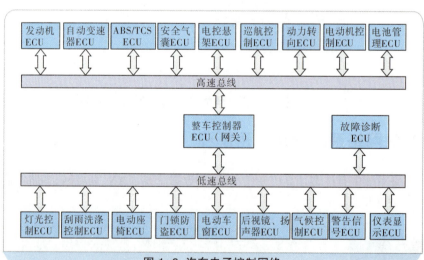

图1-6 汽车电子控制网络

一个由CAN数据总线构成的单一网络中,理论上可以挂接无数个节点。实际应用中,节点数目受网络硬件的电气特性所限制。CAN可提供高达1 Mbit/s的数据传输速率,这使实时控制变得非常容易。另外,硬件的错误检定特性也增强了CAN的抗电磁干扰能力。

3. 局域网

在一个有限区域内连接计算机的网络称为局域网。一般该区域具有特定的职能,通过该网络可实现这个系统内的资源共享和信息通信。连接到网络上的节点可以是计算机、基于微处理器的应用系统或智能装置。局域网一般的数据传输速度为 102 kbit/s、105 kbit/s,传输距离为 100~250 m。汽车上的网络是局域网与现场总线(Field Bus)之间的一种结构,其数据传输速度一般为 103 kbit/s,传输距离为几十米。

4. 多路传输

多路传输用 SWS(Smart Wiring System)表示,是指在同一通道或线路上同时传输多条信息,如图 1-7 所示。事实上,数据信息是依次传输的,但速度非常快,似乎就是同时传输的。对一个人来说,十分之一秒算是非常快了,但对一台运算速度相对较慢的计算机来说,十分之一秒是很慢的。如果将十分之一秒分成若干段,许多单个的数据都能被传输——每一段时间传输一个数据,称为分时多路传输。汽车上用的是单线或双线分时多路传输系统。

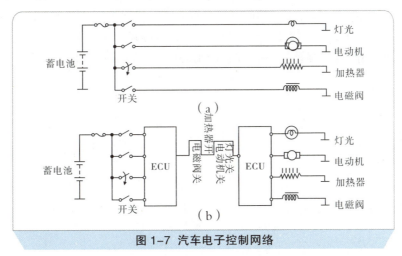

图 1-7 汽车电子控制网络

(a)常规线路;(b)多种传输线路

从图 1-7 中可以看到,多路传输 ECU 之间用导线与常规线路相比少得多,但是线路设计比常规线路复杂得多。

多路传输可以通过一根数据总线执行多个数据指令,同时也增加了自诊断功能,当系统出现故障时,ECU 可以触发仪表板上的故障指示灯等。

5. 模块/节点

模块是一种电子装置,简单一点的如温度和压力传感器,复杂的如计算机(微处理器)。

传感器是一个模块装置,根据温度和压力的不同产生不同的电压信号,这些电压信号在计算机的输入接口被转变成数字信号。在计算机多路传输系统中一些简单的模块称为节点。

6. 网关

因为汽车上往往不只使用一种总线和网络，所以必须用一种方法达到信息共享，而不产生协议间的冲突。例如，车门打开时，发动机控制模块可能需要被唤醒。为了使采用不同协议及速度的数据总线间实现无缝数据传输，必须要用一种特殊功能的计算机，这种计算机就称为网关。

网关实际上就是一种模块，它工作的好坏决定了不同的总线、模块和网络相互间通信的好坏。网关就像一个居民小区的门卫，在他让任何客人进大门之前，需询问客人是否是应邀前来，或者通知某位住户有人来访。对不兼容却需要互相通信的总线和网络来说，网关所起的作用与门卫相同。

总之，网关是汽车内部通信的核心，通过它可以实现各条总线上信息的共享以及实现汽车内部的网络管理和故障诊断功能。

7. 帧

为了可靠地传输数据，通常将原始数据分割成一定长度的数据单元，这就是数据传输的单元，称为帧。一帧内应包括同步信号（如帧的开始与终止）、错误控制（各类检错码或纠错码，大多数采用检错重发的控制方式）、流量控制（协调发送方与协调方的速率）、控制信息、数据信息、寻址（在信道共享的情况下，保证每一帧都能正确地到达目的站，收方也能知道信息来自何站）等。

任务二　车载网络系统的组成与数据传输方式

一、车载网络系统的结构与组成

随着汽车技术的发展，在汽车上采用的计算机微处理芯片数量越来越多，多个处理器之间相互连接、协调工作并共享信息，从而构成了汽车车载计算机网络系统。图 1-8 所示为汽车车载网络系统的结构示意图。出于成本、速率等因素的考虑，通常将汽车上的系统分为车身控制系统、动力控制系统、信息娱乐系统、故障诊断系统等，各控制系统根据其自身特点采用不同的总线，再将各总线用网关集成一个完整的车载网络。

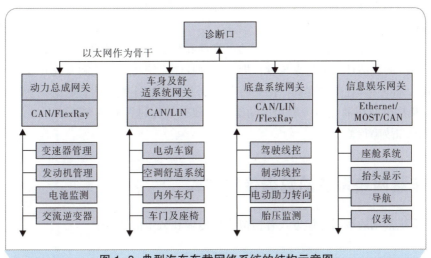

图 1-8　典型汽车车载网络系统的结构示意图

通常的车载网络控制系统采用多条不同速率的总线分别连接不同类型的节点，并使用网关服务器来实现整车的信息共享和网络管理，如图 1-9 所示。

车身系统的控制单元多为开关型器件和低速电动机，对实时性要求较低，多采用低速总线连接这些电控单元。将这部分电控单元与汽车的驱动系统分开，有利于保证驱动系统通信的实时性。此外，采用低速总线还可增加传输距离，提高抗干扰能力以及降低硬件成本。

动力与传动系统的受控对象直接关系到汽车行驶状态，对通信实时性有较高的要求，因此使用高速总线连接动力与传动系统。传感器组的各种状态信息可以用广播的形式在高速总线上发布，各节点可以在同一时刻根据自己的需要获取信息。这种方式最大限度地提高了通信的实时性。

信息系统与车载媒体系统对于通信速率的要求较高，一般在 2 Mbit/s 以上。采用新型的多媒体总线连接车载媒体。这些新型的多媒体总线往往是基于光纤通信的，从而可以提高数据传递速率。

课题一 汽车网络控制系统概述

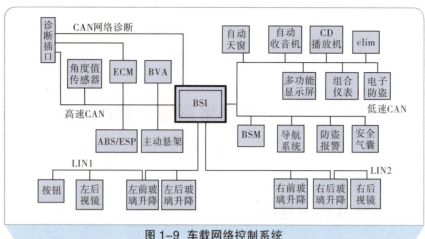

图1-9 车载网络控制系统

二、车载网络系统的特点

车载网络系统的特点如下：

①用一根总线替代了多根导线，减少了导线的数量和线束的体积，简化了整车线束，使线路成本和质量都有所下降。

②减少了线路和节点，提高了信号传输的可靠性和整车电气线路的工作可靠性。

③改善了系统的灵活性。通过系统软件即可实现控制系统功能变化和系统升级。

④各控制系统的协调性得到提高。网络将各控制系统紧密连接，达到数据共享的目的。

⑤可为诊断提供通用的接口。利用多功能测试仪对数据进行测试与诊断，方便了维修人员对电子系统的维护和故障检修。

三、车载网络系统的数据传输方式

车载网络系统常见的数据传输方式有模拟信号传输和数字信号传输。

1. 模拟信号传输

"模拟"这个概念来源于希腊语Analogos，表示"类似于"。模拟信号是指与数据成比例的连续变化的物理常量，如图1-10所示。模拟信号的特点是可以采用0~100%的任意值，因此该信号为无级方式。采用模拟信号的有指针式测量仪器、汞温度计、指针式时钟等。

例如，听音乐时耳朵接收到模拟信号（声波连续变化），电气设备（音响系统、收音机、电话等）以同样的方式通过连续变化的电压发出这种声音。但当这种电信号由某一设备向另一设备传输时，接收装置接收到

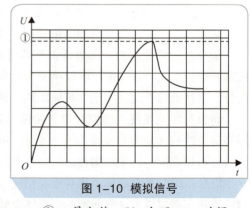

图1-10 模拟信号

①—最大值；U—电压；t—时间

的信息与发射装置发送的信息并不完全相同,这是由于受到电缆长度、导线电阻、无线电波和移动无线电信号等因素干扰造成的,故模拟信号传输的缺点是抗干扰能力差。此外,由于模拟信号电压变化太小,可能无法显示出可靠的数值(如 ABS、安全气囊和发动机管理系统等),因此出于安全技术的原因,在车辆应用方面不通过模拟方式传输信息。

2. 数字信号传输

"数字"这个概念来源于拉丁语 Digitus,表示手指或脚趾。因此,"数字"就是指可以用几个手指就能算清的所有事务,确切地说,就是分为各个独立阶段的所有事务,信号传输的方式就是以数字形式表示不断变化的参数。因此,"数字"是"模拟"的对立形式。采用数字信号的有数字万用表、数字时钟、CD、DVD 等。

如图 1-11 所示为数字信号,当数字信号受干扰时,模块有过滤功能,只能识别高电位(如 5 V)或低电位(如 0 V)的信号电压。其优点是抗干扰能力强,缺点是传输带宽大,耗时长。

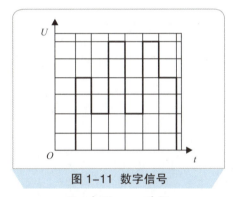

图 1-11 数字信号

U- 电压;t- 时间

在计算机内,所有数据都以"0"和"1"的序列形式表示出来(二进制),称为二进制信号传输。如图 1-12 所示,一个二进制信号只能识别两种状态:0 和 1,或高和低。二进制信号可以直接用来表示一些状态,如 1 表示车灯亮起,0 表示车灯未亮起;1 表示继电器已吸合,0 表示继电器已断开;1 表示供电,0 表示未供电。

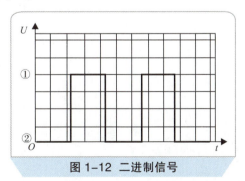

图 1-12 二进制信号

①- 高;②- 低;U- 电压;t- 时间

车载网络系统采用的信息传输方式均为二进制信号。在车辆应用中,高电平为 1,低电平为 0。为了能够清楚区分高和低两种电平状态,明确规定了每种状态的对应范围:高电平为 6~12V,

低电平为0～2V。2～6 V的范围即禁止范围，用于识别故障，如图1-13所示。

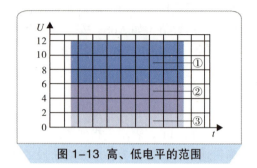

图1-13 高、低电平的范围

①－高电平范围；②－禁止范围；③－低电平范围；U－电压；t－时间

任务三　车载网络的类型与协议标准

一、汽车车载网络的类型

汽车局域网是多台计算机共用一条传输线，按照国际上普遍接受的美国汽车工程师协会SAE提出的关于汽车网络的划分，汽车内部的网络可以分为A类、B类、C类、D类、E类五种类型。

汽车电子设备的工作环境非常恶劣，除能耐受宽范围的环境温度（-40 ~ +125℃或更高）外，还要耐受较强的机械振动、冲击及化学品腐蚀，此外设计中要特别考虑的是电磁兼容问题，随着移动电话、无线寻呼、卫星通信等无线电设备的普及应用以及汽车自身的点火系统、各种电动机等产生的干扰，汽车的电磁环境日趋复杂恶劣。这些干扰通过网络传入某控制系统，可能会引起ECU的误判断，产生误动作（如汽车的安全气囊在行驶过程中突然受到干扰触发，就会造成很严重的事故），同时也要避免电信号产生辐射干扰。因此，汽车网络工作的可靠性较一般计算机网络要高得多，它是提高汽车可靠性和安全性的重要保证。

1. A类网络

A类网络的定义主要是面向传感器、执行器的低速网络。该网络对实时性要求不高，传输速率一般在 1 ~ 10 kbit/s，主要应用于电动门窗、座椅调节、灯光照明等控制。表1-2为典型的A类网络标准。

表1-2　典型的A类网络标准

类别	用户	主要使用场合
UART	GM	多种场合
单线CAN	GM	控制
E&C	GM	娱乐媒体
I2C	Renault	HVAC
J1708/J1587/J1922	T&B	多种场合
CCD	Chrysler	传感器总成
ACP	Ford	娱乐媒体
BEAN	Toyata	控制
LIN	许多公司	智能执行器/传感器
TTP/A	TTTech	智能传感器

A类的网络通信大部分采用UART（Universal Asynchronous Receiver/Transmitter，通用异步收发器）标准。UART是一个并行输入转化成为串行输出的芯片，通常集成在主板上。

UART 使用起来既简单又经济，但随着技术的发展，UART 将逐步在汽车通信系统中停止使用。根据各网络协议目前发展和使用的状况，目前 A 类网络的主要协议是 TTP/A、BEAN 和 LIN，其中尤以 LIN 协议应用最广。

TTP/A 协议最初由维也纳工业大学制订，为时间触发类型的网络协议，主要应用于集成了智能变换器的实时现场总线。它具有标准的 UART，能自动识别加入总线的主节点与从节点，节点在某段已知的时间内触发通信但不具备内部储存错误的功能。

BEAN（Body Electronics Area Network，车身电子局域网）是丰田汽车专用的双向通信网络（图1-14）。它是一种多总线车身电子局域网，应用在仪表板系统、转向柱系统和车门系统等，最大传输速率为10kbit/s，采取单线制，数据长度为 1 ~ 11 字节。

图 1-14 车身电子局域网

LIN 是用于分配式控制车载网络系统的一种低成本串行通信系统。1998 年，Motorola、Audi、BMW、VCT 等公司成立了一个协会，在潜心研究 A 类网络已有协议的基础上，于 1999 年 7 月提出了 LIN 网络协议标准。LIN 采用 SCI、UART 等通用硬件接口，辅以相应的驱动程序，采取主从式结构单线 12 V 的总线通信方式，主要用于智能传感器和执行器的串行通信。其优点是适用面较广，且成本低廉，配置灵活。采用 LIN 能够提高汽车上分层多路传输网络的性能，降低汽车电子控制装置开发、生产以及诊断服务的成本。目前，LIN 网络已经广泛地被世界上的大多数汽车公司以及零配件厂商所接受，成为事实上的 A 类网络标准。

2. B 类网络

B 类网络主要面向独立模块间的数据共享，是中速网络。该网络适用于对实时性要求不高的通信场合，以减少冗余传感器和其他电子部件。B 类网络的传输速率一般在 10 ~ 100 kbit/s，主要应用于车辆信息中心、故障诊断、仪表显示灯系统。表 1-3 为典型的 B 类网络标准。

表 1-3 典型的 B 类网络标准

类别	用户	主要使用场合
中速 CAN	GM、Ford、DC	多种场合
容错 CAN	欧洲	车身、动力系统控制
J1850	GM、Ford、Chrysler	多种场合
VAN	Renault&PSA	车身控制

目前，B 类网络的主流协议为 SAE J1850、VAN 和低速 CAN。

1994 年 2 月 1 日，SAE 正式将 J1850 作为 B 类网络标准协议。SAE、J1850 最早应用在美国 Ford、GM 以及前 Chrysler 公司的汽车中。J1850 作为诊断和数据共享曾被广泛应用在汽车产品中。但目前，J1850 正逐渐被 CAN 所取代。

1994 年 6 月 ISO 推出的 VAN 标准基于 ISO 11519-3，是现场总线的一种，主要为法国汽车公司所用，由法国雷诺汽车公司和标致集团联合开发。VAN 的通信介质简单，传输速率可达 1 Mbit/s（40 m 内），主要用于车身控制。

VAN 支持分布式实时控制的通信网络，广泛应用于汽车门锁、电动车窗、空调、自动报警及娱乐控制等系统。VAN 总线作为串行通信网络，与一般总线相比，其数据通信具有突出的可靠性、实时性和灵活性。

现在，主流的 B 类汽车网络协议是低速 CAN。CAN 总线是德国 BOSCH 公司于 20 世纪 80 年代初为解决现代汽车中众多的控制与测试仪器之间的数据交换而开发的一种串行数据通信协议。1991 年，CAN 总线首次应用在奔驰 S 系列汽车中。随着 CAN 在各种领域中的应用和推广，人们对其通信格式的标准化提出了要求。为此，1991 年德国 BOSCH 公司正式颁布了 CAN 技术规范（版本 2.0）。该技术规范包括 A、B 两部分。此后，1993 年 11 月，ISO 正式颁布了控制器局域网（CAN）国际标准 ISO 11898，为 CAN 的标准化、规范化铺平了道路。

CAN 是一种多主总线，通信介质可以是双绞线、同轴电缆或光导纤维，通信速率可达 1Mbit/s。CAN 总线通信接口中集成了 CAN 协议的物理层和数据链路层功能，可完成对通信数据的成帧处理，包括位填充、数据块编码、循环冗余检验、优先级判别等工作。CAN 协议最大的一个特点是废除了传统的站地址编码，而代之以对通信数据块进行编码，最多可标志 2048（2.0 A）个或 5 亿（2.0 B）多个数据块。采用这种方法的优点是可使网络内的节点个数在理论上受限制，数据段长度最多为 8 字节，不会占用总线时间过长，从而保证了通信的实时性。CAN 协议采用 CRC（Cyclic Redundancy Check，循环冗余校验码）检验并可提供相应的错误处理功能，保证了数据通信的可靠性。

B 类网络低速 CAN 采用的是 ISO 11898 国际标准，传输速率在 100 kbit/s 左右。从 1992 年起，欧洲的各大汽车公司一直采用 ISO 11898，所使用的传输速率范围在 47.6 ~ 500 kbit/s，并不统一。近年来，基于 ISO 11519 的容错 CAN 总线标准在欧洲的各种车型中也开始得到广泛的使用，ISO 11519-2 的容错低速两线 CAN 总线接口标准在轿车中正在得到普遍的应用，它的物理层比 ISO 11898 要慢一些，同时成本也高一些，但是它的故障检测能力却非常突出。

CAN 总线凭借其突出的可靠性、实时性和灵活性已从众多总线中突显出来，成为世界接受的 B 类总线的主流协议。

3. C 类网络

C 类标准主要用于与汽车安全相关及实时性要求比较高的地方，如动力系统，所以其传输速率比较高，通常在 125 kbit/s ~ 1 Mbit/s，必须支持实时的周期性参数传输。目前，C 类网络中的主要协议包括高速 CAN（ISO 11898-2）、正在发展中的 TTP/C 和 FlexRay 等协议。表 1-4 为典型的 C 类网络标准。

TTP/C 协议由维也纳工业大学研究，基于 TDMA 的访问方式。TTP/C 是一个应用于分布式实时控制系统完整的通信协议。它能够支持多种容错策略，提供容错的时间同步以及广泛的错误检测机制，同时还提供节点的恢复和再整合功能。其采用光纤传输的工程化样品速度将达到 25 Mbit/s。

表 1-4 典型的 C 类网络标准

类别	用户	主要使用场合
J1969	T&B	多种场合
高速 CAN	GM、欧洲	实时控制
TTP/C	TTTech	实时控制
FlexRay	BMW、Motorola&Daimler Chrysler	实时控制

TTP/C 支持时间和事件触发的数据传输。TTP 管理组织 TTAGroup 成员包括奥迪、SA、Renault、NEC、TTChip、Delphi 等。

FlexRay 是 BMW、Daimler Chrysler、Motorola 和 Philips 等公司制定的功能强大的通信网络协议。它基于 FTDMA 的确定性访问方式，具有容错功能及确定的通信消息传输时间，同时支持事件触发与时间触发通信，具备高速率通信能力。FlexRay 采用冗余备份的办法，对高速设备可以采用点对点方式与 FlexRay 总线控制器连接，构成星形结构，对低速网络可以采用类似 CAN 总线的方式连接。

欧洲的汽车制造商基本上采用高速 CAN 总线标准 ISO 11898。总线传输速率通常在 125 kbit/s ~ 1Mbit/s。据 Strategy Analytics 公司统计，2001 年用在汽车上的 CAN 节点数目超过 1 亿个。然而，作为一种事件驱动型总线，CAN 无法为下一代线控系统提供所需的容错功能或带宽，因为 X-by-Wire 系统实时性和可靠性要求都很高，必须采用时间触发的通信协议，如 TTP/C 或 FlexRay 等。

CAN 协议仍为 C 类网络协议的主流，但随着汽车中引进 X-by-Wire 系统，TTP/C 和 FlexRay 将显示出优势。

4.D 类网络

D 类网络正处于发展阶段。D 类网络主要面向多媒体、导航系统等，网络协议的位传输速率在 250 kbit/s 左右。

为促进智能交通系统和车载多媒体系统的应用，有关方面已经制订了许多规范，智能数据总线（Intelligent Data Bus，IDB）是其中一个重要内容。IDB 首次确定了汽车行业用于信息、通信和娱乐系统的接口标准，该标准支持即插即用，这样一来，普通电子产品可搭配所有汽车使用。

目前 SAE 已将各种 IDB 设备分为三类：低速（IDB-C）、高速（IDB-M）和无线通信（IDB-Wireless）。

IDB-C 是一种主要用于娱乐和信息交换的车载网络，最近发展较快，估计今后数年可在一些车辆中得以配置。在理想状态下，IDB-C 不仅适合于远程信息处理，而且能当作一种通用的车载设备控制总线使用。由于它结合了 CAN 技术，而目前许多汽车生产商已将 CAN 网络产品应用于多种车载网络平台，因此 IDB-C 引起了极大的关注。由于其低成本的特性，IDB-C 有望在未来成为汽车多媒体类产品的规则之一。

IDB-M 包括 DDB、MOST、IDB 1394 等传输速率较高的标准和协议。DDB 技术于 20 世纪 80 年代后期由 Philips、Sony、Matsushita 等公司共同开发，当时该技术主要用于家庭娱乐设备，以解决不同厂家产品的兼容性问题。由于 DDB 速度太慢，因此在 1998 年，Audi、BMW、Daimler Chrysler、Harman/Becker、Motorola、Oasis silicon Systems、Johnson Controls、Delplu Delco 等公司又联合开发了 MOST 协议。它是专门用于汽车工业的多媒体光纤网络标准，速率可达 50 Mbit/s。MOST 网络不仅能提供很高的速率和性能，而且成本相对较低。BWM 目前在业界率先采用了 MOST 协议，

Audi、DaimlerChrysler 等欧洲汽车制造商均已经采用了该协议。

目前的 IDB-Wireless 主要是蓝牙技术，蓝牙技术是一种开放性的全球规范，和无线数据与语音通信有关，它可取代目前的电缆连接方式，以低成本的近距离无线连接为基础，使不同厂家生产的各种移动与便携设备能方便地实现相互操作和数据共享。

5. E 类网络

E 类网络主要是面向乘员的安全系统，主要应用于车辆安全领域。在 E 类网络的应用场合中可能存在两条或多条总线。表 1-5 为典型的 E 类网络标准。

表 1-5 典型的 E 类网络标准

协议名称	用户
SafetyBus	Delphi
BOTE	Bosch-Temic
Planet	Philips
DSI	Motorola/AMP

BMW 在 2001 年 9 月推出的 7 系列车中采用 13 个节点构成 Byteflight 车辆被动安全性网络，称为 ISIS（Intelligent Safety Integration System）。在 ISIS 中，传感器和微处理器分布在可能的碰撞地点，以尽可能快地检测到碰撞发生。此外，用高频率（4kHz）重复发送的传感器状态信号代替了传统的传感器开关量信号，使判断是否发生碰撞的过程更加快速和准确，提高了安全气囊的可靠性。因此 ISIS 的性能超过了目前其他汽车上的被动安全性系统，Byteflight 也因此在车辆被动安全性系统中显示出独特的优势。

新型的车载网络技术在不断壮大。例如，百度公司在 2015 年 9 月披露了车联网战略，并推出了车联网产品 Carlife，目前 Carlife 已应用到凯越和华阳的产品上，北京现代途胜也已经预装；阿里巴巴则推出了 YunOS 车载系统，并与上汽达成车联网战略合作。在未来的大力发展中，车载网络将越来越丰富。

二、汽车车载网络协议标准

网络上节点要实现成功通信，必须接受相互识别、相互接受的约定和规则，建立通用的标准用于各 ECU 之间的通信，即为通信协议。通信协议要解决系统优先权问题、灵活性问题、可扩展性问题、诊断接口问题、独立性问题、数据共享问题等，十几年来，已发展了几代通信协议，较早的有 SAE 推出的用于重型车的基于串行总线的标准，如 SAE J1708、J1587、SAE J1922，串行协议传输速率低、代码定义复杂，除在诊断系统有一些应用外，基本被取代。

迄今为止，汽车应用的多种网络标准，较典型的有 LIN、CAN、J1850、MOST、TTCAN、TTP、FlexRay、J2284 等。拓扑结构主要为总线式，如 LIN、CAN、J1850、TTCAN。总线型网络为多个 ECU 共用一条传输线，信道利用率高，结构简单，布线容易，易于增加节点，每个系统对总线有相同权利，为多主方式工作，同一时刻只能有一个节点发送消息，网络延伸距离、网络容纳节点有限。ISO 7498 把网络通信系统划分为七层结构，即 OSI（Open System Interconnection，开放系统互联）的七层模型，包括物理层、数据链路层、网络层、运输层、会话层、表示层、应用层。

课题一 汽车网络控制系统概述

汽车各网络协议一般只定义 OSI 结构中的底层协议，即物理层和数据链路层。

LIN 总线是典型的 A 类网络，由 LIN 协会发布，是价格便宜的单总线低端网络，也称为经济型 CAN 网络。LIN 是以广泛应用的 UART 为基础定义的，物理层基于 ISO 9141，一般用于传输速度、实时性要求较低的车身系统，采用单主/多从机的通信模式，网络节点分为主节点和从节点。主节点执行主控发送任务，决定什么时候、哪一帧将在总线上传输，信息帧的长度是可变的，数据长度可为 2、4 或 8 字节，目前在我国自主开发的车身系统中 LIN 协议得到了一定的应用。

CAN 总线是在 20 世纪 80 年代中期，由德国 BOSCH 公司提出的。CAN 推出之后，很快世界上各大半导体生产厂商迅速推出各种集成有 CAN 协议的产品，如 Intel、Motorola、NEC、Philips 等公司都提供集成有 CAN 协议的芯片及 CAN 总线产品，此后越来越多的欧洲主要汽车制造商采用 CAN 总线构成其汽车网络，后来美国、日本的汽车公司也采用 CAN 构成其 B 级或 C 级网络。1994 年，美国 SAE 所属的卡（客）车控制及通信附属委员会选择了 CAN 总线作为 J1939 标准（一个针对卡车和客车的高速网络标准）的基础，添加了高层协议。CAN 是目前唯一取得国际标准的协议，包括高速的 ISO 11898（C 类网）和低速的 ISO 11519（B 类网）。CAN 采用多主方式工作，网络上任一个节点均可在任意时刻主动向网络上的其他节点发送信息，而不分主从，网络上的节点可根据不同的实时要求分成不同的优先级，当两个节点同时向网络上传递信息时，优先级低的节点主动停止数据发送，而优先级高的节点可不受影响地继续传送数据，具有点对点、一点对多点及全局广播的数据传送功能，通信速率可达 1 Mbit/s，每帧的数据字节数为 8，若节点在错误严重的情况下，可自动切断它与总线的联系，以使总线上的其他通信不受影响。

CAN 协议定义了两种通信格式：标准信息帧和扩展信息帧，它们都具有 7 个位域，二者的差别在于仲裁域，标准帧有 11 位标识码，而扩展帧有 29 位。CAN 能够使用多种物理介质，如双绞线、光纤（图 1-15）等。最常用的就是双绞线，信号使用差分电压传送，两条信号线被称为 CAN-H 和 CAN-L。随着 CAN 控制器成本的不断降低，并提供大量产品支持基于 CAN 的系统，进一步降低了采用 CAN 控制系统的成本，因此 CAN 是目前应用最广泛的汽车网络标准。

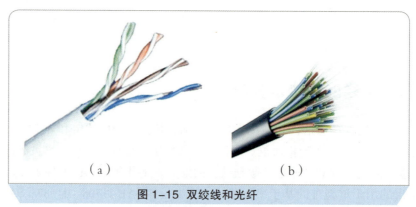

图 1-15 双绞线和光纤
（a）双绞线；（b）光纤

在一辆汽车里通常有两条或三条独立的 CAN 数据总线，高速 CAN 用于发动机和底盘控制系统，低速 CAN 通常用于天窗、座椅、空调等舒适系统，高速 CAN 和低速 CAN 通过网关构成整个汽车网络，有些车辆低速 CAN 又被 LIN 网络取代，通过网关与 CAN 总线相连。

SAE J1850 总线最初由美国三大汽车公司提出，主要是在通用公司的 Class 2 协议和福特公司的 SCP 协议基础上发展而来的，属于典型的 B 类网，这一标准已实施多年，受到广泛的接受与采用。

美国很多车型采用 J1850，是比较成熟的协议，目前的 OBD Ⅱ 诊断系统定义在 J1850。由于通信速率低，因此只适合用于车身控制系统及诊断系统，目前在美国逐步被 CAN 所取代。

MOST 是采用光纤并用于智能交通及多媒体的网络协议，传输速率可达 22 Mbit/s。

TTCAN 是基于时间触发的网络，是 CAN 总线与时间触发机制相结合产生的。其与基于事件触发的 CAN 协议的主要区别是：总线上不同的信息定义了不同的时间槽，避免因总线仲裁造成信息传输时间的不确定性，改善了 CAN 总线的实时性能，可满足消息传输密度不断增长的需要。ISO 11898-4 定义了 TTCAN 协议。

FlexRay 是一种灵活的通信系统，能够满足未来先进汽车高速控制应用的需要，可补充 CAN、LIN 和 MOST 等主要网络标准。

SAE J2284 是基于时间触发的高速 CAN 网络，传输速度可达 500 kbit/s，用于轿车。

汽车网络协议还有 TTP/A、TTP/C、VAN 等，至今没有一个协议可以完全满足未来汽车成本和性能的要求，未来汽车网络仍将是多种协议共存。但目前 CAN 或 LIN 是较好的选择，使用范围较广。

任务四 车载网络系统的要求与应用

一、车载网络系统的要求

现代汽车典型的控制系统有电控燃油喷射系统、电控传动系统、防抱死制动系统（ABS）、防滑控制系统（ASR）、废气再循环控制系统、巡航系统和空调系统等，如图 1-16 所示。

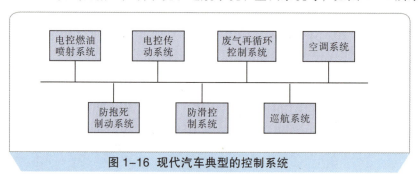

图 1-16 现代汽车典型的控制系统

1. 汽车多个 ECU 之间的典型网络布局

汽车多个 ECU 之间的网络布局常见的有分级式和分开式两种。

（1）分级式

采用 J1939 标准的分级式，将整个网络分成不同功能层级，并用特制的微机对不同层级进行处理和控制，如图 1-17 所示。这种网络布局具有超过 30 个 ECU 的容量。

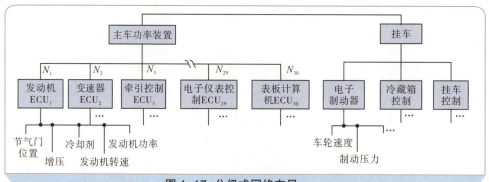

图 1-17 分级式网络布局

(2) 分开式

采用 J1587/J1708 标准的分开式网络布局，如图 1-18 所示。在这种网络布局中，各个网络都有自己的操作系统，相互之间用桥接器来处理多个 ECU 之间的通信。

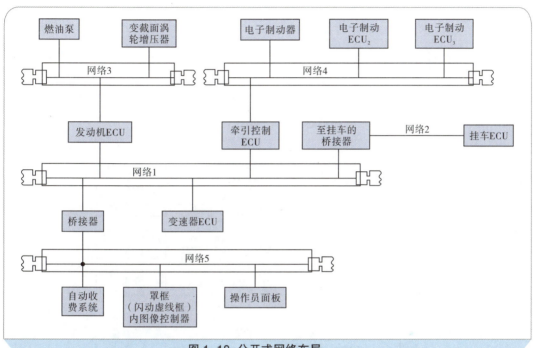

图 1-18　分开式网络布局

2. 数据通信

连接到车载网络的各个 ECU 按需要从总线上接收最新的信息以操纵各个系统。例如，与发动机转速传感器相匹配的发动机 ECU，将发动机转速数据连续馈送至总线，其他几个需要发动机转速数据的 ECU，只需从总线上接收发动机转速数据即可。ECU 接收到的最新数据为现行数据，实际实施中，每当 ECU 接收到数据，就将这些数据存储在 RAM 区，并将这些数据按各自的类型赋值，因此，RAM 总有一个更新了的数据复制并存储在其中，再通过对这些数据的应用，使 ECU 获取最新的数据。

汽车内 ECU 之间与办公用微机之间的数据传输特征不尽相同，主要差别在于传输频率。汽车内 ECU 之间的数据传输频率是变化的，在一个完善的汽车电子控制系统中，许多动态信息必须与车速同步。为了满足各子系统的实时性要求，有必要对汽车公共数据实行共享，如发动机转速、车轮转速、节气门踏板位置等。但每个 ECU 对实时性的要求是因数据的更新速率和控制周期不同而不同的。例如，一个 8 缸柴油机运行在 2 400 r/min，则 ECU 控制两次喷射的时间间隔为 6.25 ms，其中，喷射持续时间为 30°的曲轴转角（2 ms），在剩余的 4 ms 内需完成转速测量、油量测量、A/D 转换、工况计算、执行器的控制等一系列过程，这就意味着数据发送与接收必须在 0.25 ms 内完成，才能达到发动机电控的实时性要求。这就要求其数据交换网是基于优先权竞争的模式，且本身具有极高的通信速率，CAN 现场总线正是为满足这些要求而设计的。不同参数应具有不同的通信优先权,表1-6列出了几个典型参数的允许响应时间。

表1-6 典型参数允许的响应时间

典型参数	允许响应时间	典型参数	允许响应时间
发动机喷油量	10 ms	进气温度	20 s
发动机转速	300 ms	冷却液温度	1 min
车轮转速	1 ~ 100 s	燃油温度	≈ 10 min

二、车载网络系统的应用

车载网络系统在汽车上的应用非常多,按照应用系统划分,车用网络大致可以分为4个系统:动力传动系统、车身系统、安全系统和信息系统,如图1-19所示。

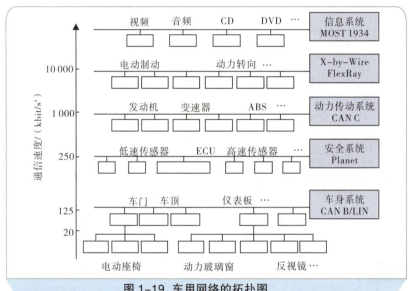

图1-19 车用网络的拓扑图

1.动力传动系统

在动力传动系统内,利用网络将发动机舱内设置的模块连接起来,在将汽车的主要因素——行驶、停止与转弯这些功能用网络连接起来时,就需要高速网络。动力传动系统模块的位置比较集中,固定在一处。从欧洲汽车厂家的示例来看,动力传动系统对节点的数量也是有限制的。

动力CAN数据总线连接3块计算机,它们是发动机、ABS/EDL及自动变速器计算机(动力CAN数据总线可以连接安全气囊、四轮驱动与组合仪表等计算机。总线可以同时传递10组数据,发动机计算机5组、ABS/EDL计算机3组、自动变速器计算机2组。数据总线以500 kbit/s的速率传递数据,每一组数据传递大约需要0.25 ms,每一电控单元7 ~ 20 ms发送一次数据,优先权顺序为ABS/EDL电控单元、发动机电控单元、自动变速器电控单元。

在动力传动系统中,数据传递应尽可能快速,以便能及时利用数据,所以需要一个高性能的发送器。高速发送器会加快点火系统间的数据传递,能使接收到的数据立即应用到下一个点火脉冲中去。CAN数据总线连接点通常置于控制单元外部的线束中,但在特殊情况下,连接点也可能设在发动机电控单元内部。

2. 车身系统

与动力传动系统相比，汽车上的各处都配置有车身系统的部件，线束长，容易受到干扰。作为防干扰的措施是尽量降低通信速度。节点的数量增加了，所以通信速度没有太大问题。在车身系统中，因为担负着人机接口作用的模块、节点的数量增加，所以，与性能（通信速度）相比，更倾向于注重成本，对此，人们正在摸索更廉价的解决方法，目前常采用直连总线及辅助总线。

舒适 CAN 数据总线连接 5 个控制单元（包括中央控制单元及 4 个车门的控制单元），有 5 个功能：中央门锁、电动窗、照明开关、后视镜加热及自诊断功能。控制单元的各条传输线以星状形式汇聚一点，这样做的好处是，如果一个控制单元发生故障，其他控制单元仍可发送各自的数据。

该系统使经过车门的导线数量减少，线路变得简单。如果线路中某处出现对地短路、对正极短路或线路间短路，CAN 系统会立即转为应急模式运行或转为单线模式运行。4 个车门控制单元都是由中央控制单元控制，只需较少的自诊断线。

数据总线以 62.5 kbit/s 的速率传递数据，每一组数据传递大约需要 1 ms，每个电控单元 20 ms 发送一次数据。其优先权顺序为：中央控制单元、驾驶员侧车门控制单元、前排乘客侧车门控制单元、左后车门控制单元、右后车门控制单元。由于舒适系统中的数据可以用较低的速率传递，因此发送器性能比动力传动系统发送器的性能低。

3. 安全系统

安全系统是指根据多个传感器的信息使安全气囊启动等的控制系统，因此使用的节点数将急剧地增加。对此系统的要求是成本低、通信速度快、通信可靠性高。

4. 信息（娱乐、ITS）系统

对信息系统通信总线的要求是容量大、通信速度非常高。

除上述所介绍的系统之外，还有面向 21 世纪的控制系统、高速车身系统及主干网络等，这就意味着将会有不同的网络并存，因此就要求网络之间可以互相连接，也可以断开。为了实现即插即用，都将各个局域网与总线相连，根据汽车的平台选择并建立所需要的网络，典型的车用网络如图 1-20 所示。

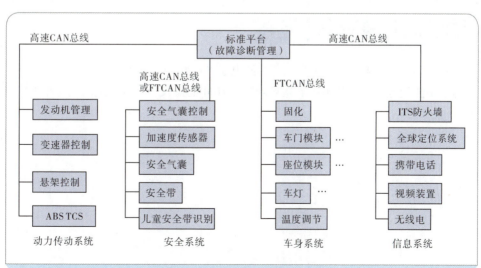

图 1-20 典型的车用网络

三、车载网络系统的发展趋势

1. D2B Optical 光纤网络

D2B Optical 是一种光纤通信系统，使用者可以将娱乐及信息产品与中央控制系统整合，不会与中央控制系统相互抵触。D2B Optical 光纤网络采用光纤以光波传输数据，数据按次序在光纤网络中传输。其主要用于收音机、卫星导航、CD、音频放大器、移动电话和道路交通导航系统等。

采用 D2B Optical 光纤网络可减少传输信号失真，线路无损耗。车辆其他用电设备产生的高频干扰电流以及静电等对 D2B Optical 光纤传输网络不构成干扰。

目前，D2B Optical 光纤网络应用在车身网络上，特别是数字影音、导航系统等。

2. Command 网络

Command 网络是一种独立的网络，用于连接交通状况记录模块与电视(TV)频道译码模块，资料由中央通信电控单元播放 TV 并结合卫星导航、地图系统，指示驾驶员如何避开交通拥塞道路。

3. CellPort Labs 移动电话网络

移动电话与 D2B 光纤永久连接，当移动电话使用 TMC/GSM 与交通信息中心连接时，移动电话通过移动电话网络与交通状况记录模块传递信息，进行导航指示，与汽车使用共同的接口，行车时也可同时打电话。

4. USB

英特尔与微软大力推动个人计算机的外围设备（如数字照相机、打印机、磁盘等）配上 USB 插接器，便可即插即用。高速光纤传输是影音通信协议 IEEE 1394 的发展趋势。

5. OSEK 开放式标准化系统

OSEK 开放式标准化系统兼容于车内的电子产品接口，将实时的操作系统、软件接口及管理网络与通信功能规范化，在戴姆勒、克莱斯勒与 IBM 的协议下，该系统已成为车上的基本操作系统。

思考与练习

一、填空题

1. 失效保护功能分为_____和_____。
2. _____系统已经作为汽车上的基本操作系统。
3. 目前主流的 B 类汽车网络协议是_____。
4. 车载网络可分为_____、_____、_____、_____。
5. 汽车 ECU 网路布局分为_____和_____两种。

二、简答题

1. 简述车载网络系统在汽车上的应用。
2. 车载网络系统有哪些特点？
3. 简述车载网络系统协议标准。

课题二　CAN 数据总线系统

[学习任务]

1. 熟悉 CAN 数据总线系统的功能。
2. 了解 CAN 数据总线的特点。
3. 掌握 CAN 数据总线系统的工作原理。
4. 了解 CAN 数据总线系统在汽车上的应用范围。

[技能要求]

1. 学会检修 CAN 数据总线系统。
2. 掌握 CAN 数据总线系统传输原理。

任务一　CAN 数据总线的发展史

　　CAN 广泛应用于汽车工业、航天工业等领域，是目前非常有前途的现场总线之一。CAN 数据总线是德国 BOSCH 公司为解决现代汽车中众多的控制与测试仪器之间的数据交换而开发的一种串行数据通信协议，是一种多主总线。CAN 协议采用通信数据块进行编码，取代了传统的站地址编码，使网络内的节点数在理论上不受限制。由于 CAN 数据总线具有较强的纠错能力，支持差分收发，因此适合高干扰环境，并具有较远的传输距离，数据通信具有突出的可靠性、实时性和灵活性。CAN 数据总线在诸多汽车总线中有着很重要的地位。

　　随着汽车工业以及自动化程度的发展，现代汽车中所使用的电子控制系统和通信系统越来越多，如发动机电控系统、自动变速器控制系统、防抱死制动系统（ABS）、自动巡航系统（ACC）和车载多媒体系统等。这些系统之间、系统和汽车的显示仪表之间、系统和汽车故障诊断系统之间均需要进行数据交换，如此巨大的数据交换量，如仍然采用传统数据交换的方法，即用导线进行点对点的连接传输方式将是难以想象的。因此，用串行数据传输系统取而代之就成为必然的选择。

20 世纪 80 年代初，为了解决现代汽车中众多的电子控制系统与汽车故障诊断系统之间的数据交换问题，德国 BOSCH 公司的工程人员开始研究用于汽车的串行数据通信系统。

1983 年初，Uwe Kiencke 开始研究一种新的串行总线，新总线的主要方向是增加新功能和减少导线，使其能够用于产品而非用于驱动技术。

1986 年 2 月，CAN 总线诞生。在底特律的汽车工程协会的大会上，由 BOSCH 公司研究的新总线系统被称为汽车串行控制局域网。

Uwe Kiencke、Siegfried Dais 和 MartinLitschel 分别介绍了这种多主网络方案，此方案基于非破坏性的仲裁机制，能够确保高优先级报文的无延迟传输，并且不需要在总线上设置主控制器。

1987 年中期，Intel 推出了第一种 CAN 控制芯片 82526，这是 CAN 方案首次通过硬件实现。随后，Philips 半导体推出了 82C200。这两种最先推出的 CAN 控制器在验收滤波和报文控制方面有许多不同。一方面，由 Intel 主推的 FullCAN 比由 Philips 主推的 BasicCAN 占用较少的 CPU 载荷；另一方面，FullCAN 器件所能接收的报文数目相对受到限制，BasicCAN 控制器仅需较少的硅晶体。从而形成了 BasicCAN 和 FullCAN 两大阵营。

1990 年初，BOSCH CAN 规范（CAN 2.0）被提前交给国际标准化组织。该技术包括 A、B 两部分。CAN 2.0A 给出了 CAN 报文标准格式，而 CAN 2.0B 给出了标准的和扩展的两种格式。

在数次讨论之后，于 1993 年 11 月出版了 CAN 的国际标准 ISO 11898。ISO 11898 是通信速率为 125 kbit/s ~ 1 Mbit/s 的 CAN 高速通信标准。除了 CAN 协议外，它也规定了最高至 1 Mbit/s 波特率时的物理层，同时在国际标准 ISO 11519-2 中也规定了 CAN 数据传输中的容错方法。ISO 11519 是通信速率在 125 kbit/s 以下的 CAN 低速通信标准。

目前，汽车上的 CAN 网络均由 ISO 11898 和 ISO 11519 这两种通信速率不同的总线组成。

从 1990 年中期起，Infneon 公司和 Motorola 公司向欧洲的客车厂商提供了大量的 CAN 控制器；从 1992 年起，Mercedes – Benz 奔驰开始在它们的高级客车中使用 CAN 技术，第一步使用控制单元通过 CAN 对发动机进行管理，第二步使用控制单元接收人们的操作信号。这就使用了两个物理上独立的 CAN 数据总线系统，不同的 CAN 总线具有不同的数据传输速率，所以不同的 CAN 总线之间不能直接进行数据通信，于是采用了一个 CAN 总线网关控制器来进行协调。

1992 年，CIA（CAN In Automation）用户组织成立，之后制订了第一个 CAN 应用层 CAL。1994 年开始有了国际 CAN 学术年会（ICC）。

1994 年，美国汽车工程师协会以 CAN 为基础制订了 SAE J1939 标准，用于货车和客车的控制和通信网络。

在欧洲，1999 年就有近 6 000 万个 CAN 控制器投入使用，2000 年销售 1 亿多 CAN 的芯片，2001 年用在汽车上的 CAN 节点数目超过 1 亿个。

今天，轿车上 CAN 数据总线的应用已十分普遍。到 2016 年以来，新车型几乎 100% 使用 CAN 数据总线，所有车型平均使用率超过 90%。尽管有多种新型车载网络开始进占信息娱乐和安全保障领域，但 CAN 仍可保留 88% 的市场份额。目前在国内，使用 CAN 总线的有一汽、二汽东风、济南重汽等货车，宇通、金龙、海格等客车，一汽大众、上海大众、上海通用、奇瑞、南汽、吉利、长安福特等轿车。

任务二　汽车多路传输系统

多路传输系统（Smart Wiring System，SWS）是完成某一特定功能的电路或装置。多路传输是有线或无线同时传输许多信息，如数据信息等。运用多路传输技术，可以使汽车省去许多接头，可以减小车辆质量，节省空间。

一、汽车多路传输系统的定义

信息通信：如同打电话，与对方通过电话线连接，通过电话线发送和接收信息。CAN 数据总线中的数据传递就像一个电话会议，一个电话用户（控制单元）将信息"讲入"网络中，其他用户通过网络"接听"该数据。对这个数据感兴趣的用户就会接收数据，而其他用户可以选择忽略。

广播方法：那些被交换的信息称为信息帧。一个发送的信息帧可以被任何一个控制单元接收，这种规则称为广播。通过这种广播方法可以使所有联网的控制单元总是具有相同的信息状态。

BUS：BUS 组成的网络系统能够快速、准确、大量地传输信息。数据总线运送指定设备或所有设备之间的数据，就像公共汽车运送站与站之间的乘客。

网络的应用：汽车网络传输与网吧、国际互联网有相似的关系。网络是由控制单元和诊断测试仪组成的电子系统，这些控制单元和诊断测试仪之间至少用一根导线连接。网络允许各个模块相互通信，为了区分不同的设备，需要设置不同的地址。

二、汽车多路传输系统的发展历史

20 世纪 50 年代，自汽车技术与电子技术结合以来，电子技术领域中集成电路、大规模集成电路的发展带动汽车电子控制系统。汽车电控系统极大地提高了汽车的各种性能。但随着电子技术的普遍应用，车辆的控制单元的数目不断增多，相应的传感器和执行器的数目也不断增多，同时汽车上的线路也越来越复杂，将不利于汽车业的发展。

多路传输系统的应用解决了这个问题，并且得到了发展。以水温传感器为例，很多传感器都需要它的信息，发动机控制单元利用它控制喷油量，即冷车增加喷油，热车减少喷油，发动机控制单元还要利用水温信号控制点火和爆振；变速器单元利用它来控制换挡时间；仪表系统要用该信号来显示发动机温度；其他系统也要用到水温信号，如空调系统等。所以有些车上需要安装三四个水温传感器，分别为不同的系统提供工作信号，照此趋势车上的控制线路会越来越复杂，但如果利用多路传输系统，就不会产生多个水温传感器。

到目前为止，汽车所采用的数据传输方法有：每条信息都通过各自的线路进行交换；控制单元所有信息通过两条线路（CAN）进行交换，从而解决了线路过多的问题。

三、汽车多路传输系统的类型

1. 根据传输导线不同分类

根据传输导线不同，多路传输系统可分为单线、双线和无线。单线传输如 LIN BUS；在 CAN 系统中一般采用双线传输，光纤总线为环状信息传输；新款车型中很多都采用了无线蓝牙传输数据，又称 BLUE TOOMTH BUS。

2. 根据控制单元之间的线路关系分类

根据控制单元之间的线路连接关系可将多路传输系统分为分路形、星形和环形。

3. 根据传输速度分类

按照网络的功能和速度，可分为低速、中速和高速网络。低速网络主要面向执行器、传感器；中速网络主要面向模块间数据共享；高速网络主要面向多路、多媒体系统的网络和面向乘员的安全系统网络。

四、汽车多路传输系统的组成

汽车多路传输系统主要由模块、数据总线、网络、架构、通信协议和网关等组成。

1. 模块

汽车模块是一种电子装置，简单一点的如传感器，复杂的如计算机（微处理器）等。

2. 数据总线

数据总线是模块间运行数据的通道。如果模块可以发送和接收数据，则这样的数据总线就称为双向数据总线。一般各汽车厂家均采用专用的数据总线。

数据总线的传输速率通常用比特率表示，比特率是每秒千位（kbit/s）或兆位（Mbit/s）。幅宽也会影响数据传输速率，32 位的数据传输要比 8 位快 4 倍。

3. 网络

网络是为了实现信息共享而把多条数据总线连在一起，或者把数据总线和模块作为一个系统，从而实现信息共享的功能。

4. 架构

架构是信息高速传递的基本配置，其输入和输出端规定了什么信息能进和什么信息能出，架构通常包括 1 或 2 条线路，采用双线时，数据的传输是基于两条线的电压差。当其中的 1 条线传输数据时，它将有一个对地参考电压。

数据总线及网络架构的重要特征如下：

①能一起工作的模块数量。
②可扩展性。无须大的改动就可增加新的模块。
③信息互换种类。
④数据传输速率。
⑤抗故障性及数据交换的稳定性或容错性。

5. 通信协议

通信协议犹如交通规则，包括"交通标志"的制定方法。总统乘坐的车具有绝对的优先通行权，其他具有优先权的依次是政府要员的公车、警车、消防车、救护车等，但只能在执行公务时才能有优先权。数据总线的通信协议并不是一个简单的问题，如当模块 A 检测到发动机已接近过热时，相对于其他不太重要的信息（如模块 B 发送的最新的大气压力变化数据）有优先权。通信协议的标准蕴含唤醒访问和握手，唤醒访问是一个给模块的信号，该模块为了节电而处于休眠状态；握手就是模块间的相互确认兼容并处在工作状态。

通信协议的种类繁多。例如：

①在一个简单的通信协议中，模块不分主从，根据规定的优先规则，模块间相互传递信息，并且都知道该接收什么信息。

②一个模块是主模块，其他则为从属模块，根据优先规则，它决定哪个从属模块发送信息以及何时发送信息。

③所有的模块都像旋转木马上的骑马人，一个带有"免费券"挂环绕着它们旋转。当一个模块有了有用的信息，它便抓住挂环挂上这条信息，任何一个需要这条信息的模块都可以从挂环上取下这条信息。

④通信协议中有一个仲裁系统，通常该系统按照每条信息的数字拼法为各数据传输设定优先规则。例如，以 1 结尾的数字信息要比以 0 结尾的数字信息有优先权。

6. 网关

（1）网关的作用

网关的作用是能够信息共享且不产生协议间的冲突，并使采用不同协议及速度的数据总线间实现无差错数据传输。网关实质上也是一种模块。

（2）网关的实质

网关是连接异型网络的接口装置，它综合了桥接器和路由器的功能，汽车网关主要是能在 OSI 参考模型的物理层、数据链路层和应用层上对双方不同的协议进行翻译和解释。

一个网关必须具备从一个网络协议到另一个网络协议转换信息的能力，对于 CAN 协议的网关，应能涉及 CAN 协议 4 种帧类型中的 2 种，即数据帧和远程帧。另外两种错误帧和超限帧，由该网关的 CAN 芯片硬件控制，因此，可以说网关无附加的响应性。当然，网关必须具备"状态位"，即在任何一个网络中发生的错误太多时，网关应有报警状态位或总线中断状态位，这样，网关就像网络中的节点那样，可以调查总线状态。

对于两个网络之间的网关，应具备的特性是：尽量缩短传输等待时间，尽量减少信息丢失或超限差错，能及时处理总线出现的差错。

（3）网关的布局方式

如果两个 CAN 网络执行器是两片独立的芯片（图 2-1），电控单元（单片微机处理器）作为网关，那么，CAN 芯片就像灵巧的随机存储器被网关读写。一旦接到信息，网关就执行接收 CAN 芯片的外部读操作，接着执行转换信息的逻辑指令，然后执行外部写操作，从而可对第二个网络的 CAN 芯片进行传输编程。

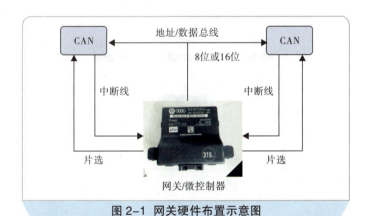

图 2-1 网关硬件布置示意图

所以说，网关主要是执行外部读、写操作和转换信息标识符，而执行读、写操作的重要技术条件是时间，读、写所要求的时间又取决于网关和 CAN 芯片接口的定时特性。

下面介绍多路传输系统中的几种常见网关。

① BOSCH 公司为奔驰 600SEL 等汽车开发的控制器局域网 CAN 1.2 与 CAN 2.0 协议之间的网关如图 2-2 所示。

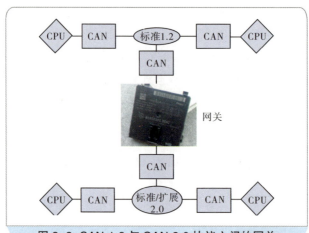

图 2-2 CAN 1.2 与 CAN 2.0 协议之间的网关

② SAE J1939 与 J1980 网络协议之间的网关。SAE 选用 CAN 2.0 协议作为"C 级"串行控制和通信网络的推荐实施标准,又称为 SAE J1939 规范。

CAN 2.0R 的数据传输速率可达 1Mbit/s,而对于货车的挂车或被牵引的机具来说,并不需要如此高的数据传输速率。由于高速率的串行链路的电子元件和硬件的成本较昂贵,因此,采用中速数据传输速率(B 级)41.6kbit/s 的 J1850 网络来管理挂车的牵引和制动,而 CAN 2.0 只用于支持主车发动机的各个 ECU,这样,在货车和大客车上出现了连接异型网络的网关,如图 2-3 所示。

图 2-3 CAN 与 J1850 之间的关系示意图

③ 原实施 SAE J1850B 级通信速率的轿车,由于发动机、自动变速器、ABS 等系统的数据传输速率偏低,想提高通信速率以改善汽车的控制性能,又不能让汽车成本增加太多,就将原实施 J1850 的汽车增加了一个网关,如图 2-4 所示,并将网关前方的总线修改为 CAN 总线。

(4) 网关处理的内容

网关主要处理三部分的内容(图 2-5)。从第一个网络读取所接收的信息,翻译信息,向

图 2-4　轿车 CAN 网络与 J1850 网络之间的网关示意图

第二个网络发送信息。图 2-5 中翻译信息标识符的含义如下：CAN 1.2 和 CAN 2.0 的网关可用于以下两种情况，第一种是最简单的实施方式，即在两个网络之间不需要对信息标识符翻译，只是发送标准信息，即网关只起到互联 CAN 1.2 与 CAN 2.0 的作用，并让这两个网络共享标准信息的任务；第二种实施方式需要对信息标识符进行翻译，即两个网络有各自的信息标识符，如"发动机温度信息"在 CAN 1.2 网络上具有专用的 11 位标准信息标识符，而在 CAN 2.0 网络上却具有扩展的 29 位信息标识符，此时的网关需对这两种信息标识符通过计算或"查表"进行翻译。

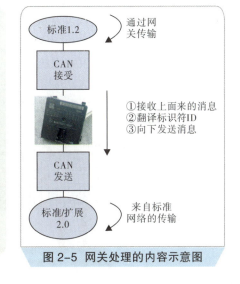

图 2-5　网关处理的内容示意图

五、汽车多路传输系统的原理及应用

1. 汽车多路传输系统的原理

CAN 被用来作为汽车电子控制装置之间的信息交换，使车上的各个计算机都能进行数据交换，形成车载网络系统。汽车无论有多少块电控单元，无论信息容量有多大，每块电控单元都只需引出两条线共同接在两个节点上，这两条导线就称为数据总线，也称 BUS，如图 2-6 所示。

图 2-6　数据传输总线示意图

课题二 CAN 数据总线系统

CAN 数据总线可以比作公共汽车，公共汽车可以运输大量乘客，CAN 数据总线可以传输大量的数据信息。我们把这种在同一通道或线路上同时传输多条信息称为多路传输。事实上数据传输是依次传输的，但是传输速度非常快，似乎就是同时传输的。由于汽车常规线路系统各单元或传感器之间每项信息通过独立的数据线进行交换，而多路传输系统的 ECU 之间所有信息都通过两根数据线进行交换，因此多路传输所用导线比常规线路系统所用导线少得多，并且多路传输系统可以通过两（或一）根数据总线执行多个指令，因此可以增加许多功能。电子计算机网络用"电子语言"来"说话"，各电控单元必须使用和解读相同的"电子语言"，这种语言称为"协议"。

CAN 数据总线的传输过程如图 2-7 所示，解释如下：

①提供数据：控制单元向 CAN 控制器提供数据用于传输。

②发送数据：CAN 收发器从 CAN 控制器处接收数据，并将其转化为二进制电信号发送出去。这些数据以数据列的形式进行传输。

③接收数据：CAN 网络系统所有的控制单元的收发器都接收数据。

④检验数据：控制单元对接收到的数据进行检测，看此数据是否与功能的数据相匹配。

⑤认可数据：如果接收到的数据是有用的，将被认可及处理，反之将其忽略。

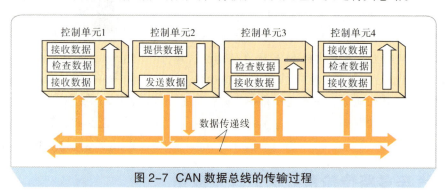

图 2-7 CAN 数据总线的传输过程

2. 多路传输系统在汽车上的应用

一汽大众生产的帕萨特轿车即采用了这种局域网络控制系统（图 2-8），CAN-BUS 技术在帕萨特上的应用，减少了帕萨特轿车车体内线束和控制器的接口数量，避免了过多线束存在的互相干涉、磨损等隐患，降低了帕萨特轿车电气系统的故障发生率。在帕萨特轿车内，各种传感器的信息可以实现共享。另外，在 CAN-BUS 技术的帮助下，帕萨特轿车的防盗性、安全性都得到了较大幅度提升。例如，在启动车辆时，确认钥匙合法性的信息会通过 CAN-BUS 总线进行传递，其校验的信息比以往的防盗系统更为丰富。车钥匙、发动机控制器和防盗控制器互相存储对方信息，校验码中还掺杂了随机码，从而大幅提高防盗能力。校验信息通过 CAN-BUS 传递大幅提高了信息传递的可靠性，使防盗系统的工作稳定可靠。

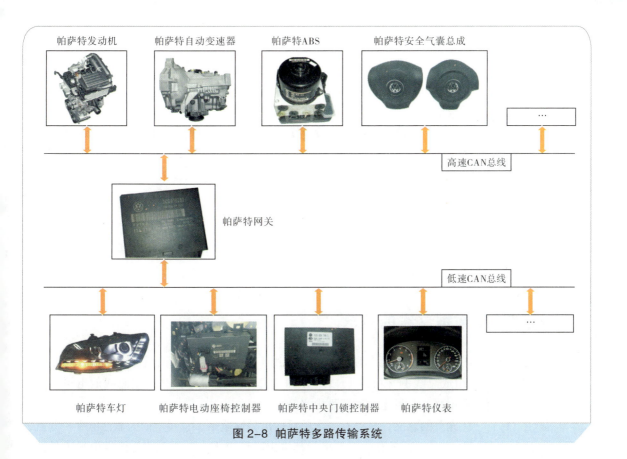

图 2-8 帕萨特多路传输系统

任务三　CAN 数据总线传输系统的组成原理与特点

CAN 数据总线是一种串行数据通信总线，具有优先权和仲裁功能。它是国际上应用极为广泛的现场总线之一，一辆汽车无论有多少块控制单元，无论信息容量有多大，每块控制单元都只需引出两条导线共同连接在节点上，这两条导线就称为数据总线。

一、CAN 数据总线的概念

CAN 是 ISO 国际标准化的串行通信协议，广泛应用于汽车、船舶等，具有高性能和可靠性。

CAN 控制器通过组成总线的 2 根线（CAN-H 和 CAN-L）的电位差来确定总线的电平，在任一时刻，总线上有 2 种电平：显性电平和隐性电平。

"显性"具有"优先"的意义，只要有一个单元输出显性电平，总线上即为显性电平；并且，"隐性"具有"包容"的意义，只有所有的单元都输出隐性电平，总线上才为隐性电平（显性电平比隐性电平更强）。

总线上执行逻辑上的线"与"时，显性电平的逻辑值为"0"，隐性电平为"1"。

图 2-9 所示为典型的 CAN 拓扑连接图。连接在总线上的所有单元都能够发送信息，如果有超过一个单元在同一时刻发送信息，则有最高优先级的单元获得发送的资格，所有其他单元执行接收操作。

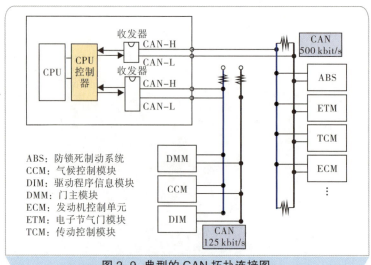

图 2-9　典型的 CAN 拓扑连接图

二、CAN 数据总线的组成与功能

1.CAN 数据总线的组成

CAN 数据总线传输系统由每个控制单元内部安装的 1 个 CAN 控制器和 1 个收发器（在网络系统中俗称节点），在每个控制单元外部连接的 2 条 CAN 数据总线和整个系统中的 2 个终端组成（有的车辆将终端设置在控制单元内,有的车辆在外部单独设置了终端），CB311 CAN（CB311 AT 系列车,线形 CAN 数据总线）总线的结构如图 2-10 所示。ECU（发动机控制单元）、TCU（变速器控制单元）、PEPS（无钥匙进入和无钥匙启动系统）、组合仪表四个电控单元通过 CAN 数据总线连接，CAN 控制器、CAN 收发器均集成在电控单元中。

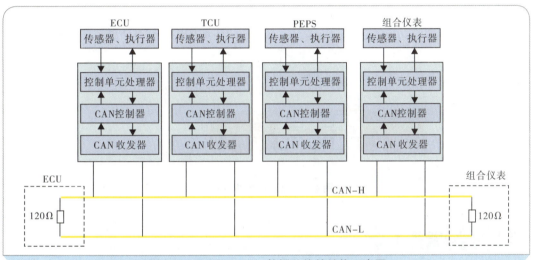

图 2-10 CB311 CAN 数据总线的结构示意图

2.CAN 数据总线的各部件功能

（1）CAN 控制器

CAN 控制器集成在电控单元内部，接收由控制单元微处理器传来的数据。CAN 控制器对这些数据进行处理并将其传递给 CAN 收发器；同样 CAN 控制器也接收收发器传来的数据，处理后传递给控制单元微处理器。

CAN 控制器的类型有两种，一种是独立的，另一类是和微处理器集成的。前一种使用起来比较灵活，它可以与多种类型的单片机、微机的各类标准总线进行接口组合；后一种在许多特定的情况下，可以使电路简化和紧凑，从而提高效率。但无论是哪一种，它们都严格遵守 CAN 的规范和国际标准。

（2）CAN 收发器

CAN 收发器集成在电控单元内部，同时兼具接收、发送和转化数据信号的功能。它将 CAN

控制器发送来的电平信号数据转化为电压信号并通过数据传输线以广播方式发送出去。同时，它接收数据传输线发送来的电压信号并将电压信号转化为电平信号数据后，发送到CAN控制器。

（3）数据传输线

为了减少干扰，CAN 数据总线的数据传输线采用双绞线，其绞距为 20 mm，截面积为 0.5 mm^2，这两根线称为 CAN-高线（CAN-H）和 CAN-低线（CAN-L），如图 2-11 所示。两根线上传输的数据相同，电压值互成镜像，这样，两根线的电压差保持一个常值，所产生的电磁场效应也会由于极性相反而互相抵消。通过该方法，数据传输线可免受外界辐射的干扰；同时，向外辐射时，实际上保持中性（无辐射）。

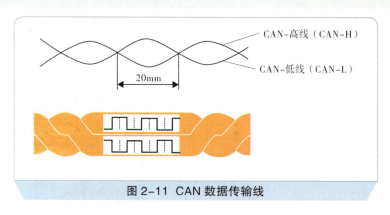

图 2-11 CAN 数据传输线

（4）数据传输终端

数据传输终端是一个电阻器，阻止数据在传输终了被反射回来破坏数据，一般数据传输终端为 120 Ω 的电阻。CB311 的数据传输终端为两个 120 Ω 的电阻，分别集成在 ECU 和组合仪表中。

三、CAN 数据总线的传输信号特征

CAN 数据总线控制单元中传递的数据是二进制格式的电平信号，数据的每一位只有 0 或 1 两个值，其中 0 表示显性状态，1 表示隐性状态。

CAN 数据总线数据传输线中传输的是电压信号，在隐性状态，CAN-H 和 CAN-L 的对地电压均为 2.5 V 左右，此时 CAN 数据总线未通信；在显性状态，CAN-H 的对地电压升至 3.5 V 左右，CAN-L 的对地电压降至 1.5 V 左右，此时 CAN 总线在通信。

控制单元是通过 CAN 收发器连接到 CAN 数据总线上的，在 CAN 收发器内部的接收器一侧设有差动信号放大器，用来处理来自 CAN-H 导线和 CAN-L 导线的电压信号。差动信号放大器在处理信号时，会用 CAN-H 导线上的电压减去 CAN-L 导线上的电压，根据电压差确定电平信号，处理后的电平信号只有 0 和 1 两位。

在显性状态时，数据传输线中 CAN-H 的电压为 V_H=3.5 V，CAN-L 的电压为 V_L=1.5 V，电压差 $V_D=V_H-V_L$=2 V，输出的电平信号为 0；在隐性状态时，数据传输线中 CAN-H 的电压为 V_H=2.5 V，CAN-L 的电压为 V_L=2.5 V，电压差 $V_D=V_H-V_L$=0 V，输出的电平信号为 1，数据信号的处

理过程如图 2-12 所示。CAN 收发器通过 CAN 控制器将差动信号放大器处理后的电平信号发送到控制单元。

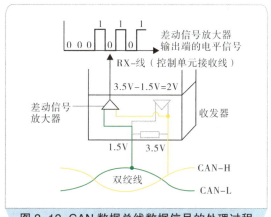

图 2-12 CAN 数据总线数据信号的处理过程

四、CAN 数据总线的传输原理与过程

1.CAN 数据总线的传输原理

CAN 数据总线使用串行数据传输方式，可以 1 Mbit/s 的速率在 40 m 的双绞线上运行，也可以使用光缆连接，而且在这种总线上总线协议支持多主控制器。

当 CAN 数据总线上的一个节点（站）发送数据时，它以报文形式广播给网络中的所有节点。对每个节点来说，无论数据是否是发送给自己的，都对其进行接收。每组报文开头的 11 位字符为标识符，定义了报文的优先级，这种报文格式称为面向内容的编址方案。在同一系统中标识符是唯一的，不可能有两个站发送具有相同标识符的报文。

当一个站要向其他站发送数据时，该站的 CPU 将要发送的数据和自己的标识符传送给本站的 CAN 芯片，并处于准备状态；当它收到总线分配时，转为发送报文状态。CAN 芯片将数据根据协议组织成一定的报文格式发出，这时网上的其他站处于接收状态。每个处于接收状态的站对接收到的报文进行检测，判断这些报文是否是发送给自己的，以确定是否接收它。

由于 CAN 数据总线是一种面向内容的编址方案，因此很容易建立高水准的控制系统并灵活地进行配置，可以很容易地在 CAN 数据总线中加进一些新站而无须在硬件或软件上进行修改。当所提供的新站是纯数据接收设备时，数据传输协议不要求独立的部分有物理目的地址。它允许分布过程同步化，即总线上控制器需要测量数据时，可由网络上获得，而无须每个控制器都有自己独立的传感器。

2.CAN 数据总线的传输过程

以发动机转速信息的传输过程为例，介绍 CAN 数据总线上的数据传输过程。从发动机转速信号获取、接收、传输，直到在发动机转速表上显示出来，从这一完整的数据传输过程中，可以清楚地看出数据传输的时间顺序以及 CAN 构件与控制单元之间的配合关系。

（1）信息格式的转换

首先是发动机控制单元的传感器接收到发动机转速信息（转速值）。该值以固定的周期（循环往复地）到达微控制器的输入存储器内。

由于瞬时转速值不仅用于发动机运转控制、变速器换挡控制，还用于其他控制单元（如组合仪表），因此该值通过CAN数据总线来传输，以实现信息共享。于是转速值就被复制到发动机控制单元的发送存储器内。该信息从发送存储器进入CAN构件的发送邮箱内。

如果发送邮箱内有一个发动机转速实时值，那么该值会由发送特征位显示出来，将发送任务委托给CAN构件，发动机控制单元就完成了数据传输任务。

如图2-13所示，发动机转速值按协议被转换成标准的CAN信息格式。

在本例中，状态区（标识符）＝发动机_1，数据区（信息内容）＝发动机转速值（发动机转速为×××r/min）。当然，CAN数据总线上传输的数据也可以是其他信息（如节气门开度、冷却液温度、发动机转矩等），具体内容取决于系统软件的设定。

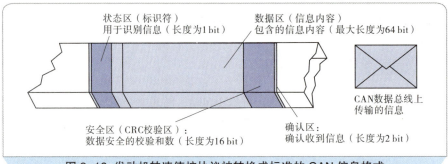

图2-13 发动机转速值按协议被转换成标准的CAN信息格式

（2）请求发送信息——总线状态查询

如果发送邮箱内有一个发动机转速实时值，那么该值会由发送特征位显示出来——请求发送信息，相当于学生举手向老师示意，申请发言。

只有总线处于空闲状态时，控制单元才能向总线发送信息。如图2-14所示，CAN构件通过RX线来检查总线是否有源（是否正在交换其他信息），必要时会等待，直至总线空闲下来为止。

如果在某一时间段内，总线电平一直为1（总线一直处于无源状态），则说明总线处于空闲状态。

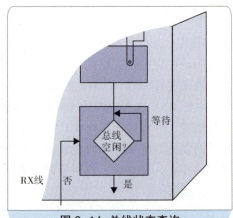

图2-14 总线状态查询

（3）发送信息

如图2-15所示，如果总线空闲下来，发动机信息就会被发送出去。

任务三　CAN 数据总线传输系统的组成原理与特点

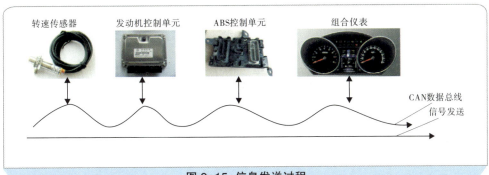

图 2-15　信息发送过程

（4）接收过程

如图 2-16 所示，连接在 CAN 数据总线上的所有控制单元都接收发动机控制单元发送的信息，该信息通过 RX 线到达 CAN 构件各自的接收区。

接收过程分两步，首先检查信息是否正确（在监控层），然后检查信息是否可用（在接收层）。

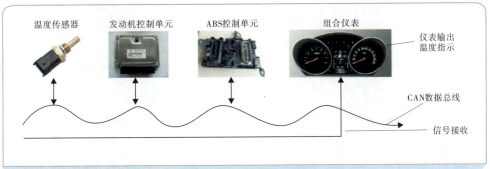

图 2-16　信号接收过程

① 检查信息是否正确（在监控层）。

接收器接收发动机的所有信息，并且在相应的监控层检查这些信息是否正确。这样就可以识别出在某种情况下某一控制单元上出现的局部故障。按照 CAN 数据总线的信息广播原理，连接在 CAN 数据总线上的所有控制单元都接收发动机控制单元发送的信息。数据传输是否正确，可以通过监控层内的 CRC 校验和数来进行校验。

在发送每个信息时，所有数据位会产生并传递一个 16 位的校验和数，接收器按同样的规则从所有已经接收到的数据位中计算出校验和数，随后系统将接收到的校验和数与计算出的实际校验和数进行比较。如果两个校验和数相等，确认无数据传输错误，那么连接在 CAN 数据总线上的所有控制单元都会给发射器一个确认回答（也称应答，图 2-17），这个回答就是"信息收到符号"（Acknowledge，ACK），它位于校验和数之后。

如图 2-18 所示，经监控层监控、确认无误后，已接收到的正确信息会到达相关 CAN 构件的接收区。

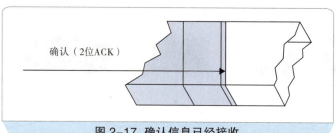

图2-17 确认信息已经接收

② 检查信息是否可用（在接收层）。

CAN构件的接收层判断该信息是否可用。如果该信息对本控制单元来说是有用的，则举起"接收旗"，予以放行（图2-19），该信息就会进入相应的接收邮箱；如果该信息对本控制单元来说是无用的，则可以拒绝接收。

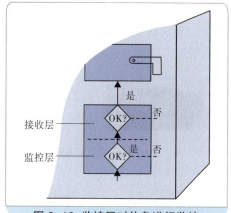

图2-18 监控层对信息进行监控

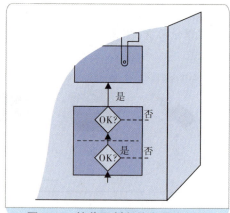

图2-19 接收层判断信息是否可用

在图2-16中，连接在CAN数据总线上的组合仪表根据升起的"接收旗"就会知道，现在有一个信息（发动机转速）在排队等待处理。组合仪表调出该信息并将相应的值复制到它的输入存储器内。通过CAN数据总线进行的数据传输过程（发送和接收信息）至此结束。

在组合仪表内部，发动机转速信息经微控制器处理后到达执行元件并最后到达发动机转速表，显示出发动机转速的具体数值。

上述数据传输过程按设定好的循环时间（如10ms）在CAN数据总线上周而复始地重复进行。

（5）冲突仲裁

如果多个控制单元同时发送信息，那么数据总线上就必然会发生数据冲突。为了避免发生这种情况，CAN数据总线具有冲突仲裁机制。按照信息的重要程度分配优先权，紧急的信息（如事关汽车被动安全、汽车稳定性控制的信息）优先权高，不是特别紧急的信息（如车窗玻璃升降、车门锁止等）优先权低，确保优先权高的信息能够优先发送。

①每个控制单元在发送信息时通过发送标识符来标识信息类别，信息优先权包含在标识符中。

任务三　CAN 数据总线传输系统的组成原理与特点

②所有控制单元都通过各自的 RX 线来跟踪总线上的一举一动并获知总线状态。

③每个控制单元的发射器都将 TX 线和 RX 线的状态一位一位地进行比较（它们可以不一致）。

④数据传输总线的调整规则：用标识符中位于前部的"0"的个数代表信息的重要程度，"0"的位数越多越优先，从而保证按重要程度的顺序来发送信息。越早出现"1"的控制单元，越早退出发送状态而转为接收状态。基于安全考虑，涉及安全系统的数据优先发送。

例如，由 ABS/EDL 电控单元提供的数据比自动变速器控制单元提供的数据（驾驶舒适）更重要，因此具有优先权。数据列的状态域是由 11 位组成的编码，其数据的组合形式决定了数据的优先权。如图 2-20 所示，3 个控制单元同时发送数据列，此时，在 CAN-BUS 数据传输线上进行一位一位的比较，如果 1 个控制单元发送了 1 个低电位而检测到 1 个高电位，那么该控制单元就停止发送数据列而转为接收器。

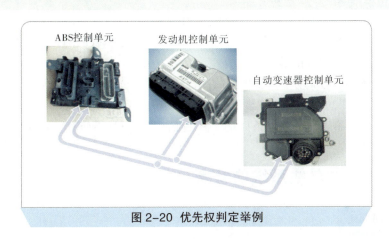

图 2-20　优先权判定举例

表 2-1 是 3 组不同数据列的优先权。例如，如图 2-21 所示，在数据列的状态域位 1，ABS/EDL 控制单元发送了 1 个高电位，发动机控制单元也发送了 1 个高电位，自动变速器控制单元发送了 1 个低电位而检测到 1 个高电位，那么自动变速器控制单元将失去优先权而转为接收器。在数据列的状态域位 2，ABS/EDL 控制单元发送了 1 个高电位，发动机控制单元发送了 1 个低电位并检测到 1 个高电位，那么，发动机控制单元也失去优先权而转为接收器。在数据列的状态域位 3，ABS/EDL 控制单元拥有最高优先权并接收分配的数据，该优先权保证其持续发送数据直至发送终了，ABS/EDL 控制单元结束发送数据后，其他控制单元再发送各自的数据。

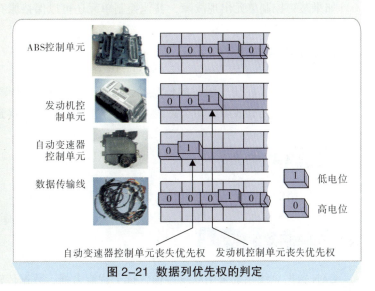

图 2-21　数据列优先权的判定

表2-1 3组不同数据列的优先权

优先权	数据报告	状态域测试
1	Brake1（制动1）	001 1010 0000
2	Engine1（发动机1）	010 1000 0000
3	Gearbox1（变速器1）	100 0100 0000

五、CAN 数据总线的自诊断功能

CAN 数据总线是车内电子装置中的一个独立系统，从本质上讲，CAN 数据总线就是数据传输线路，用于在控制单元之间进行信息交换。由于自身的布置和结构特点，CAN 数据总线工作时的可靠性很高。如果 CAN 数据总线系统出现故障，故障就会存入相应的控制单元故障存储器内，可以使用诊断仪读出这些故障，过程如下：

①控制单元具有自诊断功能，通过自诊断功能还可识别出与 CAN 数据总线相关的故障。

②用诊断仪（如 VAS5051、VAS5052A 等）读出 CAN 数据总线故障记录之后，即可按这些提示信息快速、准确地查寻并排除故障。

③控制单元内的故障记录用于初步确定故障，还可用于读出排除故障后的无故障说明，即确认故障已经被排除。如果想要更新故障显示内容，必须重新起动发动机。

④CAN 数据总线正常工作的前提条件是车辆在任何工况下均不应有 CAN 数据总线故障记录。

六、CAN 数据总线系统的特点

1. 可靠性高

CAN 数据总线系统能将数据传输故障（无论是由内部还是外部引起的）准确地识别出来。

2. 使用方便

如果某一控制单元出现故障，其他控制单元还可以保持原有功能，以便进行信息交换。

3. 数据密度大

所有控制单元在任一瞬时的信息状态均相同，这样就使得两控制单元之间不会有数据偏差。如果系统的某一处有故障，那么总线上所有连接的元件都会得到通知。

4. 数据传输快

连成网络的各控制单元之间的数据交换速率非常快，这样才能满足实时要求。

5. 采用双线传输

CAN 数据总线系统采用双线传输，抗干扰能力强，数据传输的可靠性高。

任务四　CAN 数据总线系统的通信协议

在各种现场总线中，CAN 数据总线以其结构简单、应用灵活方便而在车辆控制过程中得到广泛应用。在 CAN 的技术规范中，规定了 CAN 分为数据链路层和物理层两层，用户在设计通信软件时，必须先根据需求设计合适的 CAN 数据总线通信协议，才能完成数据准确可靠的传输。

一、CAN 通信协议概述

使用计算机网络进行通信的前提是，各控制单元必须使用和解读相同的"电子语言"，这种语言称为"协议"。1991 年 9 月，菲利普 Semiconductors 制定并发布了 CAN 技术规范（Version 2.0）。该技术包括 A 和 B 两部分。CAN 2.0A 给出了 CAN 报文标准格式，而 CAN 2.0B 给出了标准的和扩展的两种格式。1993 年 11 月，ISO 颁布了道路交通运输工具——数据信息交换——高速通信局域网（CAN）国际标准 ISO 11898，为控制局域网的标准化和规范化铺平了道路。美国的汽车工程学会 SAE 2000 年提出的 J1939 成为货车和客车中 CAN 的通用标准。

CAN 网络结构如图 2-22 所示。CAN 协议是包括表 2-2 所示 ISO 规定的 OSI（开放系统互联）基本参考模型的传输层、数据链路及物理层的协议。

CAN 协议中的 ISO/OSI 基本参考模型的传输层、数据链路层及物理层的具体定义如表 2-3 所示。

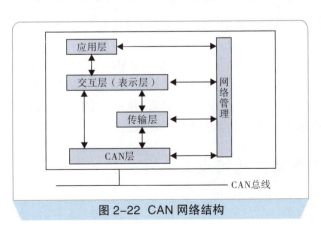

图 2-22　CAN 网络结构

表 2-2 ISO/OSI 基本参考模型

IOS/OSI 的基本参考模型		各层定义的主要项目
软件控制	7 层：应用层	提供各种实际可以应用的服务
	6 层：表示层	对数据的表现形式进行变换，如文字的调整，数据的压缩、加密
	5 层：会话层	为实现会话通信，按正确的顺序控制数据的发送与接收
	4 层：传输层	保证按顺序控制数据及更正错误等的通信品质，如订正错误、重新发送的控制
	3 层：网络层	选择数据的传输途径及中转，如各控制单元之间的数据交换及地址管理
硬件控制	2 层：数据链路层	将从物理层获得的信号（字符集）汇总成具有某种意义的数据，提供控制顺序，以便对控制传输错误等的数据加以传输。例如，①访问时的方法及数据形式；②通信方式、连接控制方式、同步方式、错误检测方式；③响应方式、帧的构成；④组帧方式
	1 层：物理层	规定通信时所使用的电缆、插座等媒体、信号的标准等，以实现设备信号之间的交接，如信号电平、发送与接收、电缆及插接器等的形式

表 2-3 CAN 协议中的 ISO/OSI 基本参考模型的传输层、数据链路层及物理层的具体定义

层	定义事项	功能
4 层（传输层）	再发送控制	永久再试
2 层（LLC）数据链路层	选择接收的报文（验收滤波）	能够实现点-点相连、同报文一起连接、同报文分组连接
	过载通知	通知：接收准备未完成
	恢复管理	再传输
2 层（MAC）（数据链路层）	报文的成帧化	包括 4 种帧：数据帧、远程帧、错误帧与过载帧
	连接控制方式	争用方式（对应于多点传送）
	数据冲突时的仲裁	通过仲裁，优先程度高的 ID 可以继续发送
	故障扩散的抑制功能	自动判别出是暂时性错误还是连续性错误，并排除故障节点
	错误的通知	有 CRC 错误、填充错误、位错误、ACK 错误、格式错误
	错误的检测	可以检测出所有单元的经常性错误
	响应方式	有 ACK、NACK 两种
	通信方式	半双工通信
1 层（物理层）	位的编码	利用 NRZ（Non-Return to Zero，不归零码）方式编码，6 位填充
	位定时	位定时，位取样数（由用户选定）
	周期方式	利用同步段（SS）实现同步（重新同步功能）

注：LLC——逻辑链路控制子层；MAC——介质访问控制子层。

数据链路层可以划分为 MAC 子层与 LLC 子层。MAC 子层是 CAN 协议的核心。数据链路层的功能是将从物理层获得的信号整理成为具有含义的报文（报文是指信息），并提供控制传输错误等的数据传输控制顺序。具体来说，是报文的成帧、仲裁、应答（ACK）、检测错误及加以通知。数据链路层的功能通常是在 CAN 控制器的硬件中完成的。

二、CAN 通信协议的特点

1. 多主控制

当总线空闲时，连接到总线上的所有单元都可以启动发送信息，这就是多主控制的概念。

先占有总线的设备获得在总线上进行发送信息的资格。如果多个设备同时开始发送信息，那么发送最高优先级 ID 消息的设备获得发送资格。

2. 信息的发送

在 CAN 协议中，所有发送的信息要满足预先定义的格式。当总线没有被占用时，连接在总线上的任何设备都能启动新信息的传输，如果两个或更多个设备在同时刻启动信息的传输，则通过 ID 来决定优先级。ID 并不是指明信息发送的目的地，而是指示信息的优先级。

如果 2 个或者更多的设备在同一时刻启动信息的传输，在总线上按照信息所包含的 ID 的每一位来竞争，赢得竞争的设备（具有最高优先级的信息）能够继续发送，而失败者则立刻停止发送并进入接收操作。因为总线上同一时刻只可能有一个发送者，而其他均处于接收状态，所以，并不需要在底层协议中定义地址的概念。

3. 系统的灵活性

连接到总线上的单元并没有类似地址这样的标识，所以，添加或去除一个设备，无须改变软件和硬件，或其他设备的应用层软件。

4. 通信速度

可以设置任何通信速度，以适应网络规模。对于一个网络，所有单元必须有相同的通信速度，如果不同，就会产生错误，并妨碍网络通信。然而，不同网络间可以有不同的通信速度。

5. 远程数据请求

可以通过发送"遥控帧"，请求其他单元发送数据。

6. 具有错误检测、通知、恢复功能

所有单元均可以检测出错误（错误检测功能）。检测到错误的单元立刻同时通知其他所有的单元（错误通知功能）。如果一个单元发送信息时检测到一个错误，它会强制终止信息传输，并通知其他所有设备发生了错误，然后它会重传直到信息正常传输出去（错误恢复功能）。

7. 错误隔离

在 CAN 数据总线上有两种类型的错误：暂时性的错误（总线上的数据由于受到噪声的影响而暂时出错）和持续性的错误【由于设备内部出错（如驱动器损坏、连接有问题等）而导致的】。CAN 能够区别这两种类型，一方面可以降低常出错单元的通信优先级以阻止对其他正常设备的影响；另一方面，如果是一种持续性的错误，可以将该设备从总线上隔离开。

8. 连接

CAN 数据总线允许多个设备同时连接到总线上且在逻辑上没有数目上的限制。然而由于延迟和负载能力的限制，实际可连接的设备还是有限制的，可以通过降低通信速度来增加连接的设备个数。相反，如果连接的设备少，通信的速度可以增加。

三、CAN 通信协议标准

CAN 协议已经被 ISO 颁布为 ISO 标准，目前为 ISO 11898 与 ISO 11519-2。在 ISO 11898 和 ISO 11519-2 标准中，数据链路层的定义是一样的，但物理层上有所区别。

1. ISO 11898

ISO 11898 是通信速度为 125 kbit/s ～ 1 Mbit/s 的 CAN 高速通信标准。目前，ISO 正在 ISO 118 98 上补充新的内容，补充后的标准将成为另一项标准 ISO 11898-1。

2. ISO 11519-2

ISO 11519 是通信速度最高可达 125 kbit/s 的 CAN 低速通信标准。ISO 11591-2 是在 ISO 11591-1 的基础上补充新内容后变成的一项新标准。

图 2-23 表示 CAN 协议和 ISO 11898 及 ISO 11519-2 标准的范围。

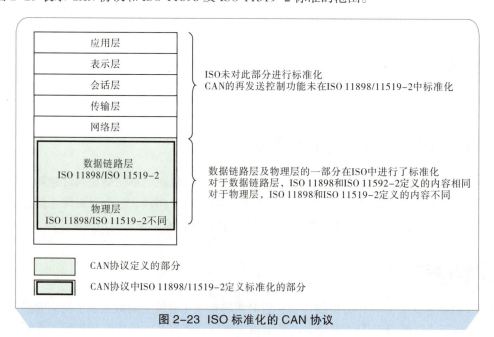

图 2-23 ISO 标准化的 CAN 协议

3. ISO 11898 和 ISO 11519-2 的不同点

（1）物理层的不同点

如图 2-23 所示，ISO 11898 和 ISO 11519-2 在 CAN 协议中物理层的标准有所不同。CAN 协议的物理层如图 2-24 所示，定义了三个子层，ISO 11898 和 ISO 11519-2 在物理层中的 PMA 层和 MDI 层有所不同。

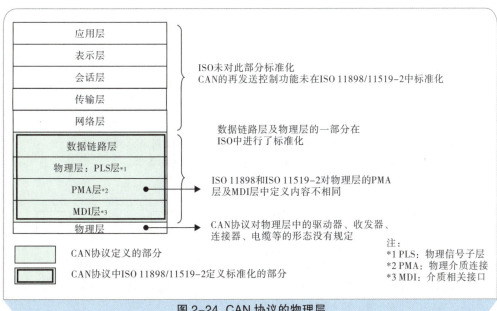

图 2-24 CAN 协议的物理层

在物理层（PMA 层、MDI 层），ISO 11898 和 ISO 11519-2 的主要不同点如表 2-4 所示。

表 2-4 ISO 11898 和 ISO 11519-2 物理层的主要不同点

物理层	ISO 11898（高速）						ISO 11519-2（低速）					
通信速度 *1	最大 1 Mbit/s						最高 125 Mbit/s					
总线最大长度 *2	40 m/1 Mbit/s						1 km/40 kbit/s					
连接单元数	最大 30						最大 20					
总线拓扑	隐性			显性			隐性			显性		
	最小	中	最大	最小	中	最大	最小	中	最大	最小	中	最大
CAN-H（V）	2.00	2.50	3.00	2.75	3.50	4.50	1.60	1.75	1.90	3.85	4.00	5.00
CAN-L（V）	2.00	2.50	3.00	0.50	1.50	2.25	3.10	3.25	3.40	0.00	1.00	1.15
电位计（H-L）(V)	−0.5	0	0.05	1.5	2.0	3.0	−0.3	−1.5	—	0.30	3.00	—
	双绞线（屏蔽/非屏蔽） 闭环总线 抗阻（Z）：120 Ω（最小为 85 Ω，最大为 130 Ω） 总线电阻率（r）：70 mΩ/m 总线延迟时间：5 ns/m 终端电阻：120 Ω（最小为 85 Ω，最大为 130 Ω）						双绞线（屏蔽/非屏蔽） 开环总线 抗阻（Z）：120 Ω（最小为 85 Ω，最大为 130 Ω） 总线电阻率（F）：90 mΩ/m 总线延迟时间：5 ns/m 终端电阻：2.20 kΩ（最小为 2.09 kΩ，最大为 2.31 kΩ） CAN-L、CAN-H 与 GND 间静电容量为 30 pF/m					

注：

*1：通信速度，通信速度根据系统设定。

*2：总线长度，总线长度根据系统设定。通信速度和最大总线长度的关系如图 2-25 所示。

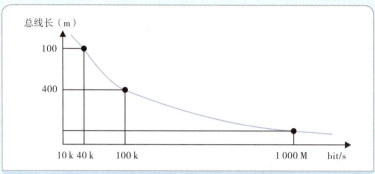

图 2-25 通信速度和最大总线长度的关系

*3：总线拓扑。

CAN 收发器根据两根总线 CAN-H 和 CAN-L 的电位差来判断总线电平。

总线电平分为显性电平和隐性电平两种。总线必须处于两种电平之一。总线上执行逻辑上的线"与"时，显性电平为"0"，隐性电平为"1"。物理层的特征如图 2-26 所示。

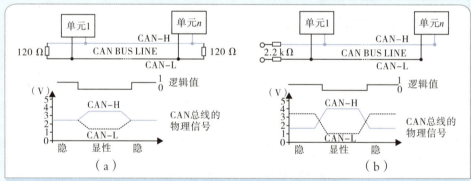

图 2-26 ISO 11898 和 ISO 11519-2 的物理层特性

（a）ISO 11898 125 kbit/s ～ 1 Mbit/s； （b）ISO 11519-2 10 kbit/s ～ 125 kbit/s

（2）CAN 的标准规格

不仅是 ISO，SAE 等其他的组织、团体、企业也对 CAN 协议进行了标准化。

基于 CAN 的各种标准规格如表 2-5 所示。如图 2-27 所示，面对汽车的通信协议以通信速度为准进行分类。

目前已经有了标准 ISO 11591-3，ISO 11519-3 并不是 CAN 标准，而是 VAN 通信协议的 ISO 标准。

任务四　CAN 数据总线系统的通信协议

表 2-5　CAN 协议和标准规格

名称	波特率	规格	适用领域
SAE J1939-11	250 kbit/s	双线式、屏蔽双绞线	卡车、大客车
SAE J1939-12	250 kbit/s	双线式、屏蔽双绞线、12 V 供电	农用机械
SAE J2284	500 kbit/s	双线式、双绞线（非屏蔽）	汽车（高速：动力、传动系统）
SAE J24111	33.3 kbit/s、83.3 kbit/s	单线式	汽车（低速：车身系统）

电通信 ↕ 光通信

Class	通信速度	用途	协议
Class A	10 kbit/s（车身系统）	灯光类、电动窗、门锁、电动椅、遥控门锁等	低速CAN（125kbit/s）·各汽车厂商自有协议 ·LIN
Class B	10 kbit/s ~ 125 kbit/s（状态信息系统）	电子仪表、驾驶信息、自动空调、故障诊断	·J1850 ·VAN
Class C	125 kbit/s ~ 1 Mbit/s（实时控制系统）	发动机控制、变速器控制、制动控制、悬挂控制、ABS等	高速CAN（125 kbit/s ~ 1 Mbit/s）·Safe-by-Wire
Class D	5Mbit/s（多媒体）		·D2B Optical ·MOST ·IEEE1394

图 2-27　通信协议分类

任务五　CAN 数据总线在汽车上的应用

CAN 数据总线数据段最多为 8 字节,可满足汽车控制命令、工作状态及测试数据的一般要求;同时 8 字节不会占用总线过多的时间,保证了汽车控制及仪表显示的实时性。正因为 CAN 数据总线的卓越特性和极高的可靠性,其在汽车上应用越来越广泛。

一、汽车总线的分类及特征

由于 CAN 数据总线在汽车上的具体应用领域(系统)和数据传输速率不同,因此 CAN 数据总线有不同的类别。另外,对于功能相同或相近的 CAN 数据总线,不同的汽车公司对其称谓也不尽相同。例如,德国大众集团的 CAN 数据总线分为驱动 CAN 数据总线、舒适 CAN 数据总线、信息/娱乐 CAN 数据总线、组合仪表 CAN 数据总线、诊断 CAN 数据总线五类;而宝马汽车集团的 CAN 数据总线分为 PT-CAN 数据总线(动力传输 CAN 数据总线)、F-CAN 数据总线(底盘 CAN 数据总线)、K-CAN 数据总线(车身 CAN 数据总线)三类;奔驰汽车公司的 CAN 数据总线分为 CAN B 数据总线、CAN C 数据总线两大类等。

1. 德国大众公司的 CAN 数据总线

目前,德国大众汽车集团公司生产的汽车中使用多种 CAN 数据总线。根据信号的重复率、产生的数据量和可用性(准备状态),CAN 数据总线系统分为如下 5 类。

(1) 驱动 CAN 数据总线

驱动 CAN 数据总线属于高速 CAN 数据总线,数据传输速率为 5 000 kbit/s,用于将驱动系统中的控制单元联成网络。

(2) 舒适 CAN 数据总线

舒适 CAN 数据总线属于低速 CAN 数据总线,数据传输速率为 100 kbit/s,用于将舒适系统中的控制单元联成网络。

(3) 信息/娱乐 CAN 数据总线

信息/娱乐 CAN 数据总线属于低速 CAN 数据总线,数据传输速率为 100 kbit/s,用于将收音机、电话机和导航系统联成网络。

(4) 组合仪表 CAN 数据总线

组合仪表 CAN 数据总线属于低速 CAN 数据总线，数据传输速率为 100 kbit/s。

(5) 诊断 CAN 数据总线

诊断 CAN 数据总线属于高速 CAN 数据总线，数据传输速率为 500 kbit/s。

舒适 CAN 数据总线和信息 CAN 数据总线可以通过带网关的组合仪表与驱动 CAN 数据总线进行数据交换。

2.CAN 导线

CAN 数据总线是一种双线式数据总线，各个 CAN 系统的所有控制单元都并联在 CAN 数据总线上。CAN 数据总线的两条导线分别称为 CAN-H 导线和 CAN-L 导线。在实际使用中，CAN-H 导线和 CAN-L 导线是扭结在一起的，称为双绞线，如图 2-28 所示。控制单元之间的数据交换就是通过这两条导线完成的，这些数据可以是发动机转速、冷却液温度、油箱油面高度、节气门开度、加速踏板位置、车速等，也可以是车轮转速、转向盘转角、发动机输出转矩、爆燃倾向等。

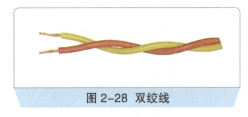

图 2-28 双绞线

在大众车系中，CAN 导线的基色为橘色。对于驱动 CAN 数据总线来说，CAN-H 导线上还多加了黑色作为标志色；对于舒适 CAN 数据总线来说，CAN-H 导线上的标志色为绿色；对于信息/娱乐 CAN 数据总线来说，CAN-H 导线上的标志色为紫色，而 CAN-L 导线的标志色都是棕色。大众车系 CAN 总线系统的颜色如图 2-29 所示。

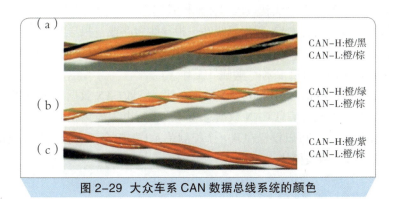

图 2-29 大众车系 CAN 数据总线系统的颜色
(a) 驱动系统；(b) 舒适系统；(c) 信息/娱乐系统

为易于识别，并与大众车系维修手册及 VAS5051 检测仪相适应，在本书中，CAN 导线分别用黄色和绿色来表示，CAN-H 导线为黄色，CAN-L 导线为绿色，如图 2-30 所示。

课题二 CAN数据总线系统

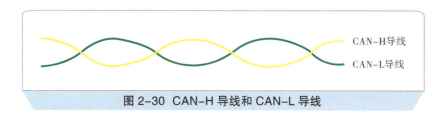

图 2-30 CAN-H 导线和 CAN-L 导线

3. 不同 CAN 数据总线的共性

不同 CAN 数据总线的共性如下：

①不同类别的 CAN 数据总线在数据高速公路上采用同样的交通规则（数据传输协议）进行数据传输。

②为了保证信息传输的高抗干扰性（如来自发动机舱的强烈的电磁波），所有 CAN 数据总线都采用双绞线（CAN-H 导线和 CAN-L 导线）系统，个别公司还采用三线系统（如宝马车系，其 PT-CAN 数据总线中，除了 CAN-H 导线和 CAN-L 导线之外，还有一根唤醒导线）。

③将要发送的信号在发送控制单元的收发器内转换成不同的信号电平，并输送到两条 CAN 导线上，只有在接收控制单元的差动信号放大器内才能建立两个信号电平的差值，并将其作为唯一经过校正的信号继续传至控制单元的 CAN 接收区。

④信息 CAN 数据总线与舒适 CAN 数据总线的特性是一致的。

4. 不同 CAN 数据总线的区别

不同 CAN 数据总线的区别如下：

①驱动 CAN 数据总线通过 15 号接线柱（也称总线端子 15）切断，或经过短时无载运行后自行切断。

②舒适 CAN 数据总线由 30 号接线柱（也称总线端子 30）供电且必须保持随时可用状态。为了尽可能降低汽车电网的负荷，在"15 号接线柱关闭"后，若汽车网络系统不再需要舒适 CAN 数据总线工作，那么舒适 CAN 数据总线就进入"休眠模式"。

③舒适 CAN 数据总线和信息 CAN 数据总线在一根导线短路或一根导线断路时，可以使用另外一根导线继续工作，这时系统会自动切换到"单线工作模式"。也就是说，舒适 CAN 数据总线和信息 CAN 数据总线可以单线工作（俗称"瘸腿"工作）。

④驱动 CAN 数据总线的电信号与舒适 CAN 数据总线、信息 CAN 数据总线的电信号是不同的。驱动 CAN 数据总线无法与舒适/信息 CAN 数据总线直接进行电气连接，但可以通过网关连接在一起，构成一个更大的网络。网关可以设置在某一个控制单元（如组合仪表控制单元或供电控制单元）内，也可以独立设置，形成网关模块。

二、驱动 CAN 数据总线

1. CAN 导线上的电压

如图 2-31 所示，驱动 CAN 数据总线处于静止状态（没有数据传输）时，CAN-H 导线和 CAN-L 导线两条导线上作用有预先设定的电压，其电压值约为 2.5 V。

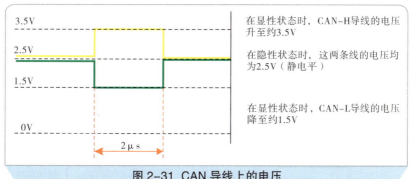

图 2-31 CAN 导线上的电压

CAN 数据总线的静止状态也称隐性状态,静止状态下 CAN-H 导线和 CAN-L 导线的对地电压称为静止电平(也称隐性电平),简称静电平。当有数据传输时,驱动 CAN 数据总线处于显性状态。此时,CAN-H 导线上的电压值会升高一个预定值(至少为 1 V),而 CAN-L 导线上的电压值会降低一个同样值(至少为 1 V)。

于是,在驱动 CAN 数据总线上,CAN—H 导线就处于激活状态(显性状态),其电压不低于 3.5 V(2.5 V+1 V=3.5V),而 CAN-L 导线上的电压值最多可降至 1.5 V(2.5 V-1 V=1.5 V)。

因此,在隐性状态时,CAN-H 导线与 CAN-L 导线上的电压差为 0 V,在显性状态时该差值最低为 2 V。

2.CAN 收发器

控制单元是通过收发器连接到驱动 CAN 数据总线上的。在收发器内部的接收器一侧设有差动信号放大器。差动信号放大器用于处理来自 CAN-H 导线和 CAN-L 导线的信号,除此以外,还负责将转换后的信号传至控制单元的 CAN 接收区。这个转换后的信号称为差动信号放大器的输出电压。

如图 2-32 所示,差动信号放大器用 CAN-H 导线上的电压(U_{CAN-H})减去 CAN-L 导线上的电压(U_{CAN-L}),就得出了输出电压,用这种方法可以消除静电平或其他任何重叠的电压(如外来的电磁干扰)。

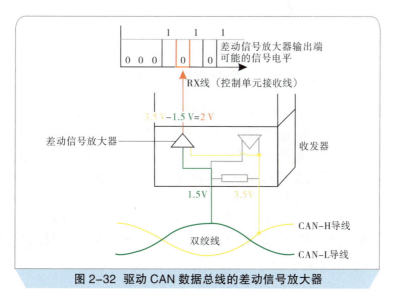

图 2-32 驱动 CAN 数据总线的差动信号放大器

收发器的差动信号放大器在处理信号时，会用CAN-H导线上作用的电压减去CAN-L导线上作用的电压，具体的处理过程如图2-33所示。

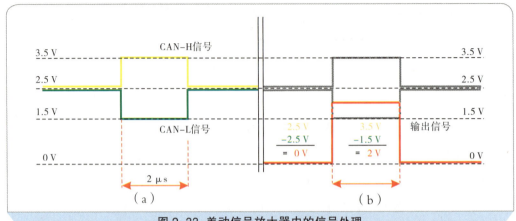

图2-33 差动信号放大器内的信号处理

（a）差动信号放大器前的信号；（b）差动信号放大器输出端同样的信号

3.CAN数据总线干扰信号的消除

由于CAN数据总线线束要布置在发动机舱内，因此CAN数据总线难免会遭受各种电磁干扰（图2-34）。在对车辆进行维修、保养时要充分考虑线束对地短路（搭铁）和蓄电池电压、点火装置的火花放电和静态放电等因素对CAN总线的干扰。

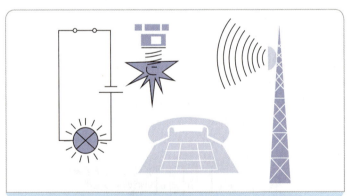

图2-34 通过导线进行数据传输时的典型干扰源

CAN-H信号和CAN-L信号经过差动信号放大器处理后（即差动传输技术），可最大限度地消除干扰的影响。即使车上的供电电压有波动（如起动发动机时），也不会影响各个控制单元的数据传输，这就大大提高了数据传输的可靠性。在图2-35上可清楚地看到这种传输的效果。由于CAN-H导线和CAN-L导线是扭绞在一起的双绞线，因此干扰脉冲信号X对CAN-H导线和CAN-L导线的作用是等幅值、等相位、同频率的。

由于差动信号放大器总是用CAN-H导线上的电压（3.5 V-X）减去CAN-L导线上的电压（1.5 V-X），因此在经过处理后，差动信号中就不再有干扰脉冲了。用数学关系式表示时就是（3.5V-X）-（1.5 V-X）=2 V。

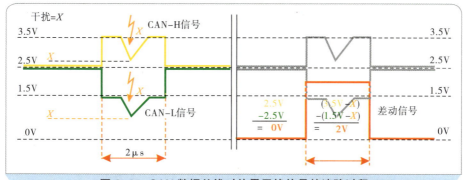

图 2-35 CAN 数据总线对外界干扰信号的消除过程

4. 终端电阻（负载电阻）

收发器发送区的任务是将控制单元内的 CAN 控制器的较弱信号放大，使之达到 CAN 导线上的信号电平和控制单元输入端的信号电平。从信号传输的角度看，连接在 CAN 数据总线上的控制单元相当于 CAN 导线上的一个负载电阻（只是控制单元内部装有电子元器件），其阻抗取决于连接的控制单元数量及电阻阻值。

发动机控制单元会在驱动 CAN 数据总线的 CAN-H 导线和 CAN-L 导线之间形成 66 Ω 的电阻，而组合仪表和 ABS 控制单元则可在 CAN 数据总线上产生 2.6 kΩ 的电阻，如图 2-36 所示。根据连接的控制单元数量，所有控制单元形成的总电阻为 53～66 Ω。如果 15 号接线柱（点火开关）已切断，就可以用欧姆表测量 CAN-H 导线和 CAN-L 导线之间的电阻。

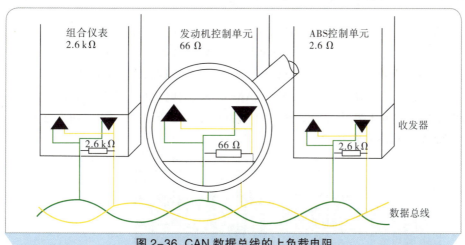

图 2-36 CAN 数据总线的上负载电阻

收发器将 CAN 信号输送到 CAN 数据总线的两条导线上，相应地在 CAN-H 导线上的电压就升高，而在 CAN-L 导线上的电压就降低一个同样大小的值。对于驱动 CAN 数据总线来说，一条导线上的电压改变值不低于 1 V；对于舒适/信息 CAN 数据总线来说，该值不低于 3.6 V。

与其他工业领域的 CAN 数据总线装在两根 CAN 导线末端的终端电阻不同，大众汽车集团的 CAN 数据总线系统采用分配方式配置终端电阻，即将终端电阻"散布"于各个控制单元内部，且阻值不等，如发动机控制单元内部的终端电阻阻值为 66 Ω，组合仪表和 ABS 控制单元内部的终端电阻阻值为 2.6 kΩ。由于汽车内部的驱动 CAN 数据总线导线长度有限（不超过 5 m），因此不会有太大的负面作用。因此，CAN 标准中有关数据总线长度的规定就不适用于大众汽车集团的驱动 CAN 数据总线。

大众汽车集团的驱动 CAN 数据总线所连接的控制单元有发动机控制单元、ABS 控制单元、ESP 控制单元、自动变速器控制单元、安全气囊控制单元、组合仪表等，如图 2-37 所示。

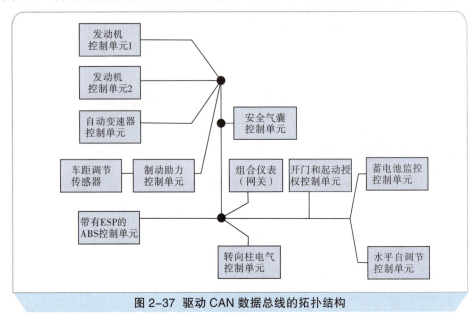

图 2-37 驱动 CAN 数据总线的拓扑结构

5. 驱动 CAN 数据总线上的信号变化

图 2-38 所示为一个真实的驱动 CAN 数据总线的实测电压波形。该总线信号由一个收发器产生并发送到 CAN 数据总线上，连接汽车诊断检测仪 VAS5051 之后，利用 VAS5051 的数字存储式示波器（DSO）接收并进行图像冻结，就得到了驱动 CAN 数据总线的实测电压波形。

由图 2-38 可见，CAN-H 导线的电压和 CAN-L 导线的电压是对称变化的，且变化方向相反。CAN-H 导线上的显性电压约为 3.5 V，CAN-L 导线的显性电压约为 1.5 V。两个电平之间的叠加信号变化表示 2.5 V 的隐性电平。

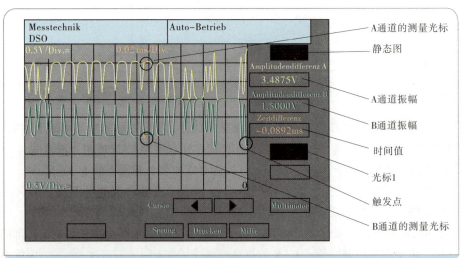

图 2-38 驱动 CAN 数据总线的实测电压波形

三、舒适／信息 CAN 数据总线

1. 舒适／信息 CAN 数据总线的特点

舒适／信息 CAN 数据总线用于将舒适 CAN 数据总线和信息 CAN 数据总线所控制的控制单元（如全自动空调／空调控制单元、车门控制单元、舒适控制单元、收音机和导航显示控制单元等）联成网络。

与所有 CAN 数据总线系统一样，舒适／信息 CAN 数据总线也是双线式数据总线，其数据传输速率为 100 kbit/s，所以也称为低速 CAN 数据总线。

控制单元通过舒适／信息 CAN 数据总线的 CAN-H 导线和 CAN-L 导线进行数据交换，如车门打开／关闭、车内灯点亮／熄灭、车辆导航系统（GPS）等。由于使用同样的脉冲频率，因此舒适 CAN 数据总线和信息 CAN 数据总线可以共同使用同一组导线，当然前提条件是相应的汽车上装备了这两种数据总线。

舒适／信息 CAN 数据总线的特点：控制单元内的负载电阻不是作用于 CAN-H 导线和 CAN-L 导线之间，而是连接在每根导线对地或对 +5 V 电源之间。如果蓄电池电压被切断，那么电阻也就没有了，这时用欧姆表无法测出电阻。

2. 舒适／信息 CAN 导线上的电压变化

为了使低速 CAN 数据总线抗干扰性强且电流消耗低，与动力 CAN 数据总线相比对舒适／信息 CAN 数据总线做了一些改动。

首先，由于使用了单独的驱动器（功率放大器），这两个 CAN 信号就不再有彼此依赖的关系了。与动力 CAN 数据总线不同，舒适／信息 CAN 数据总线的 CAN-H 导线和 CAN-L 导线不是通过电阻相连的，即 CAN-H 导线和 CAN-L 导线不再彼此相互影响，而是彼此独立作为电压源来工作的。

另外舒适／信息 CAN 总线还放弃了共同的中压，在隐性状态（静电平）时，CAN-H 信号为 0 V；在显性状态时，CAN-H 信号 ≥ 3.6 V。对于 CAN-L 信号来说，隐性电平为 5 V，显性电平 ≤ 1.4 V，如图 2-39 所示。

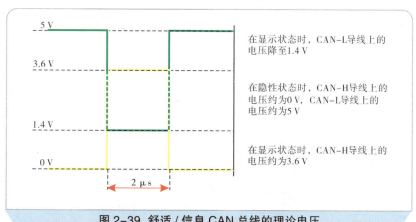

图 2-39 舒适／信息 CAN 总线的理论电压

在差动信号放大器内相减后，隐性电平为 -5 V，显性电平为 2.2 V，那么隐性电平和显性电平之间的电压变化（电压提升）就提高到 ≥ 7.2 V。

为清楚起见，CAN-H 信号和 CAN-L 信号彼此分开了，从图 2-39 中所示的不同的零点即可看出这一点。

从图 2-40 中可清楚地看出，CAN-H 信号和 CAN-L 信号的静电平是不同的；还可看出，与驱动 CAN 数据总线相比，舒适 / 信息 CAN 数据总线的电压提升增大了（达到 7.2 V）。

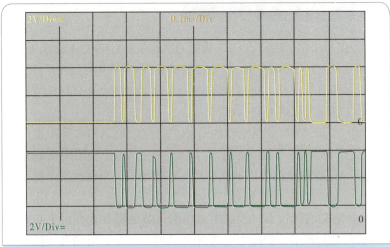

图 2-40　舒适 / 信息 CAN 数据总线的实测电压波形

3. 舒适 / 信息 CAN 数据总线的 CAN 收发器

舒适 / 信息 CAN 数据总线收发器的结构如图 2-41 所示，其工作原理与驱动 CAN 数据总线收发器基本相同，只是输出的电压电平和出现故障时切换到 CAN-H 导线或 CAN-L 导线（单线工作模式）的方法不同。另外，CAN-H 导线和 CAN-L 导线之间的短路会被识别出来，并且在出现故障时会关闭 CAN-L 驱动器，在这种情况下，CAN-H 和 CAN-L 信号是相同的。

CAN-H 导线和 CAN-L 导线上的数据传递由安装在收发器内的故障逻辑电路监控，故障逻辑电路检验两条 CAN 导线上的信号，如果出现故障，如某条 CAN 导线断路，那么故障逻辑电路会识别出该故障，从而使用完好的另一条导线（单线工作模式）。在正常的工作模式下，使用的是 CAN-H "减去" CAN-L 所得的信号（差动数据传递），这样就可将干扰对舒适 / 信息 CAN 数据总线的两条导线的影响降至最低（与驱动 CAN 数据总线相同）。

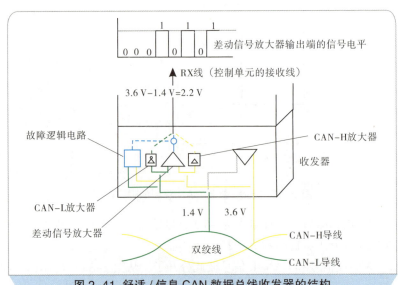

图 2-41　舒适 / 信息 CAN 数据总线收发器的结构

4. 单线工作模式下的舒适/信息 CAN 数据总线

如果因断路、短路或与蓄电池电压相连而导致两条 CAN 导线中的一条不工作,那么就会切换到单线工作模式。在单线工作模式下,只使用完好的 CAN 导线中的信号,这样就使得舒适/信息 CAN 数据总线仍可工作。同时,控制单元记录一个故障信息:系统工作在单线模式。舒适/信息 CAN 数据总线处于单线工作模式下的实测电压波形如图 2-42 所示。

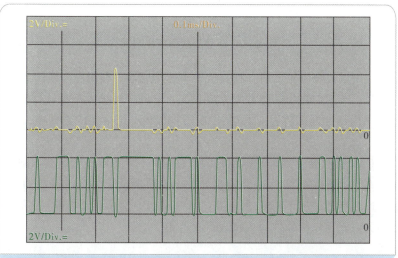

图 2-42 舒适/信息 CAN 数据总线处于单线工作模式下的实测电压波形

四、组合仪表 CAN 数据总线

1. 汽车仪表与整车集成控制系统的联系

如图 2-43 所示,汽车仪表作为 CAN 数据总线的一个节点,参与车身计算机(NPL)和其他节点系统的数据交换。根据 CAN 通信协议,仪表可被动接受,也可主动请求其他节点发送报文(通信数据),这是新型数据通信仪表的最大特点,即智能化进程。

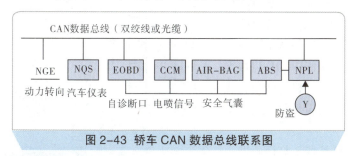

图 2-43 轿车 CAN 数据总线联系图

2. 汽车仪表的工作原理

由于汽车仪表功能较多,仅介绍最典型的车速里程指示系统的工作原理(图 2-44),其他仪表的工作原理与此类同。

课题二 CAN 数据总线系统

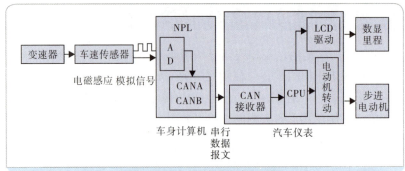

图 2-44 车速里程系统原理图

安装在变速器专用里程表齿轮上的一种非接触车速传感器,利用感应线圈或霍尔元件产生代表一定车速的脉冲信号,车速与输出的脉冲频率成正比,脉冲信号进入车身计算机控制器中进行 A/D 转换,转换后的数字信号经处理后进入 CAN 收发器打包成一定格式的数据帧,并附加标识码发送到总线上。

汽车仪表中的 CAN 接收器受到车速标识码的数据帧后,译码取得转速数据帧,经 CPU 运算(里程表转速比已经由软件预先写入)后一路发出 8 位电动机驱动信号;步进电动机直接带动仪表指针偏转到相应的车速刻度处,指示车速,另一路进入 8 段 LED 显示驱动电路,显示出相应的量程(轮胎的参数与车速的关系已预先由软件写入仪表寄存器中)。

3. 各功能模块的作用

采用 CAN 总线的仪表内部电路原理图如图 2-45 所示。

TJA1056(IC_2):CAN 数据总线收发器从 CAN 数据总线上将与本仪表有关的报文(标识符相同)采集下来并激活本节点,完成网络目标层的工作。

控制集成模块(IC_2):集 CAN 通信控制器、仪表 CPU、液晶显示步进电动机控制驱动电路为一体的大规模集成电路,它具有 10 个 I/O 通信端口。CAN 控制器完成网络传输层的所有工作,CPU 将数据包解码,并转换成步进电动机的转角;或将数据包转换成报警灯逻辑代码,输入指示灯译码器中。

D6345(IC_3):报警指示灯译码器,汽车仪表设计人员预先将各个报警器进行

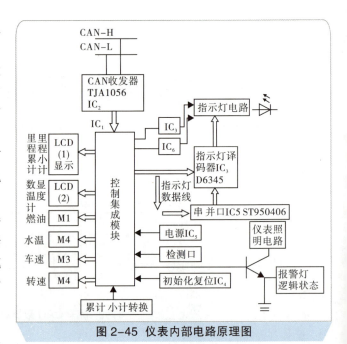

图 2-45 仪表内部电路原理图

二进制编码。当 CPU 报警灯数据线输入 IC_3 后进行译码,在端出口产生低电平,相应的报警发光二极管点亮,仪表盘上的指示灯符显示。

指示灯闪烁器:为了降低整套仪表的功耗,仪表中众多的指示灯点亮时是在高频间断通电状态,

在人眼不察觉的情况下，平均通电时间降低，减小了电能的消耗。若在需要灯光闪烁提醒驾驶员的情况下，闪烁器会降低频率，达到每秒 1~2 次的视觉效果。

仪表的整机电路由于采用了最新型的支持 CAN 数据总线 2.0B 版协议的超大规模集成电路 D78F0828，和其他专用集成电路相比，外围元器件极少，电路简洁明了，调试十分容易。

仪表电路还余留了较多的扩展功能，如车外温度显示、无级变速挡显示及其他报警指示功能，仪表在不需要做大的改动的情况下，可以方便地升级扩充。

五、诊断 CAN 数据总线

诊断 CAN 数据总线用于诊断仪器和相应控制单元之间的信息交换，它被用来代替原来的 K 线或者 L 线的功能（废气处理控制器除外）。当车辆使用诊断系统 CAN 数据总线结构后，VAS5051 等诊断仪器必须使用相对应的新型诊断线（VAS505j/5A 或 VAS5051/6A），否则将无法读出相应的诊断信息。诊断 CAN 数据总线目前可以在 VAS5051（3.0 以上版本）和 VAS5052 下工作，如图 2-46 所示。

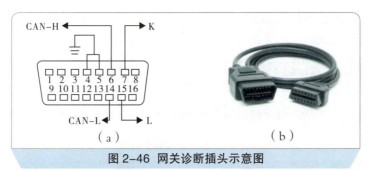

图 2-46 网关诊断插头示意图

（a）诊断口引脚；（b）插接器

诊断 CAN 数据总线通过网关转接到相应的 CAN 数据总线上，然后连接相应的控制器进行数据交换，如图 2-47 所示。

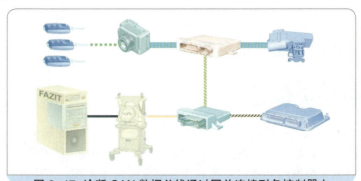

图 2-47 诊断 CAN 数据总线通过网关连接到各控制器上

随着诊断 CAN 数据总线的使用，大众集团将逐步淘汰控制器上的 K 线存储器，而采用 CAN 数据总线作为诊断仪器和控制器之间的信息连接线，我们称为虚拟 K 线，如图 2-48 所示。

车上的诊断接口也做出了相应的改动，如图 2-46（a）所示，诊断接口端子含义如表 2-6 所示。新型诊断 CAN 数据总线能够适用于旧型诊断接口。

课题二 CAN 数据总线系统

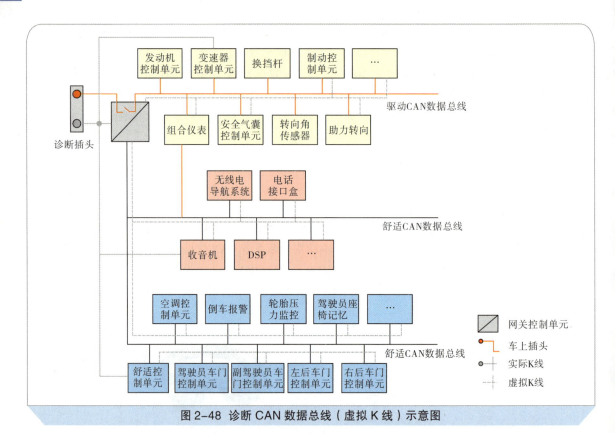

图 2-48 诊断 CAN 数据总线（虚拟 K 线）示意图

表 2-6 诊断接口端子含义

针脚号	对应的线束	针脚号	对应的线束
1	15 号线	7	K 线
4	接地	14	CAN-L（低线）
5	接地	15	L 线
6	CAN-H（高线）	16	30 号线

六、CAN 数据总线应用实例

1. 电动汽车中的应用

电动汽车 CAN 数据总线系统原理框图如图 2-49 所示，它由中央控制单元、蓄电池管理系统、电动机控制系统、制动控制系统、仪表控制系统组成。各个控制单元之间通过 CAN 数据总线进行通信，以实现传感器测量数据的共享以及控制指令的发送和接收等，并使各自的控制性能都有所提高，从而提高系统的控制性能。它们之间的通信与信息类型为信息类和命令类。信息类主要是发送一些信息，如传感器信号、诊断信息、系统的状态；命令类则主要是发送给其他执行器的命令。

2. 汽车制造中的应用

应用 CAN 数据总线，可以减少车身布线，进一步节省了成本，由于采用总线技术，模块之间的信号传递仅需要两条信号线。布线局部化，车上除总线外其他所有横贯车身的线都不再需要，

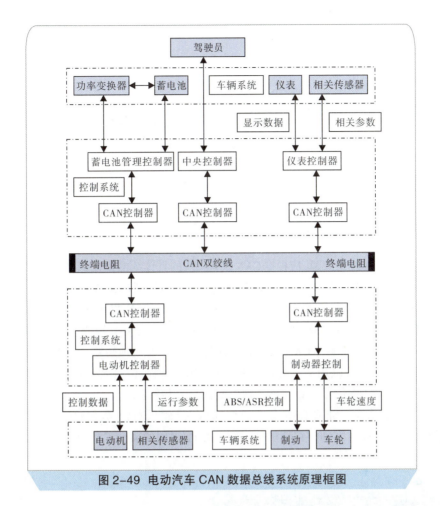

图 2-49 电动汽车 CAN 数据总线系统原理框图

节省了布线成本。CAN 数据总线系统数据稳定可靠,CAN 数据总线具有线间干扰小、抗干扰能力强的特点。CAN 数据总线专为汽车量身定做,充分考虑了汽车上恶劣的工作环境,如点火线圈点火时产生的强大的反充电压,电涡流缓冲器切断时产生的浪涌电流及汽车发动机舱 100 ℃左右的高温。

    随着安全性能日益受到重视,安全气囊也逐渐增多,以前是在驾驶员前面安装一个,今后侧面与后座都会安装安全气囊,这些安全气囊通过传感器感受碰撞信号,通过 CAN 数据总线将传感器信号传送到一个中央处理器内,控制各安全气囊的起动弹出动作。同时,先进的防盗设计也正基于 CAN 总线网络技术。首先,确认钥匙合法性的校验信息通过 CAN 网络进行传递,改进了加密算法,其校验的信息比以往的防盗系统更丰富;其次,车钥匙、防盗控制器和发动机控制器相互储存对方信息,而且在校验码中掺杂随机码,无法进行破译,从而提高防盗系统的安全性。而这些功能的实现无一不借助 CAN 数据总线来完成,CAN 数据总线已成为汽车智能化控制的"定海神针"。

    在现代轿车的设计中,CAN 数据总线已经成为必须采用的装置。奔驰、宝马、大众、沃尔沃、雷诺等汽车都采用了 CAN 数据总线作为控制器联网的手段。

任务六　CAN 数据总线系统的检修

一、CAN 数据总线的故障诊断分析

对于车辆 CAN 数据总线的故障，应根据 CAN 数据总线的具体结构和控制回路具体分析。一般来说，引起汽车 CAN 数据总线故障的原因主要有汽车电源系统（电压超出正常范围）引起的故障、电控单元本身的硬件或软件出现问题引起的故障（无法维修）、汽车 CAN 数据总线的通信线路出现故障等。

CAN 数据总线通信线路的故障形式主要有 CAN-H 和 CAN-L 短路、CAN-H 对正极短路、CAN-H 对地短路、CAN-H 断路、CAN-L 对正极短路、CAN-L 对地短路、CAN-L 断路共七种故障。判断是否有线路故障时，可以用数字万用表测量终端电阻的阻值是否正常。为使数据准确，最好采用示波器来分析通信数据信号是否与标准通信数据信号相符。

因驱动 CAN 数据总线、舒适 CAN 数据总线和信息/娱乐 CAN 数据总线的结构不同，故在诊断方法和波形显示上有很大区别，在这里只讲解 CB311 采用的驱动 CAN 数据总线的诊断方法和诊断结果分析。

1. 通过测量终端电阻判断总线故障

（1）测量步骤

①关闭点火开关，拆卸蓄电池正负、极电源，等待 5 min，直到所有的用电设备充分放电。
②将数字万用表挡位旋扭到 200 Ω 电阻挡，测量车辆标准诊断接口的 14 号针脚（CAN-L 线）与 6 号针脚（CAN-H 线）【可参考图 2-46（a）所示诊断口引脚】之间的电阻值。
③将一个带终端电阻的控制单元拔下，检测总的阻值是否发生变化。
④把该控制单元插好，再将第二个带终端电阻的控制单元拔下，检测总的阻值是否发生变化。

（2）测量结果分析

由于带有终端电阻的两个控制单元（ECU 和组合仪表）是相连的，因此两个终端电阻是并联的，当测量的结果为每一个终端电阻的阻值大约为 120 Ω，而总的阻值为 60 Ω 时，可以判定终端电阻的连接是正常的。下面详细说明通过阻值测量结果来判定 CAN 数据总线通信线路的几种故障情况：

①测量电阻值为 ∞（无穷大），说明 CAN 数据总线到标准诊断接口的线路上有断路情况。

②测量电阻值接近 120 Ω，说明 CAN 数据总线上有断路情况。
③测量电阻值为 0 Ω，说明 CAN 数据总线的 CAN-H 导线与 CAN-L 导线之间有短路的情况。
④测量电阻值为 60 Ω，则应继续测量 CAN-H 对地的电阻值和 CAN-L 对地的电阻值，哪个电阻值为 0 Ω 则说明此线与地短路。

2. 通过波形分析 CAN 数据总线故障

双通道示波器通道 DSO1 的红色测量端子（正极）接 CAN-H 导线（车辆标准诊断接口的 6 号针脚），通道 DSO2 的红色测量端子接 CAN-L 导线（车辆标准诊断接口的 14 号针脚），且二者的黑色测量端子同时接地（诊断口 4 号针脚），如图 2-50 所示。这样可以同时测量 CAN-H 和 CAN-L 的波形，在同一界面下同时显示 CAN-H 和 CAN-L 的同步波形，便于分析系统出现的故障点。

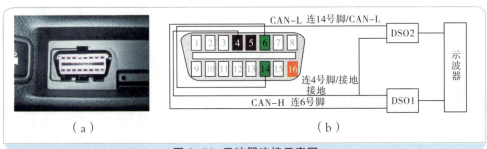

图 2-50 示波器连接示意图

（a）车内诊断接口；（b）诊断口简图

（1）正常情况下的标准波形

在 CAN 数据总线上，数据信息的传递是通过两个二进制逻辑状态 0（显性）和 1（隐性）来实现的，每个逻辑状态都对应于相应的电压值。控制单元利用 CAN-H 和 CAN-L 两条线上的电压差来确认数据。

CB311 CAN 数据总线的标准波形如图 2-51 所示。黄色波形为 CAN-H 的电压信号，其中①为显性电压，约为 3.5V；②为隐性电压，约为 2.5 V。绿色波形为 CAN-L 的电压信号，其中③为隐性电压，约为 2.5V；④为显性电压，约为 1.5 V。

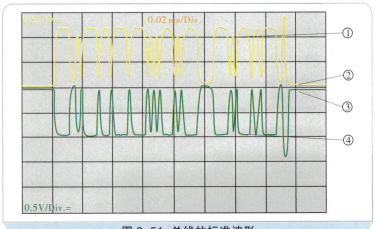

图 2-51 总线的标准波形

（2）CAN-H 和 CAN-L 短路

CAN-H 与 CAN-L 之间短路时，CAN-H 与 CAN-L 的电压置于隐性电压，均为 2.5V 左右，如图 2-52 所示。

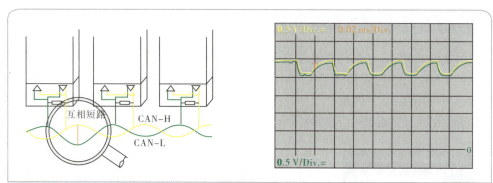

图 2-52　CAN-H 和 CAN-L 短路

（3）CAN-H 对正极短路

CAN-H 对蓄电池正极短路时，CAN-H 的电压为 12 V，CAN-L 的隐性电压接近 12 V，如图 2-53 所示。

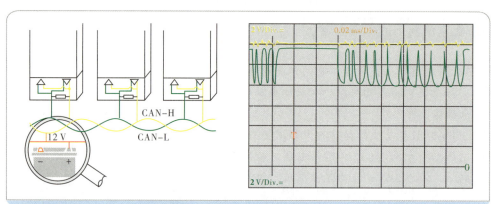

图 2-53　CAN-H 对正极短路

（4）CAN-H 对地短路

CAN-H 对地短路时，CAN-H 的电压为 0V，CAN-L 的电压也接近 0 V，但在 CAN-L 上还有一个很小的电压，如图 2-54 所示。

（5）CAN-H 断路

CAN-H 断路时，CAN-H 波形变化范围很大且杂乱无章（可能有其他控制单元的信号窜入），如图 2-55 所示。发生 CAN-H 导线断路故障时，驱动 CAN 数据总线无法正常工作。

任务六　CAN 数据总线系统的检修

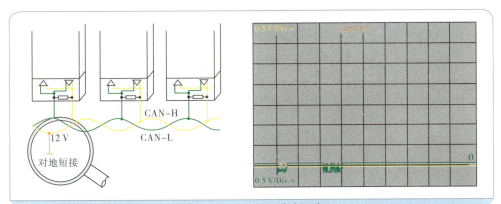

图 2-54　CAN-H 对地短路

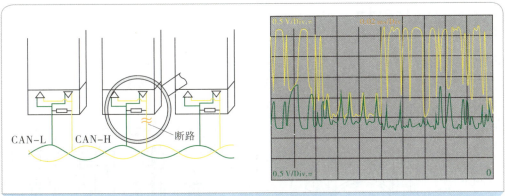

图 2-55　CAN-H 断路

（6）CAN-L 对正极短路

CAN-L 对蓄电池正极短路时，CAN-L 的电压为 12 V，CAN-H 的电压接近 12 V，如图 2-56 所示。

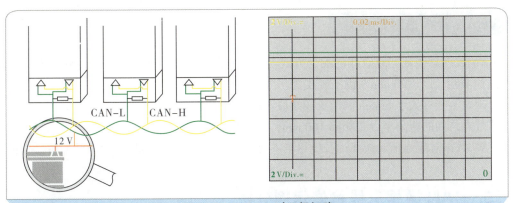

图 2-56　CAN-L 对正极短路

（7）CAN-L 对地短路

CAN-L 对地短路时，CAN-L 的电压为 0 V，CAN-H 的隐性电压接近 0 V，如图 2-57 所示。

71

课题二 CAN 数据总线系统

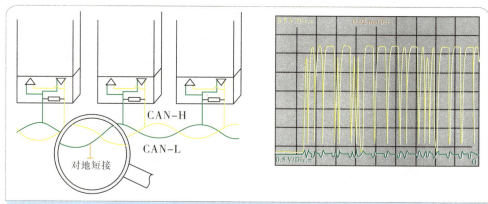

图 2-57 CAN-L 对地短路

(8) CAN-L 断路

CAN-L 断路时，CAN-L 波形变化范围很大且杂乱无章（可能有其他控制单元的信号窜入），如图 2-58 所示。发生 CAN-L 导线断路故障时，驱动 CAN 数据总线无法正常工作。

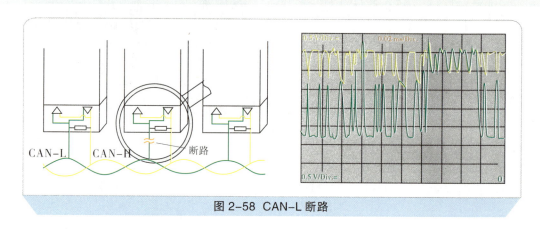

图 2-58 CAN-L 断路

3.CAN 数据总线的维修

① CAN 数据总线数据双绞线的绞合方式不能改变，即不能用平行的两条线来代替双绞线；并且双绞线的节距长度（20 mm）也不能改变。

② 修理时不能有大于 50mm 的双绞线线段不绞合。

③ 修理点之间的距离至少要相隔 100 mm，以避免干扰。

④ CAN 数据总线通信双绞线的长度尽量不要超过 5 m，否则导线所传输的脉冲信号会失真。

二、CAN 数据总线检修示例分析

帕萨特 B5 轿车中控锁和电动玻璃升降器不能正常工作。

1. 故障现象

点火开关无论开闭，都只有左前门的中控锁和电动玻璃升降器可以正常工作，其他车窗的电动玻璃升降器都不工作；但是如果按动其他门窗上控制该车窗的开关，各个门窗电动玻璃升降器均能正常工作。将车门关闭后，将车钥匙插入左前门的锁孔内，进行开锁和闭锁操作，也只有左前门的门锁能开闭；如果将钥匙在开锁或闭锁位置保持，也只有左前门的电动玻璃升降器可以上下工作。

2. 故障分析

①该轿车的4个车门控制单元和中央舒适系统控制单元之间的信号是通过CAN数据总线传递的，舒适系统CAN数据总线通过2根相互绞合的信号线同时传递数据，一根为CAN-H（橙/绿色），一根为CAN-L（橙/黄色）。舒适系统所有的控制单元挂接在2根线路上进行数据交换和信号传递，如图2-59所示。

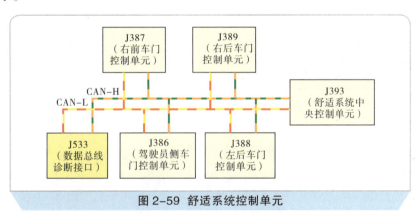

图2-59 舒适系统控制单元

②位于组合仪表中的数据总线诊断接口也和数据总线随时保持互通，检测总线的工作状态。为了使信号正确有效地传递，2根线是拧绞在一起的，并且2根线路上所传递的脉冲信号相同，但是电位相反。

③如果各个车门控制单元与舒适系统中央控制单元之间CAN无法正常通信，就会导致左前门控制单元至中控开关的信号无法正常传递到其他3个车门控制单元，并且所有的车门控制单元只能接收直接输入到该控制单元的电动玻璃升降器开关信号。

通过以上分析，初步认定该车的舒适系统有故障。

3. 故障诊断

①用VAS5052A车辆诊断仪对舒适系统进行检查，连接好仪器并打开点火开关，进入舒适系统中央控制单元查询故障，仪器屏幕显示故障：与左前车门控制单元J386没有通信；与右前车门控制单元J387没有通信；与左后车门控制单元J388没有通信；与右后车门控制单元J389没有通信；与数据总线诊断接口J533没有通信；舒适系统数据总线单线运行模式；该控制单元不正确编码。

②为查看舒适系统编码值，重新进入舒适系统控制单元，查看该控制单元的版本信息，发现编码为00017，确实不正确。用VAS5052A对舒适系统进行正确的00259编码，并清除所有故障记

录，此时控制单元的不正确编码和 CAN 总线单线运行模式的故障记录已经清除，但是其他故障仍然无法清除。

③检查中央控制单元、各个车门控制单元与数据总线的连接情况，通过 VAS5052A 进入 46-08-012，观察数据组测量值，4 组数据用数值"1"或"0"分别代表驾驶员车门、右前车门、左后车门及右后车门控制单元与舒适系统中央控制单元 CAN 数据总线的连接状态，此时 4 组数据均为"0"，说明各个车门控制单元与总线通信有故障。

④对地板下舒适系统和有关舒适系统线束进行检查，重点对双绞的 CAN 数据总线进行整理。经过检查，没有发现故障点，则可能是中央控制单元存在故障。

4. 故障排除

拆下舒适系统中央控制单元（位于驾驶员侧座位地板下），更换一只新的控制单元。当连接好新的中央控制单元后，打开点火开关，操作中控锁开关和电动玻璃升降器开关，正常，故障排除。

一、填空题

1. 按照网络的功能和速度，车载网络系统可分为_____、_____和_____网络。
2. 多路传输系统主要由_____、_____、_____、_____、_____、_____等组成。
3. 汽车网关主要是能在 OSI 参考模型的_____、_____和_____上对双方不同的协议进行翻译和解释。
4. CAN 数据总线控制单元中的数据传递，其中 0 表示_____，1 表示_____。
5. CAN 数据总线具有_____、_____特点。

二、简答题

1. 简述 CAN 数据总线协议的特点。
2. 简述驱动系统 CAN 数据总线和舒适系统 CAN 数据总线的区别。
3. 什么是单线工作模式？

课题三　LIN 数据总线系统

[学习任务]

1. 了解 LIN 数据总线系统的含义及特点。
2. 熟悉 LIN 数据总线系统的组成。
3. 掌握 LIN 数据总线系统的工作原理。

[技能要求]

1. 掌握 LIN 数据总线系统的工作原理。
2. 学会检修 LIN 数据总线系统。

任务一　LIN 数据总线系统概述

　　LIN 是由 Motorola 与 Audi 等知名企业联手推出的一种新型低成本的开放式串行通信协议，主要用于车内分布式电控系统，尤其是面向智能传感器或执行器的数字化通信场合。

　　典型的 LIN 网络的节点数可以达到 12 个。以门窗控制为例，在车门上有门锁、车窗玻璃开关、车窗升降电动机、操作按钮等，只需要 1 个 LIN 网络就可以把它们连为一体。而通过 CAN 网关，LIN 网络还可以和汽车其他系统进行信息交换，实现更丰富的功能。目前 LIN 已经成为国际标准，应用范围越来越广泛。

一、LIN 数据总线的发展史

1998 年 10 月，在德国 Baden 召开的汽车电子会议上 LIN 总线的设想首次被提出。

1999 年 LIN 联盟成立，并发布了 LIN 1.0 版本（最初的成员有奥迪、宝马、克莱斯勒、摩托罗拉、博世、大众和沃尔沃）。

2000 年 LIN 联盟再次发布 LIN 1.1 版本。

2001 年第一辆使用 LIN 1.1 版本的量产汽车面世。

2002 年发布 LIN 1.3 版本。

2003 年发布 LIN 规范 2.0 版本。

2004 年 LIN 数据总线一致性测试规范发布。

2006 年 LIN 标准规范 2.1 版（现行版）发布。

2010 年 LIN 规范包 Specification Package Revision 2.2 版（最新版）发布，目的是推动 LIN 数据总线的发展，并且发布和管理 LIN 数据总线规范，制定一致性测试标准和认证一致性测试机构。目前，该联盟正努力将 LIN 数据总线推广为 ISO 国际标准。

二、LIN 数据总线的含义

LIN（Local Interconnect Network）即局部连接网络，也称为局域网子系统，即 LIN 数据总线是 CAN 数据总线网络下的子系统，车上各个 LIN 数据总线系统之间的数据是由控制单元通过 CAN 数据总线实现的。

LIN 数据总线是一种辅助的串行通信总线网络，多用于不需要 CAN 数据总线的宽带和功能的场合，LIN 的目标是为现有汽车网络（如 CAN 数据总线）提供辅助功能。

LIN 典型的应用是车上传感器和执行器的联网，LIN 属于汽车上的 A 级网络。

三、LIN 数据总线标准

LIN 标准包括传输协议规范、传输媒体规范、开发工具接口规范和用于软件编程的接口。LIN 在硬件和软件上保证了网络节点的互操作性、可预测性和电磁兼容性（Electromagnetic Compatibility，EMC）。

LIN 标准包括以下内容：

① LIN 协议规范部分：介绍了 LIN 的物理层和数据链路层。

② LIN 配置语言描述部分：介绍了 LIN 配置文件的格式。LIN 配置文件用于配置整个网络，并作为 OEM（原装设备制造厂）和不同网络节点的供应商之间的通用接口，同时可作为开发和分析工具的输入。

③ LIN API（Application Programming Interface，应用程序接口）部分：介绍了网络和应用程序之间的接口。

LIN 规范可以实现开发和设计工具之间的最佳配合，提高了开发的速度，增强了网络的可靠性，其范围如图 3-1 中的虚线部分。

LIN 协议是根据 ISO/OSI 参考模型的数据链路层和物理层，以实现任何两个 LIN 设备的互相兼容，如图 3-2 所示。物理层定义了信号如何在总线上传输，此规范中定义了物理层的收发器特性；MAC（Media Access Control，媒体访问控制）子层是 LIN 协议的核心，管理从 LLC（Logical Link Control，逻辑链路控制）子层接收到的报文，也管理发送到 LLC 子层的报文，MAC 子层由故障界定监控；LLC 涉及接收滤波和恢复管理的功能。LIN 不要求有 CAN 的带宽和多功能性。总线驱动器／接收器的规范遵从 ISO 9141 标准，而且 EMI（Electro Magnetic Interference，电磁干扰）性能有所提高。

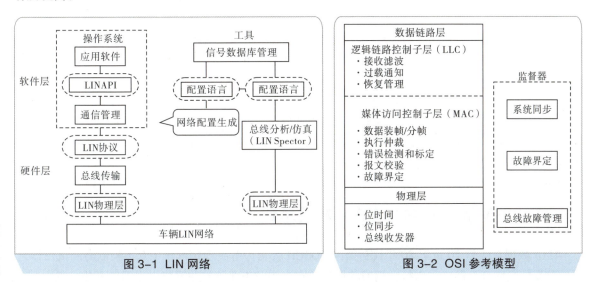

图 3-1 LIN 网络　　　　　　　　　图 3-2 OSI 参考模型

LIN 是一个价格低廉、性能可靠的低速网，在汽车网络层次结构中作为低端网络的通用协议，逐渐取代目前各种各样的低端总线系统。LIN 典型的应用是车上传感器和执行器的联网。按 SAE 的车载网络等级标准，LIN 属于汽车 A 类网络。

LIN 是 CAN 的经济版通信网络，可定位于低于 CAN 的通信层，如图 3-3 所示。这种低成本的串行通信模式和相应的开发环境已经由 LIN 协会制定成标准，这将降低汽车的成本。LIN 协议标准目前已经历了若干版本，如 LIN 1.0、LIN 1.1、LIN 1.2、LIN 1.3、LIN 2.0、LIN 2.1 和最新的 LIN 2.2 等。

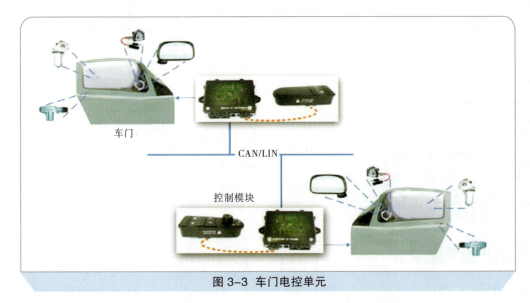

图 3-3 车门电控单元

四、LIN 数据总线的特性

LIN 数据总线的主要特性如下：

①补充作用：LIN 的作用并非是替代而是补充 CAN。此特性有助于 CAN 扩展到应用中的远程分级子网。

②单线实现：LIN 的低成本单线实现方案（不同于 CAN 的双绞线实现方案）可以显著降低成本。

③数据速率：出于 EMI 控制原因，数据速率限速为 20 kbit/s，这有助于保持网络的可靠性。

④广播串行网络：LIN 网络可以采用一个主节点和多达 16 个从节点。所有消息均从主节点始发并且最多由 1 个从节点根据消息标识符做出响应。

⑤自同步：无须晶体或谐振器，从而能够大幅降低实现成本。

⑥等待时间：LIN 网络可以提供保证等待时间，从而使其成为预测性更高的网络。

⑦整体实现：LIN 比 CAN 的实现成本和复杂性更低。对于 CAN，其每个节点都需要 CAN 接口、晶体和双线连接。而 LIN 通过简单的串行通信模块（SCB）和增强型 ISO 9141 接口便可工作，无须晶体，而且是采用单线连接。

五、LIN 数据总线与 CAN 数据总线

CAN 数据总线是 20 世纪 80 年代初德国 BOSCH 公司为解决现代汽车中众多控制与测试仪器之间的数据交换而开发的一种串行数据通信协议，在汽车及工业等控制网络中应用已十分广泛。

LIN 协会于 1999 年制定 LIN 协议规范，并先后在 2002 年和 2003 年颁布 Version1.3 和 Version2.0 对其进行补充修订。LIN 是一种串行通信网络，在不需要 CAN 的带宽和多功能的场合，作为 CAN 的辅助网络实现汽车中的分布式电子系统控制，主要包括描述传输媒体和通信协议、结构化语言、应用程序接口 APIs（Application-Programming Interfaces）3 部分。

LIN 数据总线与 CAN 数据总线的比较如表 3-1 所示。

表 3-1 LIN 数据总线与 CAN 数据总线的比较

内容	CAN 数据总线	LIN 数据总线
工作方式	多主机	单主机/多从机（一根 12V 信号线）
最高速率	1 Mbit/s/40 m	20 kbit/s
最大传输距离	10 km/5 kbit/s	40 m
最大节点数	110	16
标识符	2032（2.0 A），不受限（2.0 B）	64
仲裁方法	非破坏性仲裁	不需仲裁
通信量	大	小
成本	高	低
带宽	高	低
安全相关度	高	低
运用场合	高端控制	低端控制（CAN 的辅助）

1.LIN 的特点

LIN 协议以广泛运用的 SCI（UART）为基础定义。LIN 采用单主/多从带信息标识的广播式

信息传输方式，不需要总线仲裁机制。

网络节点根据在通信中的地位分为主节点和从节点，从节点的同步不需要固定的时间基准。

LIN 物理层是根据汽车故障诊断系统标准 ISO 9141 拟定的 12 V 单总线，满足汽车环境的 EMC、ESD 和抗噪声干扰要求。

LIN 数据总线的传输速率可达 20 kbit/s，通常一个 LIN 网络上节点数目小于 12 个，共有 64 个标识符。其中 LIN 系统的特点如下：

①工作方式：LIN 数据总线为单主/多从方式，CAN 数据总线为多主或主/从方式。
②数据传输线：LIN 数据总线为单线传输，CAN 数据总线为双线传输。
③工作电压：LIN 数据总线为 12 V，CAN 数据总线为 5 V。
④传输速率：LIN 数据总线最高为 20 kbit/s，属于低速总线（A 类），CAN 数据总线最高为 1 Mbit/s。应用于汽车上的属于中速（B 类）、高速（C 类）。
⑤传输距离：LIN 数据总线最长为 40 m，CAN 总线最长为 10 km。
⑥LIN 数据总线无须仲裁，CAN 数据总线采用非破坏性仲裁技术。
⑦传输的数据长度：LIN 数据总线一帧信息中数据长度为 2、4 或 8 B，CAN 数据总线一帧信息中数据长度为 0 ~ 8 B。
⑧标识符的位数：LIN 数据总线有 6 位标识符，CAN 数据总线有 11 位或 29 位标识符。
⑨节点数：LIN 数据总线一般不超过 16 个，CAN 数据总线最多 110 个。
⑩传输线的颜色：LIN 数据总线主色为紫色，CAN 数据总线主色为橙色。

LIN 数据总线的优点如下：
①在 LIN 系统中，加入新节点时，不需要其他从节点做任何软件或硬件的改动。
②整个网络的配置信息只包含在主节点中，从节点可以自由地接入或脱离网络而不会影响网络中的通信 LIN 的网络结构。
③从节点不需振荡器就能实现同步，节省了多控制器部件的硬件成本。
④基于通用 UART 接口，绝大多数微控制器均具备 LIN 必需的硬件，价格低廉，结构简单。

2.LIN 的功能

与 CAN 类似，LIN 作为串行通信网络同样能进行点 – 点及多点广播接收，具有监控总线、数据校验和标识符双重奇偶校验等错误检测功能，以保证数据传输的可靠性和实时性，保证延迟时间。可在不改变从节点软硬件的情况下灵活增减节点。

鉴于 CAN 数据总线、LIN 数据总线各自的特性，下面将以车顶控制模块为例，详细说明 CAN/LIN 网络结合控制的优势。

（1）单 CAN 控制网络

车顶控制模块的单 CAN 网络系统框图如图 3-4 所示。

用速率、带宽都很高的 CAN 数据总线控制车顶模块，必定需要一个高性能的 MCU（Micro Control Unit，微控制单元），从而使各模块间的联系变得复杂，灵活性变差，效率变低。虽能达到满意的效果，但无疑是对资源、成本的极大浪费。事实上如果没有 CAN 数据总线的高性能，同样能使控制效果准确。因此，单 CAN 网络在此处的应用不仅不能发挥其优势，反而加大了成本的支出。

（2）单 LIN 控制网络

由于没有 CAN 节点，LIN 是单线传输，且距离短，节省了成本。LIN 的节点少，速率低，对系统性能要求不高，灵活性增强，效率提高，这正好弥补了单 CAN 网络的不足。单 LIN 网络系统框图如图 3-5 所示。

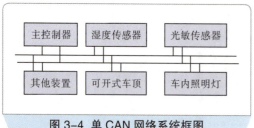

图 3-4 单 CAN 网络系统框图

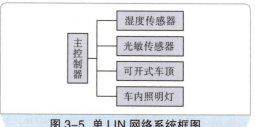

图 3-5 单 LIN 网络系统框图

但是：①单 LIN 网络上的每个节点与 CAN 节点区别不明显，因而要有一个高性能的 MCU；②从安全标准来看，由于每个节点仅依靠一根简单的主/从线，当汽车发生碰撞时，节点很容易受损，难以控制；③当网络处于低功率状态时，节点易进入睡眠模式，尽管 LIN 节点能通过唤醒进入正常工作状态，但主节点判断哪个节点应被唤醒时需要耗费一定时间；④LIN 数据总线显然不能满足车载高端控制的需要。

（3）CAN/LIN 混合网络

不管是单 CAN 还是单 LIN 都不能既解决成本又解决性能问题，因此产生了 CAN/LIN 混合网络系统，其框图如图 3-6 所示。

在这种控制中，车顶模块作为一个小型局域网以 LIN 数据总线连接。各 LIN 数据总线连接的模块通过 CAN/LIN 网关连接到 CAN 数据总线上。这样，在汽车发动机、制动装置、安全气囊等关键控制部分采用 CAN 数据总线控制，在灯控单元、门控单元、座椅控制、空调控制、转向盘、湿度传感器、交流发电机等与安全无关的单元采用 LIN 数据总线控制。此时，一个很小的 MCU 即能满足 LIN 的需求，控制模块中的湿度传感器、光敏传感器、可开式车顶及车内照明灯，不仅能满足安全性、灵活性要求，同时也能节省成本，提高系统的工作效率。相对于单 CAN、单 LIN 网络，二者的结合具有明显的优势。

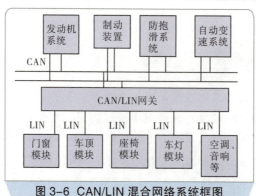

图 3-6 CAN/LIN 混合网络系统框图

六、LIN 数据总线的应用

1. LIN 数据总线的典型应用

在一个中央式车体控制系统中,执行机构和传感器依靠 CAN 的连接能力使用硬连线与一个 ECU 相连接。ECU 通过 CAN 通信线路同其他主要 ECU 交换信号。如果本地执行器和传感器要求高计算性能,则应选择硬连线;在本地性能要求不高的系统中,可以用基于智能执行器和传感器的分布系统来代替。

如果用于本地智能和联网的附加成本可以通过生产和开发的成本节省得到补偿,则这个架构是经济实用的。这个架构得以实施的关键是子总线 LIN 标准、低成本的机电装配和半导体集成。

LIN 数据总线典型的应用是车门、导向轮、座位、电动机、气候控制、照明、雨水传感器、智能擦抹器、智能发电机、开关板或 RF 接收器等构件。我们可以很容易地把这些构件连接到汽车网络并接入各种类型的诊断和服务。通常使用的信号模拟编码可以用数字信号替换,从而使线束得以优化。

随着 CAN 系统的采用,现有汽车电子系统已经实现多路传输,这使大量线路和内部连接被取消。在这种条件下,尽管 CAN 系统中的电控单元间的连接已经最优化了,但一个电控单元和它的传感器和执行器之间的连接不一定是多路传输的,如图 3-7 所示。

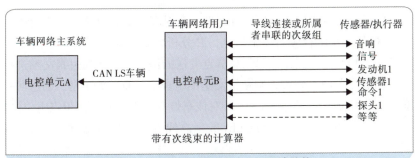

图 3-7 不用 LIN 网络的 CAN 系统结构

引入 LIN 协议后,几乎所有电控单元和它们的传感器与执行器之间的连接都可以实现多路传输。由于建立了一个连接传感器、执行器与电控单元的二级网络,因此原来 CAN 网络中的次级组将会取消,如图 3-8 所示。

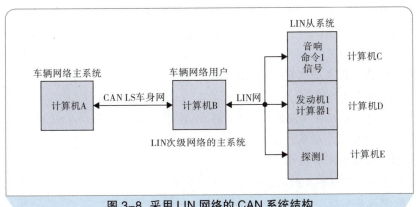

图 3-8 采用 LIN 网络的 CAN 系统结构

LIN 是一种基于通用 SCI（UART）字节字接口的单线串行通信协议。目前绝大多数的微控制器都配有低成本的 UART 接口模块。LIN 也可以使用软件代码或纯状态机来实现。在 LIN 中，媒体访问由宿主节点控制而不需要从属节点的仲裁或冲突管理，因而可以使最坏情况下的信号传输延迟时间得到保证。

同步机制是 LIN 的一个特殊特性，它允许通过从属节点恢复时钟而不需要石英或陶瓷谐振器。线驱动器和接收器的规范遵循有所增强的 ISO 9141 单线标准。最大传输速度为 20 kbit/s，这是根据 EMC 和时钟同步要求而定的。

除了宿主节点的命名之外，LIN 网络中的节点不使用有关系统设置的任何信息。我们可以在不要求其他从属节点改变硬件和软件的情况下向 LIN 中增加节点。由于识别码数量较少和传输速度相对较低，LIN 的规模通常在 12 个节点之下。时钟同步、简单的 UART 通信和单线介质是保证 LIN 经济性的主要因素。

2.LIN 数据总线在汽车车灯诊断系统中的应用

汽车总线技术是现场总线的应用之一，最初现场总线只用于工业控制。现场总线是应用在生产最底层的一种总线型拓扑网络。汽车车身控制网络目前要解决的问题就是建立一个统一、低成本的低端通信网络标准，LIN 作为 CAN 的辅助总线而存在，实现车身控制网络的层次化，以更低的成本实现车身控制网络。

LIN 从节点对总节点发出的控制信号进行处理，并对车灯驱动电路状态进行测量。当从节点接收到报文信息后，对车灯发出相应的控制信号，并分析各灯的状态，若发生故障，则生成一个数据信息发送到总节点。LIN 从节点在检测到总节点发送的信号后，先通过报文帧进行识别，看其是否属于自己的报文信息。若属于则首先判断报文是不是查询信息，如果是，则返回一个响应信息，如果是控制信息，则对相应的车灯进行控制，并对该车灯驱动电路上的测量点电位进行测量和处理，看其是否发生故障。若发生故障，则通过 LIN 数据总线发送信息给总节点。如图 3-9 所示为 LIN 节点的硬件电路。

（1）器件介绍

基本的 LIN 节点电路主要包括 MCU、LIN 收发器、电源模块和车灯驱动电路。

① MCU 控制单元。设计中 MCU 选用 MC68HC908QL4。它集成了一个从 LIN 接口控制模块 SLIC（Slave LIN Interface Controller），在一般情况下，SLIC 可作为 SCI 端口使用。

该器件的主要特点如下：
- 具有独立的 LIN 报文标识符，8 B 报文缓存区。
- 自动调整波特率，帧同步。
- 自动处理和纠正 UN 同步间隔（SYNCH BREAK）和同步场（SYNCH BYTE）。
- 没有错误的 LIN 信息最多产生两个中断。
- 完整的 LIN 错误检测和报告。
- 高速 LIN 达到 83.33 ~ 120 kbit/s。
- 增强型检测及其包括 ID 的产生。

●只要按模块的需要设置相应的寄存器,就可以自动按照LIN数据总线协议进行和发送数据。这相对于SLIC模块的单片机而言,则降低了软件开发上的难度。MCU模块的连接如图3-10所示。

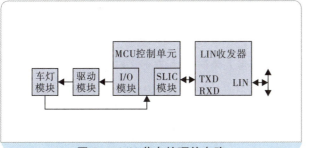

图3-9 LIN节点的硬件电路

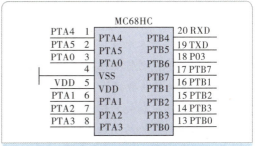

图3-10 MCU模块连接

② LIN收发器。选用TJA1020作为LIN收发器,TJA1020是LIN主/从协议控制器和LIN物理总线之间的接口,主要用于车辆副网络。其波特率为2.4~20 kbit/s。控制器在TXD管脚输入的发送数据流通过LIN收发器转换成LIN数据总线信号,并由收发器控制转换速率和波形,减少极低的电磁发射(Electromagnetic Emission,EME)。LIN数据总线的输出管脚通过一个内部终端电阻拉成高电平。收发器在LIN数据总线的输入管脚检测数据流并通过管脚RXD发送到微控制器。

TJA1020的主要特点如下:

● 具有高达20 kbit/s的波特率和极低的EME。
● 具有高抗电磁干扰性(EMI)和低斜率模式,可以进一步降低EME。
● 具有唤醒源识别本地或远程。
● 具有在睡眠模式下电流消耗低,可实现本地或远程唤醒。
● 具有发送数据超时功能。
● LIN数据总线对电池有短路保护。

③ 电源模块。LIN模块的电压调节器均采用微功耗、低压差稳压器LTI 121-5。选用LTI 121-5通过对SHDN输入低电平,能使其进入停止模式,这时静态电流只有16 μA,因此在总线上没有活动时,就能达到减少功耗的目的;此外,该器件还具有防止输入和输出电源反向的功能,即使在输出端不增加二极管的情况下,也能防止电流反向倒流。

④ 车灯的驱动电路。采用功率驱动器BTS724G来驱动21 W和5 W的车灯。该驱动器是N沟道MOSFET功率管,内部集成了充电泵、电流驱动,并具有检测负载电流(包括过载、过温和短路)故障反馈功能。BTS724G采用12 V或24 V负载控制,适用于各种阻性、感性或容性负载,尤其适用于车灯等具有高浪涌电流的负载,可作为继电器、保险丝等的替代控制方法。BTS724G还具有短路保护、过载保护、过电压保护、过温关断、掉地和掉电保护、静电放电保护和电源反接保护等多项保护功能。

(2)软件设计

车灯控制系统主要完成两个功能:一是实现LIN子节点对车灯的控制;二是实现对车灯故

障的诊断。在控制中，通过分析总线电位和驱动电路中输入、输出、故障诊断引脚的电位来判断系统是否发生故障。

要使 LIN 数据总线节点有效、实时地完成通信任务，软件设计是关键。采用结构化程序设计方案具有较好的模块性、可移植性和可修改性。

LIN 信息的接收采用中断方式，当 MC68HC90-8Q14 控制器检测到符合该节点要求的信息帧后，首先判断本地节点接收到的是什么信息帧，若为控制信息，则接收 2 字节的数据信息；若为查询信息，则将本地节点车灯的状态以信息帧的形式发送回主节点，以反映节点情况。然后判断，若为接收数据帧，则在 SLIC 模块中的数据寄存器（SLCDx）上读取相应的信息。最后根据数据信息中相关的位进行车灯控制，在发出控制信号后地相应采集车灯驱动芯片输入、输出和故障诊断引脚的电位，通过对电位的分析判断是否发生故障，若发生故障则发送一个故障信息。如图 3-11 所示为程序流程图。

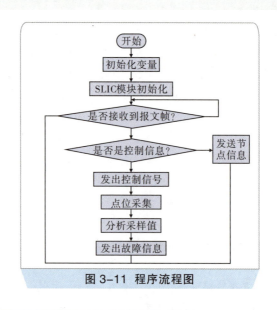

图 3-11 程序流程图

3. 汽车 LIN 数据总线在驱动传感器中的应用

如今的汽车平均带有 50 多个不同的传感器，用于监控各种物理变量。由于制动器的使用增加，因此要求传感器提供相应的输入值，所以这个数字还会继续增长。

传感器系统在许多方面不同于汽车的其他电子元件。最重要的差异在于：传感器通常位于车辆外部的恶劣环境，要经受湿度、温度或者压力的变化。大多数情况下，传感器还得安装在非常有限的空间内，并且与一个 2 线或 3 线器具连接。

传感器在动力传动领域中的应用包括：位置传感器、速度传感器、压力传感器、碰撞传感器。

在驾驶舒适性领域中的应用包括：温度传感器、太阳高度角传感器、光传感器、湿度传感器、露点传感器。

在车身控制领域中的应用包括：压力传感器、陀螺仪传感器。

典型的传感器节点带有传感元件、一个信号调节微控制器和一个信号收发器。由于数据线的长度常常大于 1 m，因此数据传输主要采用模拟信号调节，所占比例大约为 90%。

模拟信号调节确实具有一些优点。模拟信号调节技术可与先前的机械式或机电式检测系统兼容，并且易于使用和插接。模拟数据可在 0～5 V 的电压范围内提供，这样传感器可以由微控制器上的一个 ADC 端口监控，微控制器将数据转换成数字形式。然而，对传感器的需求在增加，这使模拟信号调节缺少吸引力。随着 ADC 分辨率达到 10 位，以及通过将信号电压箝位在最低或者最高电平来指示两个不同失效模式的方式，模拟技术已经达到其性能的极限，它们将被不同的数字数据传送模式所取代。

数字数据传输可以通过电压调制或电流调制两种方式来管理。两种类型都有优点和缺点。简单的电流调制能够实现成本效益非常高的 ECU 设计和接线方式。在 ECU 内，使用一个上拉电阻就可以将不同的电流水平转换成不同的电压水平。传感器的连接采用 2 线连接，不过上拉电阻的缺点包括：在传感器模块上的热功耗，以及有限的数据率。

LIN 数据总线协议结合了上述全部优点。LIN 是一种 2 线接口，这有助于降低连线方面的成本。LIN 在收发器 IC 中的压摆率控制有助于实现出色的电磁兼容性能，LIN 的静电保护功能可以实现针对严苛环境的可靠的系统设计。

4. 基于 LIN 2.1 协议在车窗控制系统中应用

LIN 协会于 1999 年发布了第一版 LIN 协议，至今已有十几年，在这十几年中，LIN 数据总线不断发展，已经在以车身控制为主的许多场合得到了应用。LIN 数据总线至今一共有 7 个版本，其中，LIN 2.1 协议于 2006 年 11 月发布，是目前较新的一个版本。它与最新的 LIN 2.2 协议几乎没有区别，却比它的前身 LIN 2.0 协议有明显的改进，主要体现在加入了事件触发帧的竞争处理、完善了节点配置功能和进行了诊断分级 3 个方面。这些改进使用户可以更加方便和快速地组织 LIN 网络，可以根据自己的需求重新设置 LIN 网络，既保证了产品的稳定性，又满足了用户的个性化需求，是 LIN 数据总线自身发展过程中很有意义的一步。

（1）LIN2.1 协议的特点

① 事件触发帧的竞争处理。如果有多于一个的从节点在同一个帧时隙里响应帧头，就会导致竞争，竞争处理都是由主节点完成的。LIN 2.0 的事件触发帧竞争处理机制如图 3-12（a）所示。某主节点的进度表中有无条件帧 A、事件触发帧和无条件帧 B。当竞争发生后，主节点会继续按照之前的进度表，在接收完所有与事件触发帧相关的无条件帧后，再发送事件触发帧帧头。LIN 2.1 对此做出了改进，它引入了竞争处理进度表，LIN 2.1 的事件触发帧竞争处理机制如图 3-12（b）所示。每个事件触发帧都有与之相对应的竞争处理进度表，主节点在竞争处理进度表里处理完竞争后，再返回执行普通的进度表。显然，LIN 2.1 的竞争处理机制需要花费的时间较短。

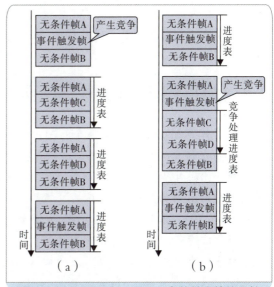

图 3-12 LIN 2.0 与 LIN 2.1 事件触发帧的比较

（a）LIN 2.0 的事件触发帧竞争处理机制；
（b）LIN 2.1 的事件触发帧竞争处理机制

② 节点配置功能的完善。

● 新增分配一系列帧 ID 的功能。将配置功能分配帧 ID 改为分配一系列帧 ID。LIN 2.0 和 LIN 2.1 协议中分配帧 ID 的格式如图 3-13 所示。在 LIN 2.0 中，只有 NAD 和 Supplier ID 都匹配的情况下，分配才能成功，但每次只能分配一个帧 ID。而在 LIN 2.1 中，只需要 NAD 匹配就可以了，每次可以分配最多 4 个帧 ID，而 LIN 2.0 中的 Message ID 在 LIN 2.1 中已经被取消了。这种改进的目的是提高 LIN 网络配置的效率，更改后分配帧 ID 的速度最快可达到原来的 4 倍。

NAD	PCI	SID	D1	D2	D3	D4	D5
NAD	0x06	0xB1	Supplier ID LSB	Supplier ID MSB	Message ID LSB	Message ID MSB	Protected ID

（a）

NAD	PCI	SID	D1	D2	D3	D4	D5
NAD	0x06	0xB7	start index	PID (index)	PID (index+1)	PID (index+2)	PID (index+3)

（b）

图 3-13 LIN 2.0 和 LIN 2.1 协议中分配帧 ID 的格式

（a）LIN 2.0 协议中分配帧 ID 的格式；（b）LIN 2.1 协议中分配帧 ID 的格式

● 新增保存配置的功能。LIN 2.1 协议新增了保存从节点配置信息的功能，将从节点的配置信息存入断电不易失的存储空间中。这样，主节点对从节点的配置在复位后也不会丢失。

③ 诊断分级。LIN 2.1 的另一大新特点是根据诊断功能将从节点分为 3 个级别。

● 诊断一级。诊断一级一般应用于智能传感器或执行器等一些不需要或只需要很少诊断功能的器件。诊断一级支持所有节点配置功能，并且只需要单帧传输。

● 诊断二级。与诊断一级相比，诊断二级的节点增加了节点辨识的功能。例如，用户可以获得产品的软、硬件版本号等。此外，诊断二级还支持读写软件内部的参数，如温度、车速等。诊断二级支持多帧传输。

● 诊断三级。诊断三级的节点不仅包含了前面两级的所有功能，还支持内部 Flash 的擦写，用户可以通过 LIN 数据总线烧写程序。诊断三级支持多帧传输。

（2）LIN 2.1 协议的节点配置功能

① 分配 NAD。为了避免某个 NAD 被重复使用，用户可能需要从节点分配新的 NAD。

② 有条件分配 NAD。当用户替换或增加从节点时，可能会出现两种情况：

● 一种是用户不知道新增从节点的初始 NAD，因此，必须以"广播"的方式寻找所有的从节点并分配有效的 NAD（"广播"指的是给网络中的所有从节点发送请求，它有一个专用的 NAD 为 0_X7F）。但如果直接这样做，会导致所有的从节点获得同一个 NAD，这显然是不允许的。为了避免该情况，可以加入限制条件。

● 另一种是用户知道新增节点的初始 NAD，但其和 LIN 网络中已有从节点的 NAD 重复了。如果用户只按照原始 NAD 分配新的 NAD，则会导致两个从节点的 NAD 都被修改。因此，必须加入限制条件。

当从节点获得有条件分配 NAD 的请求后，将根据下面的步骤判断是否要修改 NAD：

- 根据 ID 读取从节点的相关信息。
- 根据 Byte 提取相关信息中一个 8 位数据，如 Byte=1，则提取 D1。
- 与 Invert 进行异或运算。
- 与 Mask 进行与运算。
- 如果结果为 0，则修改 NAD。

例如，本产品被新增到一个 LIN 网络中，初始 NAD 为 0_X06，但网络中已有了一个 NAD 为 0_X06 的从节点。于是，用户可以利用本产品的 Function ID，假设为 0_X0000，分配新的 NAD 为 0_X08。这里假设已存在的从节点的 Function ID 不为 0_X0000。这样，只有新增节点的 NAD 会被修改，而已存在从节点的 NAD 维持为 0_X06 不变。

③ 保存配置。保存配置是 LIN 2.1 添加的新功能，用来将从节点的当前配置存入非易失的存储空间中，下次通电时可以读出配置数据，这里主要是保存 NAD 和帧 ID。

④ 分配一系列帧 ID。这一功能可以配置最多 4 个帧 ID，注意诊断帧 ID 和保留帧 ID 是不能配置的。

主节点的请求帧在 D1 中给出需要分配帧 ID 的第一个帧在帧数组中的序号，一般来说，从节点所用到的所有帧的 ID 会被排列成一个帧数组。如果要分配帧 ID，则通过 D2～D5 给出新的帧 ID；如果要禁止某个帧，则将这个帧对应的 PID 设为 0_X00；如果要继续使用现在的帧 ID，则将这个帧对应的 PID 设为 0_XFF。

⑤ 读取从节点信息。根据 D1 中 ID 的值，可以读取不同的从节点信息。目前，只规定了 ID 为 0 和 ID 为 1 的情况，其他可保留或由用户自己确定。

（3）LIN 通信的实现

① TLE9832 的 LIN 模块。TLE9832 是一个 8 位功率级单片机，专门用于车窗控制。其中的 LIN 数据总线模块支持 LIN 2.1 和 LIN 2.0，并向下兼容 LIN 1.3。该模块可以工作在普通模式、接收模式和禁止模式下。各个模式的特点如表 3-2 所示。

表 3-2 TLE9832 LIN 模块的各个特点

工作模式	特点
普通模式	可在不同的传输速率下接收和发送数据
接收模式	用于在发生错误时禁止发送功能
禁止模式	完全禁止模式的功能，并处于最小能耗下

其中，普通模式又可根据传输速率的大小分为低速模式、中速模式、高速模式和 Flash 模式。低速模式的最大传输速率为 10.4 kbit/s；中速模式是普通的 LIN 传输模式，最大传输速率为 20 kbit/s；高速模式的最大传输速率为 40 kbit/s；Flash 模式的最大传输速率为 115 kbit/s。为了避免打断传输过程，在普通模式下禁止改变传输速率。正确的做法是先禁止发送功能，再改变传输速率，最后允许发送功能。

LIN 模块在普通模式下还建立了一种自动省电机制。当发送队列中没有数据时，将自动禁止发送功能；当有发送请求时，将自动开启发送功能。

② 基于TLE9832的车窗防夹控制系统。用户可以通过按键或者LIN数据总线控制车窗的上升和下降。基于TLE9832的防夹车窗系统原理图如图3-14所示。可通过控制PWM信号控制电动机的转速，而霍尔传感器TLE4966又会采集电动机的转速并传送给TLE9832，这样就构成了闭环控制。此外，电动机的电枢电流在转化为电压信号后，被传送给TLE9832的ADC（内部端口）模块。如果车窗在上升过程中遇到不正常的阻力，电枢电流和电动机转速都会发生异常的变化，TLE9832可以根据这种变化判断是否执行防夹算法，避免伤害乘客。

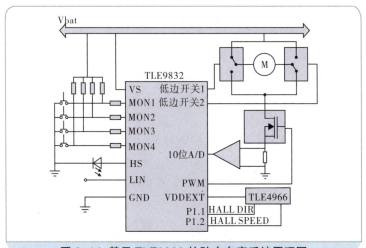

图3-14 基于TLE9832的防夹车窗系统原理图

5.LIN数据总线在智能家居控制系统中的应用

（1）智能家居系统现状分析

智能家居系统的特征是数字化、智能化和网络化，要实现这些要求也并非易事。所以对于实现家庭网络的LIN数据总线的选择，应该结合家庭网络数据传输的特点来进行。家庭内部网络的信息流可以大体分为较为简单的数据采集、设备控制信号类和复杂的音视频类等媒体信号类。数据采集类的信号主要是指水、电、气三表的信号采集。设备控制类信号一般指对家用电器的开关控制等。这两类信号的特点是：数据主要是一些开关量和脉冲量，因此数据信息量小，传输速率较低；但实时性、可靠性要求较高，实现起来要求低功耗、低成本。因此对于这两类信号的传递完全可以采用一些简单的数据传输协议来实现。

随着网络技术的发展，产生了各种各样的数字家庭网络内部数据传输实现方案。但总体来讲，主要可分为有线和无线两种方式。虽然无线传输方式比较适合于家庭使用，但它需要考虑系统的功耗因素，所以其实现的算法程序要复杂得多，硬件成本也要比有线传输方式高。在某些场合，从某种意义上讲，有线传输方式还具有不可替代的地位。

（2）LIN 数据总线在实现智能家居控制中所具有的优势

目前，实现智能家居系统的有线传输方式包括电子载波的 X-10 和 CEBUS、电话线的 HomePNA、LonWorks 总线、R485 总线和 CAN 数据总线等。这些有线实现方案有各自的技术特点，适用于要求不同的数据传输率和数据传输范围的不同场合。但有些技术还或多或少地存在一些自身的不足，如 LonWorks 总线适合于智能楼宇控制而不适合于家庭使用，而且价格偏贵；X-10 的抗干扰能力较差，寻址空间小，对模拟量的支持不够；CEBUS 解决了这个问题，但接口技术复杂，价格也难以让人接受。

单从家庭网络系统最底层的家庭信息节点的数据采集类信息的传输方面来讲，CAN 数据总线应该是比较适合的实现方案。CAN 数据总线具有高抗电磁干扰性和高传输可靠性，在很多场合都得到了广泛应用，但其成本也相对较高。而新近出现的串行通信总线 LIN 具有出色的性能价格比，十分适合在数据传输率低的场合实现简单通信。

与其他总线技术相比，LIN 数据总线技术所具有的突出优点是不需要单独的硬件控制器，可以用普通的单片机以软件方式来实现 LIN 的协议，从而可以大大降低智能家居系统的硬件成本。另外一个突出的优点是它是一个单数据线总线，在家庭网络的架构上可以减少室内的布线量，很迎合家庭装修美观的要求。而且 LIN 具备完备的通信协议，完全可以满足家庭网络内部的数据采集、家用电器控制等比较简单的数据通信的需要。两者的完美结合，决定了 LIN 数据总线将会在未来的家庭网络通信的有线方式中占据重要地位。

（3）LIN 数据总线在智能家居控制系统中的应用

作为一种新型的串行通信协议，LIN 数据总线在有线方式实现家庭内部网络中是一种值得推荐的总线协议。智能家居系统的总体结构如图 3-15 所示。

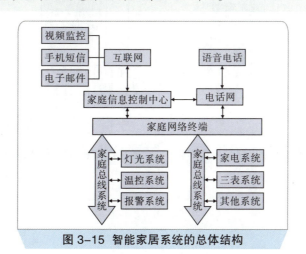

图 3-15 智能家居系统的总体结构

用户可以通过 Internet 用浏览器直接浏览家庭设备的当前状况，并可以通过 Web 直接控制家庭设备，控制信息通过浏览器提交给 Web 服务器，然后家庭信息控制中心将控制信息转发给相应的家庭网络终端，家庭网络终端将控制信息直接转发给相关控制设备，完成控制工作。控制完成后,家庭网络终端再将结果信息反馈回家庭信息控制中心,控制中心将其写入数据库,并反馈给发出控制请求的用户。

当用户想通过电话控制家庭设备时,直接拨打家庭电话,可以在语音提示的帮助下,完成相关控制。当通过电话控制时,家庭网络终端自动将相关控制信息转发给相关控制设备。通过电话控制家用电器设置有密码功能,只有密码比较成功后才能够进入控制模块,这也提供了一定的安全性。

以 LIN 数据总线实现的家庭网络的拓扑结构如图 3-16 所示。

用户通过拨打户内电话,在无人接听一段时间后,主控制器会自动接通电话,进入电器控制界面,根据预置的语音提示,用户可以对电器节点的状态进行查询及根据自己需要进行启动或关闭控制。

使用 LIN 数据总线通信,可以在主节点无需对从节点控制时,使所有的从节点进入睡眠模式,降低系统的功耗。主控制器在接收到远程的控制命令后,再向各节点发送唤醒帧。在唤醒信号发送到总线上后,所有的节点都运行启动过程,并等待主机任务发送报文头,接收并做出相应的响应。

用 LIN 数据总线实现的智能家居控制系统内部网络的工作流程具体如图 3-17 所示。

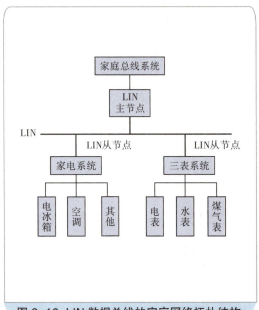

图 3-16 LIN 数据总线的家庭网络拓扑结构

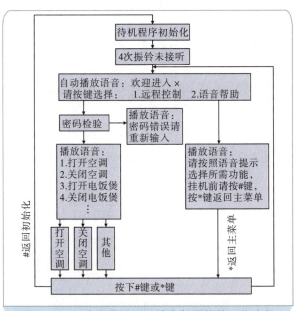

图 3-17 智能家居控制系统内部网络的工作流程

任务二 LIN 数据总线系统的结构组成与工作原理

一、LIN 数据总线的组成

LIN 网络结构如图 3-18 所示,由一个主机电控单元(主节点)和一个或多个从机电控单元(从节点)构成,主节点可以执行主任务,也可以执行从任务;从节点只能执行从任务。总线上的信息传送由主节点控制。

由于过多节点将导致网络阻抗过低,一个 LIN 网络中节点总数不宜超过 16。主机节点也可以通过网关和其他总线如 CAN 连接。

在总线上发送的信息,有长度可选的固定格式。每个报文帧都包含 2B、4B 或 8B 的数据控制。总线的通信由单个主机控制。每个报文帧都用一个分隔符起始,接着是一个同步场和一个标识符场,都由主机任务发送。从机任务则是发回数据场和校验场。

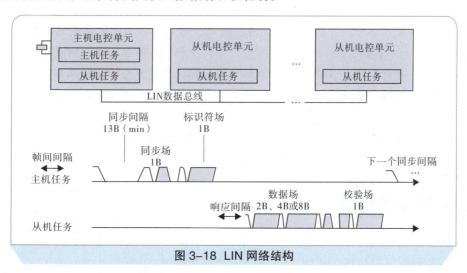

图 3-18 LIN 网络结构

通过主机电控单元中的从机任务,数据可以被主机电控单元发送到任何从机电控单元,相应的主机报文 ID 可以触发从机的通信。

1. LIN 主控制单元

(1) LIN 主控制单元的功能

LIN 主控制单元连接在 CAN 数据总线上,执行以下功能:

①监控数据传输过程和数据传输速率,发送信息标题。

②LIN主控制单元的软件内已经设定了一个周期,该周期用于决定何时将哪些信息发送到LIN数据总线上多少次。

③LIN主控制单元在LIN数据总线系统的LIN控制单元与CAN数据总线之间起"翻译"作用,它是LIN数据总线系统中唯一与CAN数据总线相连的控制单元(图3-19)。

④通过LIN主控制单元进行与之相连的LIN从控制单元的自诊断。

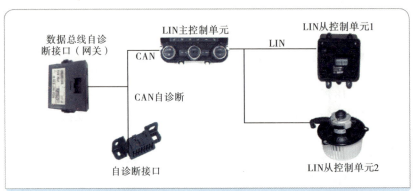

图3-19 LIN主控制单元实现LIN数据总线与CAN数据总线之间的连接

(2)LIN数据总线的信息结构

LIN主控制单元控制总线导线上的信息传输情况。每条信息的开始处都通过LIN数据总线主控制单元发送一个信息标题。该信息标题由一个同步相位(同步间隔和同步字节)构成,后面是标识符字节,可传输2B、4B或8B字节的数据。标识符字节包括LIN从控制单元地址、信息长度和用于信息安全的两个位等信息。标识符用于确定主控制单元是否将数据传输给从控制单元,或主控制单元是否在等待从控制单元的反馈。信息段包含发送给从控制单元的信息。校验区可为数据传输提供更高的安全性。校验区由主控制单元通过数据字节构成,位于信息结束处。LIN数据总线主控制单元以循环形式传输当前信息。

2.LIN从控制单元

在LIN数据总线系统内,单个的控制单元(如新鲜空气鼓风机)或传感器及执行元件(如水平传感器及防盗警报蜂鸣器)都可看作LIN从控制单元。传感器内集成有一个电子装置,该装置对测量值进行分析,其数值是作为数字信号通过LIN数据总线传输的。有些传感器和执行元件只使用LIN主控制单元插口上的一个针脚(PIN脚),即可实现信息传输(单线传输,如图3-20所示)。

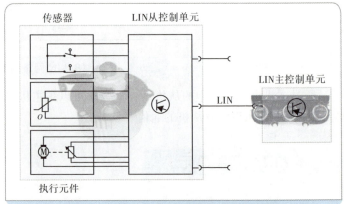

图3-20 LIN数据总线信息的单线传输

LIN 执行元件都是智能型的电子或机电部件，这些部件通过 LIN 主控制单元的 LIN 数字信号接收任务。LIN 主控制单元通过集成的传感器来获知执行元件的实际状态，然后就可以进行规定状态和实际状态的对比，并发出相应的控制指令。只有当 LIN 主控制单元发送出控制指令后，传感器和执行元件才会做出反应（执行主控制单元的控制指令）。LIN 从控制单元的特点如下：

①接收、传递或忽略与从主系统接收到的信息标题相关的数据。
②可以通过一个"唤醒"信号唤醒主系统。
③检查对所接收数据的总量。
④对所发送数据的检查总量进行计算。
⑤同主系统的同步字节保持一致。
⑥只能按照主系统的要求同其他子系统进行数据交换。

二、LIN 数据总线协议

一个 LIN 网络由一个主节点，一个或多个从节点组成，所有从节点都有一个从通信任务。该通信任务分为发送任务和接收任务；主节点则有一个主发送任务。一个 LIN 网络上的通信总是由主节点的主发送任务发起的，主控制单元发送一个起始报文，该起始报文由同步断点、同步字节、消息标识符所组成。相应地，在接收并且滤除消息标识符后，一个从任务被激活并且开始本消息的应答传输。该应答由 2（或 4 和 8）B 数据和一个校验码所组成，起始报文和应答部分构成一个完整的报文帧。

LIN 协议适用于汽车内进行低成本、短距离、低速网络通信，其用途是传输开关设置状态以及对开关变化响应。

在 LIN 系统中，除了主节点命名外，节点不使用任何系统结构方面的信息，这使 LIN 具有很多相关的优点。在 LIN 系统中，加入新节点时，不需要其他从节点做任何软件或硬件的改动。LIN 和 CAN 一样，传送的信息带有一个标识符，它给出的是该信息的意义或特征，而不是该信息传送的地址。

LIN 系统总线的电气性能对网络结构具有很大的影响。网络节点数不仅受标识符长度的限制，而且受总线物理特性的限制。在 LIN 系统中，建议节点数不要超过 16 个，否则网络阻抗降低，在最坏工作情况下会发生通信故障。LIN 系统每增加一个节点大约使网络阻抗降低 3%。

LIN 系统支持休眠工作模式。当主节点向网络上发送一个休眠命令时，所有节点进入休眠状态，直到被唤醒之前总线上不会有任何活动。这时总线处于隐性状态，节点没有内部活动，驱动器处于接收状态。

当总线上出现任何活动或节点出现任何内部活动时，节点结束休眠状态。当由于从节点内部活动被唤醒时，输出一个唤醒信号唤醒主节点。主节点被唤醒后开始初始化内部活动，从节点要等到同步信号后才参与总线通信活动。

三、基于 LIN 数据总线协议的汽车新型感测器系统

目前有两种技术趋势推动汽车感测器系统的发展：区域互联网络（LIN）协议和混合信号半导体制程技术的进步。

课题三 LIN 数据总线系统

尽管 LIN 最初瞄准的是车身电子组件,但它已被创造性地应用于新的方面,如感测器介面。LIN 所具备的几种特性使其适于作为感测器子系统的实体层和协议。这是一种低成本、双向的单线实体层实现方法,减少了对信号线及其线束的需求。如果模组中含有一个以上的感测器,就更能突显这种方法的优势,而且所有的输出都能透过多工在单一 LIN 汇流排上实现。

1. 基于 LIN 数据总线的感测器系统架构

LIN 协议基于主从架构,如图 3-21 所示,在这种架构中,所有的汇流排通信都由主节点控制和调度。这种特性为信号传输提供了保证的延迟时间,使系统具有可预测性,这对大多数感测器信号来说是绝对必需的。LIN 汇流排架构可扩展到 16 节点,而且不需要仲裁机制,因为所有的汇流排通信都由主节点调度。

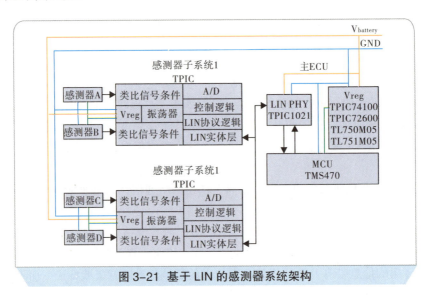

图 3-21 基于 LIN 的感测器系统架构

从节点是自同步的,并可利用晶片上的 *RC* 振荡器代替晶振或陶瓷谐振器,因而在系统级上大幅降低成本。该协议十分简单且已标准化,适用于异步串列介面(UART/SCI)。此外,硅实现的成本相当低,甚至采用通常用于感测器信号介面 IC 的混合信号制程也是这样。通过标准化,基于 LIN 的感测器子系统能降低成本,提高可靠性。

混合信号半导体制程的不断发展使整合化程度越来越高,尤其是在数位整合度和类比精密度方面。目前有几种制程适用于汽车感测器应用,如线性 BiCMOS、高压 CMOS 和绝缘层硅(SOI)。每一种制程都有其优点和缺点,要根据感测器类型和应用需求来进行选择。

2. 混合信号介面 IC

混合信号 ASIC 感测器介面 IC 采用了混合信号半导体制程及 LIN 通信汇流排。这种单晶片感测器介面 IC 几乎整合了需要连接到感测器、汽车电子网络和 LIN 汇流排的每一个元件。这些元件中的典型组件包括用于匹配感测器和系统需求的汽车电压调节器、用于直接连接感测器输出的类比滤波前端、一个类比数位转换器、数位滤波和控制、一个 LIN 协议控制器以及 LIN 实体层。

通过改变感测器系统的架构,即利用 LIN 作为信号和通信介面,并基于混合信号 IC 来实现它,我们可以在系统级获得若干优势。LIN 允许在单线上进行双向通信，因此主节点能够请求感测器提供诊断信息，或者在需要时感测器能提供系统故障信息。

LIN 协议和实体层是 LIN 联盟针对汽车应用而设计的开放式规格。最近，美国汽车工程师协会根据 J2602 规格为 LIN 应用增添了一些很好的实例，去除了专用介面及协议，因而可实现感测器再使用，并能使它们基于已知的、可靠且强韧的通信系统。

即使模组中含多个感测器，也有可能制作只有 3 根线（电池、接地和 LIN）的感测器模组。减少线和线束可以减少感测器的封装尺寸，最佳化感测器的布局，并降低布线感应度。

使用先进的混合信号制程技术实现感测器介面 IC，可以从几方面降低系统成本：更少的元件；更小、更简单的 PCB 设计；更小的感测器外形尺寸以及更高的可靠性。而且，由于使用晶片上 RC 振荡器，可省去作为时脉源的晶振或谐振器。

四、基于 LIN 协议的单片机

由于 LIN 协议的突出特点是协议对硬件的依赖程度低，可以基于普通单片机的通用串口等硬件资源以软件方式实现，成本低廉，因此可广泛应用于汽车行业以外的其他领域，如智能家庭网络内部的数据传输、节点控制等场合。

现在单片机种类繁多，硬件资源各不相同，功能也千差万别。总体来讲，基于普通单片机软件实现 LIN 协议的方法可分为两大类：一种是基于单片机通用串口的实现方式，另一种是基于单片机两个普通端口位的位操作实现方法。

1. 基于单片机通用串口 LIN 协议的实现

基于单片机通用串口 LIN 协议的实现方法主要是针对具有通用串口的单片机来讲的。这类单片机的代表当属最常用的 51 系列单片机，如 Atmel 公司的 AT89C51/52。

（1）基于单片机通用串口 LIN 主节点的实现

由 LIN 协议的分析可知，在一次帧通信过程中，主从节点在大部分时间里是以标准的串行通信数据帧的形式交换数据的，这也是 LIN 协议可以基于单片机通用串口实现的原因。帧通信的关键是要实现主节点和从节点的同步。在同步过程中，主、从节点所执行的操作是不同的：主机节点的任务是要发送报文头，从节点的任务是接收和判断报文头，实现与主节点的同步。报文头的间隔场是一个基于主机节点时钟频率的 13 个以上位时（min）和至少 1 个位时的间隔界定符。对主节点来讲，这一部分是实现主节点功能的关键。间隔场和间隔界定符的实现可采用改变串口波特率，用串口输出特定数据的方法来实现。例如，在一般情况下，单片机采用 19.2 kbit/s 波特率的速率传输数据，可先将串口的波特率设置为 9.6 kbit/s，则传输 $0_\text{x}c0$ 这样一个数据就可以实现按照 19.2 kbit/s 的波特率来计算位时的同步间隔和同步间隔界定符的位时长度要求（因若采用 19.2 kbit/s 的传输率传输 00 数据只能实现 10 个位时的同步间隔符，无法达到 13 个位时的要求）。随后的 PID 场的发送和数据场的发送或接收，可以基于单片机的通用串口以正常的 19.2 kbit/s 的波特率来操作。

基于通用串口 LIN 主节点的硬件原理如图 3-22 所示。

课题三 LIN 数据总线系统

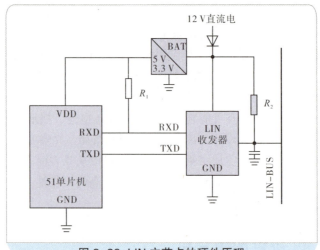

图 3-22 LIN 主节点的硬件原理

主节点在一次帧通信过程中，要根据通信过程中不同的阶段，将串口设置成不同波特率的发送或者接收状态，以完成报文头间隔场、同步字节场的发送，保护标识符字节场的发送及下一个阶段的接收或者发送数据过程。

（2）基于单片机通用串口 LIN 从节点的实现

从节点实现的关键是能够正确实时地接收报文头，达到与主节点的同步，为下一步的数据交换做好准备。基于单片机通用串口构成的 LIN 从节点的实现方案有两种：一种是查询方式，另一种是中断方式。两种方法的区别在于报文头接收判断方法不同。

查询方式硬件原理如图 3-23 所示。在查询方式的硬件电路中，为了能及时感受到主节点报文头的起始阶段，可以将串口接收数据端、RXD 端与单片机的一个外部中断触发端口（INT1 或 INT0）相连。这样，当主节点发送过来的间隔场的下降沿到来时，就可以实时地触发从节点进入对报文头的接收查询程序段。在报文头的接收查询过程中，从节点自总线电平下降沿到来之际，就对总线显性电平（低电平）持续的时间进行累积计算，直到发现总线恢复为隐性电平（高电平）为止。如果此段持续时间大于 11 个主节点工作位时时间，那么从节点就断定是一次帧通信的开始。接着从节点对同步字节场的接收做好准备，在同步字节场开始位的第一个下降沿起，连续对同步字节场的后 4 个下降沿进行计时累加，最后将得到的计时时间除以 8，得到主节点发送数据的位时时间，即主节点下一步将要进行数据通信的波特率。从节点以此作为串口波特率设定值，通过串口与主节点交换数据。随后的串口发送或接收数据可采用串口查询或中断的方式进行。

间隔场和同步字节场的计时方法有两种：一种方法是采用软件模拟一个位时时间，在各阶段通过计算调用位时程序次数间接计算出时间；另一种方法是将定时器设定成定时一个位时时间后中断，在各个阶段查询定时器中断次数，通过计算定时器中断次数的差值，也可以间接算出各个阶段的持续时间长度。中断方式的硬件原理如图 3-24 所示。中断方式的优点是，对主程序运行的影响比较小，系统的资源利用率高；不足之处是增加了单片机的外围电路，硬件稍显复杂。

任务二　LIN 数据总线系统的结构组成与工作原理

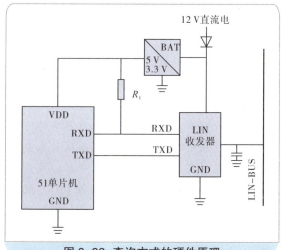

图 3-23　查询方式的硬件原理

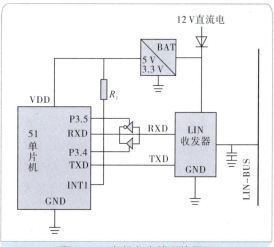

图 3-24　中断方式的硬件原理

2. 基于单片机普通端口位 LIN 协议的实现

对于没有通用串口的单片机来讲，必须采用端口位位操作的方法来实现 LIN 协议。这类单片机的硬件资源一般很有限，有的只有一个定时器，且不具备外部中断能力，如 Microchip 的 PIC18F200 系列。

（1）基于普通端口位 LIN 主节点的实现

基于单片机普通端口位的 LIN 主节点，在报文头和数据场的实现上都要采用位操作的方法来实现。其硬件构成原理图和基于单片机通用串口 LIN 主节点硬件原理图完全相同，区别在于前者数据收发端 RXD 和 TXD 端可以是任意的单片机普通端口位，而后者则必须采用单片机通用串口。

报文头间隔场的实现可以将定时器设置为定时一个位时中断的工作方式，置 LIN 数据发送端 TXD 为显性电平（低电位），启动定时器对显性电平持续时间进行计时，当达到 13 个以上位时后置 LIN 发送数据端 TXD 为隐性电平（高电位），这样就完成了间隔场的发送。在随后的间隔场界定符和同步场的实现上，也采用同样的方法。在数据场的接收和发送中，同样需要定时器的配合来完成。发送数据时，从待发数据存储区中依次取出一个个数据，转换成 10bit 类型的位数据。定时器同样是 1 个位时中断 1 次，在中断处理程序中改变计时变量值。发送数据程序根据计时变量的差值将 10 bit 类型的位数据依次按照持续 1 个位时时间从数据发送端 TXD 端发出；接收数据时，则需要先用定时器计时半个位时时间，以检测 1 字节的开始位，然后恢复定时器的一个位时计时中断设定。这样，在随后的数据位检测中就能保证在数据位的中间时刻检测该数据位，从而保证数据位接收的正确性。在 10 bit 类型的位数据接收完毕后，还要将其转换为一个 Byte 类型的数据，存入相应的数据缓冲区。

（2）基于普通端口位 LIN 从节点的实现

基于单片机普通端口位 LIN 从节点硬件电路和基于单片机通用串口查询方式的从节点硬件电路基本相同，区别同样也是没有用到单片机的通用串口。

由于没有外部中断的功能，因此对主节点发送过来的报文头的接收只能靠从节点主动地等待查询。考虑到从节点程序不可能一直在查询等待与主节点同步，因此从节点应该不定时地去查询等待主节点的报文头。开始阶段设置定时器为不定长时间中断方式，时间到后从节点去查询等待主节点发送的报文帧。当检测到同步信息后，设置定时器为标准位时时间中断方式，对从节点接收或发送数据过程进行位时界定。从节点按照上述提到的位操作方法接收 PID（微分控制）场，并转换为 Byte 类型的数据，判断下一步数据场的发送或接收方向，接着按照位操作的方法实现数据的发送或接收。定时器的两种工作方式在查询等待和报文通信过程中轮流转换，在报文通信过程结束后，重新设置定时器为不定长时间中断方式，等待下一次的报文通信过程，以此类推。

五、LIN 数据总线的工作原理

1. 传输原理

（1）报文帧

报文传输由报文帧的格式形成和控制。报文帧由主机任务向从机任务传送同步和标识符信息，并将一个从机任务的信息传送到所有其他从机任务。主机任务位于主机节点内部，负责报文的进度表、发送报文头（Header）；从机任务位于所有的（主机和从机）节点中，其中一个（主机节点或从机节点）发送报文的响应（Response）。

一个报文帧由一个主机节点发送的报文头和一个主机或从机节点发送的报文响应组成，如图 3-25 所示。报文帧的报文头包括一个同步间隔场（Synch Break Field）、一个同步场（Synch Field）和一个标识符场（Identifier Field）。报文帧的报文响应由 3 ~ 9 字节组成，即 28、48 或 88 的数据场（Data Field）和一个校验和场（Checksum Field）。字节场由字节间空间分隔，报文帧的报文头和报文响应由一个帧内响应空间分隔。最小的字节间空间和帧内响应空间为 0。

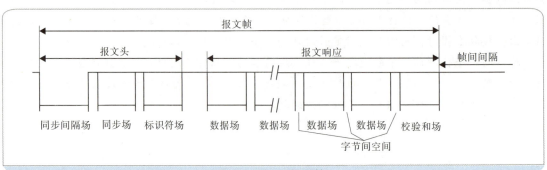

图 3-25 LIN 报文帧

①字节场（Byte Fields）。字节场的格式为 SCI 或 UART 串行数据格式（8N1 编码），如图 3-26 所示。每个字节场的长度为 10 个位定时（Bit Time）。起始位（Start Bit）是一个显性位，标志着字节场的开始。接着是 8 个数据位，首先发送最低位。停止位（Stop Bit）是一个隐性位，标志着字节场的结束。

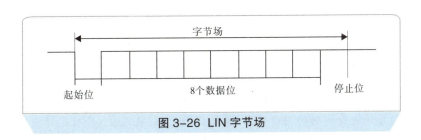

图 3-26 LIN 字节场

②报文头场（Header Fields）。
● 同步间隔场。为了能识别报文帧的开始，报文帧的第一个场是同步间隔场。同步间隔场由主机任务发送，使所有的从机任务与总线时钟信号同步。

同步间隔场有两个不同的部分，如图 3-27 所示。第一部分是一个持续 T_{SYNBRK} 或更长时间（最小值 T_{SYNBRK}，无须很严格）的显性总线电平；第二部分是最少持续时间 T_{SYNDEL} 的隐性电平，作为同步界定符。报文帧的第二个场用于检测下一个同步场的起始位。

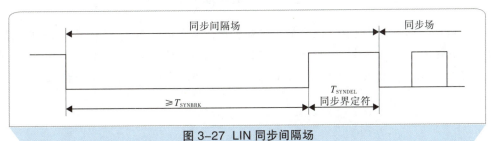

图 3-27 LIN 同步间隔场

最大的间隔和界定符时间没有精确的定义，但必须符合整个报文头 T_{HEADER_MAX} 的总体时间预算。

同步间隔场的位定时规范以及从机电控单元对此的估计值，是考虑 LIN 网络中允许的时钟容差而得出的结果。如果显性电平持续的时间比在协议中定义的普通显性位序列（0_X00 场有 9 个显性位）还要长，此时认为这是一个同步间隔场。如果这个间隔超出了用从机位定时测量的间隔 T_{SBRKTS}，则从机节点将检测到一个间隔，如表 3-3 所示。该"阈值"由从机节点的最大本地时钟频率得出。基于精确的本地时基，阈值 T_{SBRKTS} 被指定了两个值。

表 3-3 同步间隔场的定时

同步间隔场	逻辑	符号	最小值 T_{bit}	通常值 T_{bit}	最大值 T_{bit}
同步间隔低相位	显性	T_{SYNBRK}	13①		
同步间隔界定符	隐性	T_{SYNDEL}	1①		
同步间隔从机阈值	显性	T_{SYNBRK}		11②	
				9③	

注：①该位定时基于主机的时基。
②该位定时基于本地从机的时基，对时钟容差低于 $F_{TOL\_UNSYNCH}$ 的节点有效，如有 RC 振荡器的从机节点。
③与②相同，但对时钟容差低于 F_{TOL_SYNCH} 的节点有效，如带石英晶振或陶瓷谐振器的从机节点。

同步间隔场的显性电平长度至少为 T_{SYNBRK}（可以更长），该时间用主机位定时测量。最小值应根据连接从机节点指定的最小本地时钟频率所要求的阈值得出。

●同步场。同步场包含时钟的同步信息，其格式为 0_X55，表现在 8 个位定时中有 5 个下降沿（隐性跳变到显性的边沿），如图 3-28 所示。

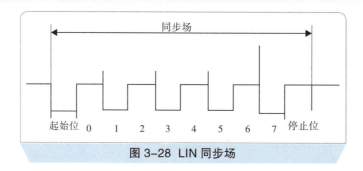

图 3-28 LIN 同步场

●标识符场。标识符场定义了报文的内容和长度，内容由 6 个标识符位和两个 ID 奇偶校验位（ID Parity Bit）表示，如图 3-29 所示。标识符位的第 4 位和第 5 位（ID4 和 ID5）定义了报文的数据场数量 N_{DATA}，如表 3-4 所示。将 64 个标识符分成 4 个小组，每组 16 个标识符，分别有 2、4 和 8 个数据场。

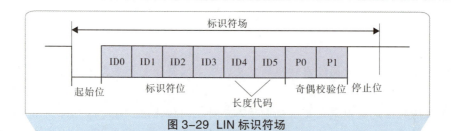

图 3-29 LIN 标识符场

表 3-4 报文的数据场数量

ID5	ID4	N_{DATA}/B
0	0	2
0	1	2
1	0	4
1	1	8

标识符有同样的 ID 位 ID0～ID3，但有不同的长度代码 ID4、ID5，可以表示不同的报文。

标识符的奇偶校验位通过下面的混合奇偶算法计算：

$$P0 = ID0 \oplus ID1 \otimes ID2 \oplus ID4（奇校验）$$
$$P1 = ID1 \oplus ID3 \otimes ID4 \oplus ID5（偶校验）$$

在此情况下，不可能所有的位都是隐性或显性。

标识符 0_X3c、0_X3D、0_X3E 和 0_X3F，及其各自的标识符场 0_X3C、0_X7D、0_XFE 和 0_XBF（所有 8 字节报文）都保留，用于命令帧（如休眠模式）和扩展帧。

③响应场（Response Field）。实际应用中，若信息和电控单元无关，则报文的响应场（数据、校验和）可不处理，如不清楚或错误的标识符。在此情况下，校验和的计算可以忽略。

● 数据场。通过报文帧传输，由多个 8 位数据的字节场组成。传输由最低位（LSB）开始，如图 3-30 所示。

图 3-30 LIN 数据场

● 校验和场。校验和是数据场所有字节的和的反码，如图 3-31 所示。校验和按"带进位加"（ADDC）方式计算，每个进位都被加到本次结果的最低位，以保证数据字节的可靠性。所有数据字节的和的补码与校验和字节之和必须是 0_XFF。

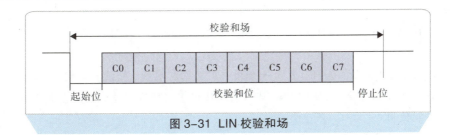

图 3-31 LIN 校验和场

（2）保留的标识符

① 命令帧标识符（Command Frame Identifier）。保留的两个命令帧标识符用于主机向所有总线成员服务广播普通命令请求，其帧结构与普通的 8 位报文帧相同，如图 3-32 所示，只由保留的标识符加以区别。

● 0_X3C。ID 场 $=0_X3C$，当 ID0、ID1、ID6、ID7 为 0，ID2、ID3、ID4、ID5 为 1 时，为主机请求帧。

● 0_X3D。ID 场 $=0_X7D$，当 ID1、ID7 为 0，ID0、ID2、ID3、ID4、ID5、ID6 为 1 时，为从机响应帧。

标识符 0_X3C 是一个主机请求帧（MasterReq），从主机向从机节点发送命令和数据。标识符 0_X3D 是一个从机响应帧（SlaveResp），触发一个从机节点（由一个优先的下载帧编址）向主机节点发送数据。

保留第一个数据场为 $0_X00 \sim 0_X7F$ 的命令帧，其用法由 LIN 定义，用户可以分配剩下的命令帧。

命令帧的第一个数据字节：D7 位 =0，保留使用；D7 位 =1，自由使用。

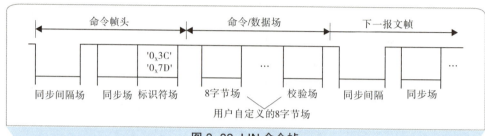

图 3-32 LIN 命令帧

② 休眠模式命令。休眠模式命令用于将休眠模式广播到所有的总线节点。在完成该报文后，直到总线上出现唤醒信号结束休眠模式前，将没有总线活动。休眠模式命令的第一个数据字节是 0_X00 的下载命令帧。

③ 扩展帧标识符。保留的两个扩展帧标识符允许在不改变现有 LIN 规范的情况下，在 LIN 协议中嵌入用户定义的报文格式或以后的 LIN 格式，以保证 LIN 从机可以向上兼容以后的 LIN 协议修订版。

扩展帧用保留的标识符场区别：

● 0_X3E。ID 场 =0_XFE，当 ID0 为 0，ID1、ID2、ID3、ID4、ID5、ID6、ID7 为 1 时，为用户定义的扩展帧。

● 0_X3F。ID 场 =0_XBF，当 ID6 为 0，ID0、ID1、ID2、ID3、ID4、ID5、ID7 为 1 时，为以后的 LIN 扩展帧。

标识符 0_X3E（标识符场 =0_XFE）表示一个用户定义的扩展帧，可被自由使用；标识符 0_X3F（标识符场 =0_XBF）直接保留给以后的 LIN（与 CAN 协议中的标准帧切换到扩展帧相比较）扩展版本，目前尚不能使用。

标识符后面可以跟随任意数量的 LIN 字节场，如图 3-33 所示，尚未定义帧的长度、通信概念（甚至可以是多主机）和数据内容。ID 场的长度编码对这两个帧不起作用。

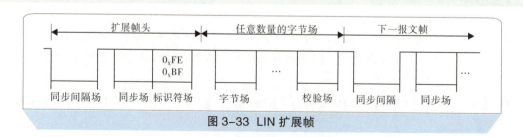

图 3-33 LIN 扩展帧

对于从机接收扩展帧标识符，若不使用其内容，则必须忽略所有的后续 LIN 字节区直至接收到下一个同步间隔。

（3）报文帧的长度和总线休眠检测

报文帧用一个同步间隔场作为起始，用校验和场作为结束。报文帧中的字节场用字节间空间和帧内响应空间分隔。字节间空间和帧内响应空间的长度没有定义，只限制了整个报文帧的长度。最小的报文帧长度 $T_{\text{FRAME\_MIN}}$ 是传输一个帧所需要的最小时间（字节间空间和帧间响应空间是0），最大的报文帧长度 $T_{\text{FRAME\_MAX}}$ 是允许传输一个帧的最大时间，由数据场字节 N_{DATA} 的数量决定，不包括系统固有的（如物理上）信号延时。报文帧的定时如表3-5所示。

表3-5 报文帧的定时

名称	符号	时间 T_{bit}①
最小报文帧长度	$T_{\text{FRAME\_MIN}}$	$10 \times N_{\text{DATA}}$② +44
最小报头长度	$T_{\text{HEADER\_MIN}}$	34
最大报头长度	$T_{\text{HEADER\_MAX}}$	1.4（$T_{\text{HEADER\_MIN}}$+1③）
最大报文帧长度	$T_{\text{FRAME\_MAX}}$	1.4（$T_{\text{FRAME\_MIN}}$+1③）
总线空闲超时	$T_{\text{TIME\_OUT}}$	2500

注：① T_{bit} 为基本位时间，与传输速度有关。
② N_{DATA} 为数据场字节的数量。
③ 加1的条件是 $T_{\text{HEADER\_MIN}}$ 和 $T_{\text{FRAME\_MAX}}$ 为一个整数值。

如果从机检测到总线在 $T_{\text{TIME\_OUT}}$ 中没有活动，会认定总线处于休眠模式，其可能是休眠报文被破坏。

（4）唤醒信号

总线的休眠模式可以通过任何节点发生一个唤醒信号来终止。唤醒信号可以通过任何从机任务发送，但只有总线以前处于休眠模式且节点内部请求被挂起时才有效。

唤醒信号是字符 0_X80。当从机不与主机节点同步时，信号可以比精确的时钟源信号拉长15%或缩短15%。主机可以检测到字符 0_X80，并作为一个有效的数据字节，0_XC0、0_X80 或 0_X00 都可以。第一个场由 T_{WUSIG} 的显性位序列给出，即8个显性位（包括起始位）；第二个场是持续了至少 T_{WUDEL} 的隐性唤醒界定符，即至少4个位定时（包括停止位和一个隐性暂停位），如图3-34所示。

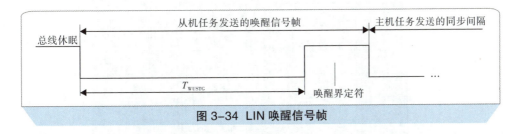

图3-34 LIN唤醒信号帧

当唤醒信号发送到总线时，所有的节点都运行启动过程，并等待主机任务发送一个同步间隔场和同步场。如果在唤醒信号超时（Time-Out After Wakeup Signal）时间内没有检测到同步场,请求第一个唤醒信号的节点将再一次发送一个新的唤醒信号,该情况不超过 3 次。然后唤醒信号的传输将被 3 个间隔超时(Time-Out After Three Breaks)挂起,如表 3-6 所示。只有有内部唤醒请求挂起的节点才允许重新发送唤醒信号,在 3 个间隔超时后再重新发送 3 个唤醒信号,此后即可决定是否停止重新发送。

表 3-6 唤醒信号定时

参数	逻辑	符号	最小值 T_{bit}	典型值 T_{bit}	最大值 T_{bit}
唤醒信号	显性	T_{WUSIG}		8[1]	
唤醒信号界定符	隐性	T_{WUDEL}	4[2]		64
唤醒信号超时	隐性	T_{TOBRK}			128
3 个间隔超时	隐性	T_{T3BRK}	15 000		

注:[1]该位定时基于各自的从机时钟。
[2]检查该唤醒时间对所有网络节点是否足够。

2.LIN 数据总线的数据格式

LIN 数据总线的数据格式如图 3-35 所示。在 LIN 数据总线的信息中包含两个部分:一部分是由 LIN 主控制器发送的信息标题,另一部分是由 LIN 主控制器或 LIN 从控制器发送的信息内容。发送的信息,所有连接在 LIN 数据总线上的节点都可以收到。

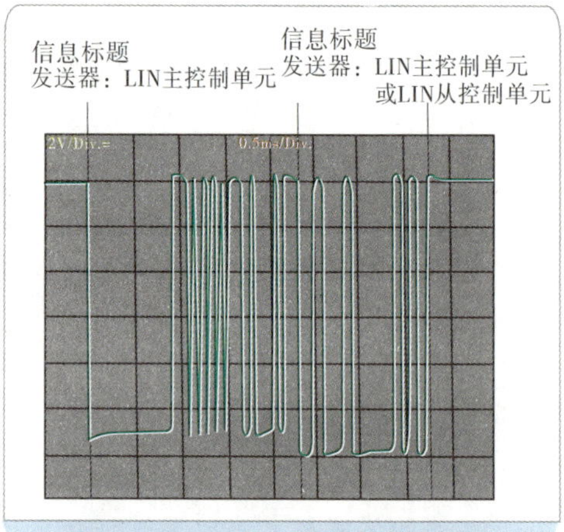

图 3-35 LIN 数据总线的数据格式

(1)信息标题

信息标题由 LIN 主控制单元按周期发送。信息标题分为同步暂停区、同步分界区、同步区和识别区 4 部分,如图 3-36 所示。

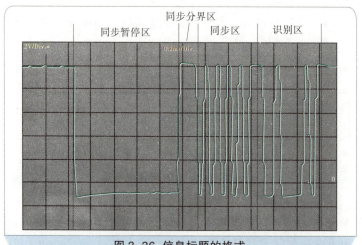

图 3-36 信息标题的格式

① 同步暂停区。同步暂停区（Synch Pause）的长度至少为13位（二进制的），它以显性电平发送。这13位的长度是必需的，只有这样才能准确地通知所有的LIN从控制单元有关信息的起始点的情况。其他的信息是以最长为9位的（二进制的）显性电平来一个接一个地传输的。

② 同步分界区。同步分界区（Synch Delimiter）至少为一位（二进制的）长，且为隐性电平。

③ 同步区。同步区（Synch Field）由0101010101这个二进制位序构成，所有的LIN从控制单元通过该二进制位序来与LIN主控制单元进行匹配（同步）。所有控制单元同步对于保证正确的数据交换是非常必要的。如果失去了同步性，那么接收到的信息中的某一数位值就会发生错误，该错误会导致数据传输错误。

④ 识别区。识别区（Identify Field）的长度为8位（二进制的），前6位是回应信息识别码和数据区的个数，回应数据区的个数在0~8；后两位是校验位，用于检查数据传输是否有错误。当出现识别码传输错误时，校验位可防止与错误的信息适配。

（2）信息内容

信息内容有两种类型：一种是从控制单元收到主控制单元发来的信息标题中带有要求从控制单元回应的信息后，LIN从控制单元根据识别码给该回应提供的回应信息；另一种是由主控制单元发出的命令信号，相应的LIN从控制单元会使用这些数据去执行各种功能。

① 从控制单元回应信息。图3-37所示是某汽车空调系统LIN数据总线的从控制单元回应信息传递流程图，空调控制计算机（也是LIN数据总线主控制单元）在LIN数据总线上发送信息标题——查询鼓风机的转速，鼓风机读取标题后将当前的鼓风机转速信息发送到LIN数据总线上，空调控制计算机得以读取此信息。

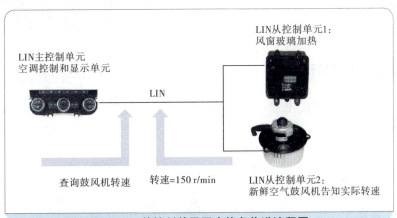

图3-37 从控制单元回应信息传递流程图

② 主控制单元命令信息。图3-38所示是某轿车空调系统LIN数据总线的主控制单元命令信息传递流程图，空调控制计算机（也是LIN数据总线主控制单元）在LIN数据总线上发送信息标题——调整鼓风机的转速到200 r/min，鼓风机从LIN数据总线上读取标题后将当前的鼓风机转速相应地从150 r/min调整到目标转速200 r/min。

信息内容由1~8个数据区构成，每个数据区是10个二进制位，其中一位是显性起始位，一个是包含信息的字节和一个隐性停止位。起始位和停止位是用于再同步从而避免传递错误的。

课题三 LIN 数据总线系统

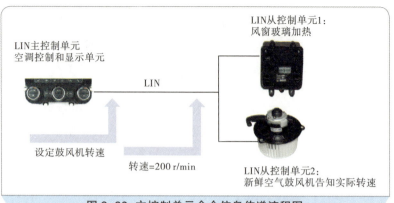

图 3-38 主控制单元命令信息传递流程图

3.LIN 数据总线信息的顺序

LIN 主控制单元的软件内已经设定了一个顺序，LIN 主控制单元就按该顺序将信息标题发送至 LIN 数据总线上（若是主信息，则发送的是回应）。常用的信息会多次传递。LIN 主控制单元的环境条件可能会改变信息的顺序。环境条件举例如下：

①点火开关接通/关闭。
②自诊断已激活/未激活。
③停车灯接通/关闭。

为了减少 LIN 主控制单元部件的种类，主控制单元将全部装备控制单元的信息标题发送到 LIN 数据总线上，如果没有安装相应设备控制单元，那么在示波器屏幕上会出现没有回应的信息标题，但这并不影响系统的功能，如图 3-39 所示。

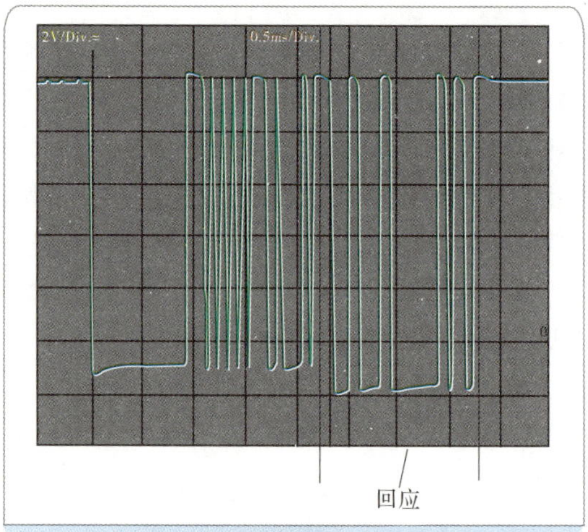

图 3-39 没有回应的信息标题

4.LIN 数据总线防盗功能

只有当 LIN 主控制单元发送出带有相应识别码的信息标题后，数据才会传至 LIN 数据总线。由于 LIN 主控制单元对所有信息进行全面监控，因此无法从车外对 LIN 导线进行控制。系统要求 LIN 从控制单元只能回应，这样就不会发生通过 LIN 数据总线打开车门的现象了。这种设置就使在车外安装 LIN 从控制单元（如在前保险杠内的车库门开启控制单元）成为可能。LIN 数据总线防盗功能示意图，如图 3-40 所示。

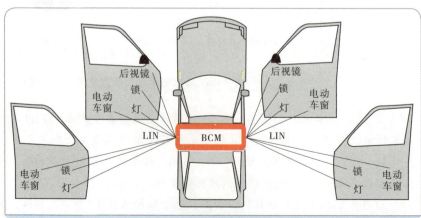

图 3-40 LIN 数据总线防盗功能示意图

任务三　LIN 数据总线系统的检修

一、LIN 数据总线的自诊断

1. 利用故障检测仪 VAS5051 进行故障诊断

当 LIN 数据总线系统出现故障时,可利用故障检测仪 VAS5051 对 LIN 数据总线系统进行故障诊断和检测,如图 3-41 所示。对 LIN 数据总线系统进行自诊断时,需使用 LIN 主控制单元的地址码。自诊断数据经 LIN 数据总线由 LIN 从控制单元传至 LIN 主控制单元。在 LIN 从控制单元上可以完成所有的自诊断功能(表 3-7)。

图 3-41　使用故障检测仪诊断 LIN 数据总线系统故障

表 3-7　LIN 从控制单元上可以完成的所有自诊断功能

故障位置	故障内容	可能的故障原因
LIN 从控制单元,如鼓风机调节器	无信号/无法通信	·在 LIN 主控制单元内已规定好的时间间隔内 LIN 从控制单元数据传输有故障 ·导线断路或短路 ·LIN 从控制单元供电有故障 ·LIN 从控制单元或 LIN 主控制单元型号错误 ·LIN 从控制单元损坏
	出现不可靠信号	·校验出错,传输的信息不完整 ·LIN 导线受到电磁干扰 ·LIN 导线的电容和电阻值改变了(如插头壳体潮湿或脏污) ·软件故障(备件型号错误)

2. 故障分析

（1）LIN 数据总线短路

无论是 LIN 数据总线对电源正极短路还是对电源负极短路，LIN 数据总线都会关闭，无法正常工作。

（2）LIN 数据总线断路

LIN 数据总线发生断路故障时，其功能丧失情况视发生断路故障的具体位置而定。如图 3-42 所示，当 LIN 数据总线在位置 A 处断路时，其下游的所有从控制单元（图中为从控制单元 1 和从控制单元 2）均不能正常工作；当 LIN 数据总线在位置 B 处断路时，从控制单元 1 将不能正常工作；当 LIN 数据总线在位置 C 处断路时，从控制单元 2 将不能正常工作。根据 LIN 数据总线发生故障时其功能的丧失情况，结合 LIN 数据总线控制关系并参阅电路图，就可以判断出发生断路故障的大致位置。

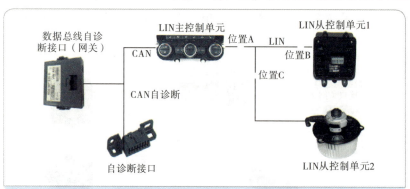

图 3-42 LIN 数据总线发生断路故障

二、丰田卡罗拉 LIN 数据总线检修

在丰田卡罗拉轿车上，LIN 数据总线用来控制车身 ECU 之间的通信，主要包括认证系统 LIN 通信系统、车门系统 LIN 通信系统、空调 LIN 通信系统，如图 3-43 所示。

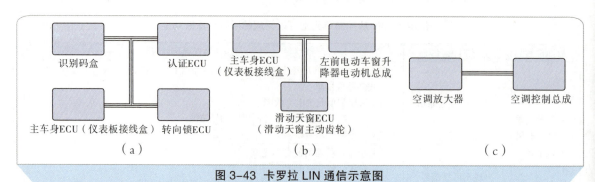

图 3-43 卡罗拉 LIN 通信示意图
（a）认证 ECU 总线；（b）车门总线；（c）空调总线

1. LIN 数据总线故障排除流程

对于卡罗拉 LIN 数据总线故障，可以按照图 3-44 的流程进行故障检修。

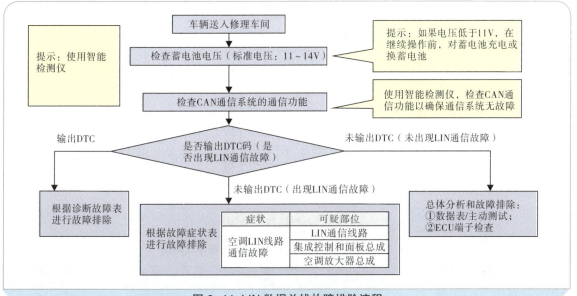

图 3-44 LIN 数据总线故障排除流程

2. 主车身 ECU 端子的检查

检查主车身 ECU 和仪表板接线盒，如图 3-45 和图 3-46 所示。
① 断开仪表接线盒连接器 2B、2F 和 2G。

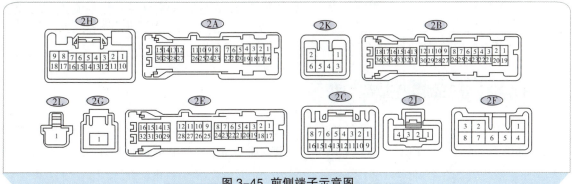

图 3-45 前侧端子示意图

② 测量线束侧连接器和车身搭铁之间的电压和电阻，如表 3-8 所示。
③ 重新连接仪表接线盒连接器 2B、2F 和 2G。
④ 根据表 3-9 中的值测量脉冲。

课题三 LIN 数据总线系统

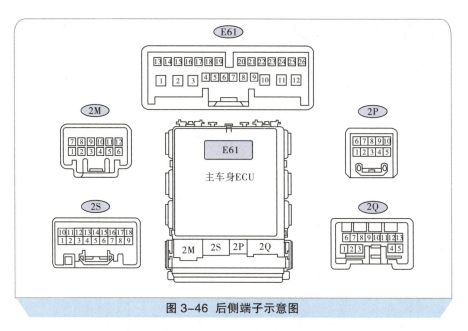

图 3-46 后侧端子示意图

表 3-8 线束连接器与车身搭铁之间的电阻及电压

端子号（符号）	配线颜色	端子描述	条件	规定状态
2B-30（BECU）- 车身搭铁	W- 车身搭铁	蓄电池电源	始终	11 ~ 14 V
2F-5（ACC）- 车身搭铁	W- 车身搭铁	蓄电池电源	始终	11 ~ 14 V
2G1- 车身搭铁	W- 车身搭铁	ACC 电源	始终	11 ~ 14 V
2E-17（GND1）- 车身搭铁	W-B- 车身搭铁	搭铁	始终	小于 1 Ω

注：如果结果不符合规定状态，则线束侧可能有故障。

表 3-9 LIN 脉冲测量

端子号（符号）	配线颜色	端子描述	条件	规定状态
E64-1（LIN2）-2E-17（GND1）	V-W-B	LIN 通信线路	点火开关置于 ON（IG）位置	产生脉冲

注：如果结果不符合规定，则主车身 ECU（仪表接线盒总成）可能有故障。

3.LIN 主单元故障的排除方法

当主车身 ECU 和认证 ECU 之间存在断路、短路或 ECU 通信故障时，会输出 DTC 码 B2287，其故障部位主要在于认证 ECU、主车身 ECU、线束或连接器。相关电路如图 3-47 所示。

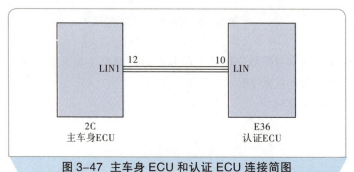

图 3-47 主车身 ECU 和认证 ECU 连接简图

> 注：点火开关置于 OFF 位置，使用智能检测仪进行故障排除时，将智能检测仪连接至车辆，以 1.5 s 的间隔打开和关闭门控灯开关，直到检测仪和车辆之间开始通信。

检查步骤如下：

①清除 DTC。

②检查 DTC。重新检查有无 DTC，如未输出 B2287 故障码，说明系统正常；如输出 B2287 故障码，则进行下一步检查。

③检查线束和连接器（认证 ECU、主车身 ECU）。

断开连接器 E36 和 2C，如图 3-48 所示。

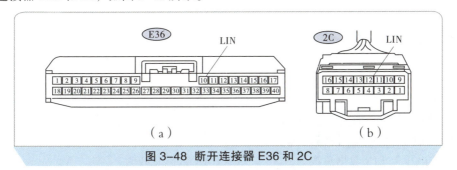

图 3-48 断开连接器 E36 和 2C

（a）线束连接器前视图；（b）线束连接器前视图

根据表 3-10 中的值测量电阻和电压。

表 3-10 LIN 标准电压及电阻

标准电阻			标准电压		
检测仪连接	条件	规定状态	检测仪连接	条件	规定状态
E36-10（LIN）-2C-12（LIN1）	始终	小于 1Ω	E36-10（LIN）- 车身搭铁	始终	低于 1V
E36-10（LIN）或 2C-12（LIN1）- 车身搭铁	始终	10kΩ 或更大			

4. 案例分析

故障现象：一辆 2014 款的 POLO 1.4L 手动挡轿车，玻璃升降器不能正常工作。用左前门上的玻璃升降器组合开关不能控制其他 3 个车门玻璃，但是各个车门上的玻璃升降器开关却可以控制玻璃的升降。

故障分析：该车舒适系统与老款 POLO 有所不同。老款 POLO 的舒适系统采用 CAN-bus 总线双线连接，如果有一根高位线或低位线断路，不会影响整个舒适系统的工作。而新款 POLO 舒适系统内部通信用的是 LIN-bus 总线单线连接，如果 LIN-bus 断路，舒适系统的控制信号将会受到影响。除此以外，新老 POLO 各个车门的控制单元都是共用一个熔丝提供正极电源。新款 POLO 各个车门相互之间及与舒适系统控制单元之间的信息交换靠的是 LIN-bus 总线，所以该车故障可能就出现在这条线路上。

由于其他车门的开关可以控制各自玻璃的升降，说明电源没问题，故障应该出在总开关、线路或舒适系统的控制单元上。

故障原因：用万用表测量线路，发现驾驶员侧车门控制单元与其他车门控制单元和舒适系统控制单元之间的 LIN-bus 不通，测量电阻值为无穷大，而舒适系统及其他 3 个车门之间的 LIN-bus 正常，可知故障就在这条通信线路上。

顺着线路的布置方向检查，在左前车门与 A 柱连接插头处发现插头已经严重锈蚀。原来该车曾经安装过防盗报警器，插头上的防尘罩被破坏，造成密封不良。由于雨水或洗车等原因导致此处插头进水，时间长了产生氧化现象，造成左前门控制单元与舒适系统其他控制单元之间的通信中断。

故障排除：更换线束或用专用的线束修理工具把损坏的接头修复。

思考与练习

一、填空题

1. LIN 数据总线是一种_____网络。
2. LIN 采用的是_____传输方式。
3. 在工作电压上 LIN 数据总线为_____V；CAN 数据总线为_____V。
4. LIN 的目标是为现有汽车网络提供_____。
5. LIN 网络由一个_____和一个或多个_____构成。
6. LIN 属于汽车_____类网络。

二、简答题

1. 简述 CAN 与 LIN 有何区别。
2. LIN 的特点是什么？
3. 简述 LIN 数据总线的工作原理。
4. LIN 数据总线有几个版本？分别是哪几个？

课题四　常用数据总线系统

[学习任务]

1. 了解 VAN 数据总线系统在汽车上的应用。
2. 掌握 MOST 的定义及数据传输过程。
3. 了解 LAN 数据总线系统在汽车上的应用。

[技能要求]

1. 学会检修 VAN 数据总线系统。
2. 学会检修 LAN 数据总线系统。
3. 学会检修 MOST 数据总线系统。

任务一　VAN 数据总线系统

一、VAN 数据总线定义

　　VAN 数据总线是车辆局域网的简称，是一种只想要中等通信速率的通信协议，由法国的雷诺汽车公司和标致集团在 1985 年联合开发，1989 年生产出第一批部件，1992 年通过 ISO 国际标准认证，1994 年最早装备在雪铁龙 VM 车型上。

　　VAN 作为专门为汽车开发的总线，属于 C 类网络，其通信介质简单，在 40 m 内位传输速率最高可达 1 Mbit/s，其常规流量为 62.5 kbit/s 或 125 bit/s。从系统发出指令到执行，VAN 数据总线的反应时间大约为 100 ms。VAN 数据总线研发的目的是连接汽车上各个复杂的通信系统，同时也是使简单元件和支线连接成总线，保证网络传输的节奏。VAN 支持分布式实时控制的通信网络，广泛应用于车身功能和舒适性功能的管理，如汽车门锁、电动车窗、空调、自动报警以及娱乐控制等系统。VAN 数据总线作为串行通信网络，与一般总线相比，其数据通信具有突出的可靠性、实时性和灵括性。

课题四　常用数据总线系统

VAN 标准特别考虑了严峻的环境温度、电磁干扰和振动因素，尤其适用于需要现场总线的实时控制系统，在世界汽车生产中得到了大批量的应用。

根据 ISO 标准中的 OSI 模型，VAN 数据总线系统协议的 OSI 模型分层如图 4-1 所示。

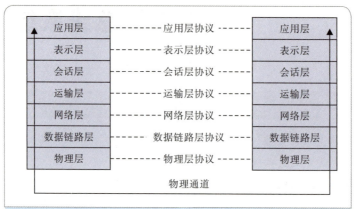

图 4-1　VAN 数据总线系统协议的 OSI 模型分层示意图

二、VAN 数据总线系统的组成

1. 典型的 VAN 结构

VAN 数据总线系统协议的研发是出于连接各个复杂通信系统的目的，同时也是为了使简单元件和支线连接成总线，以保证网络传输的节奏。VAN 数据总线系统的典型结构如图 4-2 所示。

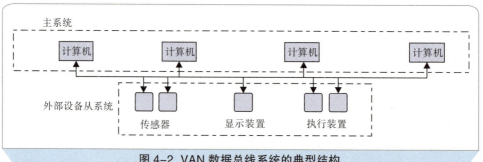

图 4-2　VAN 数据总线系统的典型结构

2. 拓扑

拓扑即 VAN 数据总线系统协议所允许的各个计算机之间的排列方式。计算机通常按照总线－树形或者总线－树形－星形的拓扑方式相互连接，如图 4-3 所示。

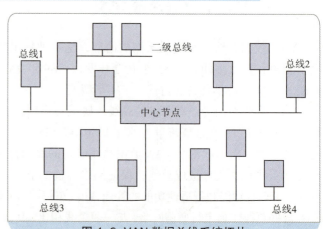

图 4-3　VAN 数据总线系统拓扑

3. 传输介质

VAN 数据总线的信号传输常用双绞铜线，一般情况下每个电控单元只对应一个双绞铜线的传输介质，如图 4-4 所示，两根导线被称为 DATA 和 DATAB（对应于 CAN-H 导线和 CAN-L 导线），任何一根导线都可以将 VAN 的信息传输到显示屏或者收放机上。VAN 的数据导线既可以采用铜质双绞线，也可以采用同轴电缆，还可以采用光导纤维（光纤或光缆）。

VAN 数据总线的 DATA 数据导线和 DATAB 数据导线电压如图 4-5 所示。不难看出，与控制器局域网 CAN 一样，VAN 也采用差动信号传输方式，抗干扰能力强，且有良好的容错能力。同时，VAN 数据总线在一条导线出现故障的情况下，还具有单线工作能力。

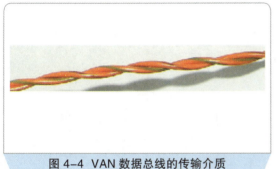

图 4-4 VAN 数据总线的传输介质

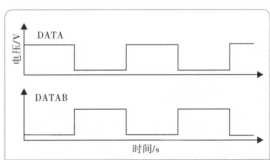

图 4-5 VAN 数据总线的 DATA 数据导线和 DATAB 数据导线电压

4. 节点结构

一个 VAN 数据总线系统电控单元拥有一个标准接口（VAN 标准），以便于与其他 VAN 数据总线系统电控单元之间进行信息数据处理，如图 4-6 所示。这种结构由协议控制器和线路接口两个主要部分组成。

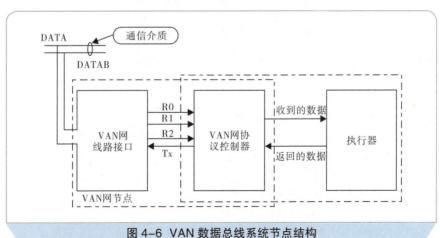

图 4-6 VAN 数据总线系统节点结构

（1）协议控制器

协议控制器（CP VAN）负责控制 VAN 数据总线系统协议中的下述重要功能：VAN 信息输入和输出的编码和译码、检测到空闲总线之后即进入该总线、冲突管理、错误管理、与微处理器（或者微型控制器）的接口实现运行任务。

（2）线路接口

负责将 VAN 数据总线系统的信号 DATA 和 DATAB 翻译成无干扰的 R0、R1 和 R2 信号，传入协议控制器（CP VAN）。或者与此相反，将协议控制器（CP VAN）的 Tx 信号翻译成 DATA 和 DATAB 信号，传入 VAN 数据总线系统。因此，该部件有两个重要作用，即翻译和保护。

5. 帧结构

一个 VAN 数据总线系统的帧由 9 个域组成，如图 4-7 所示，其组成及功能如表 4-1 所示。

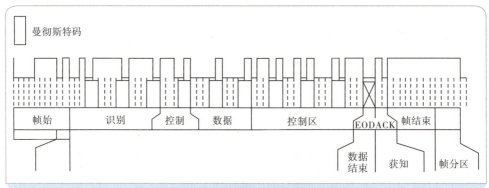

图 4-7 VAN 数据总线系统的帧结构

表 4-1 VAN 数据总线系统帧的组成及功能

域的名称	英文缩写	功能
帧始域	SOF	表示 VAN 数据总线系统帧结构的起始，它的作用是允许 VAN 支线外部设备自动适应 VAN 数据总线的速度
识别域	IDEN	标明数据的性质和数据的接收者
控制域	COM	标明帧的类型（读或写）以及分类传输模式（点对点或者数据发散，即是否需要签收回复命令）
数据域	DAT	包含有用的数据信息
控制区域	CRC	检验 VAN 帧内容的完整性
数据结束域	EOD	标示出数据域的结束和校验的结束
获知域	ACK	用于存储数据接收者的数据的签收回复
帧结束域	EOF	标示出 VAN 帧的结束和组成空余总线的第 1 部分
帧分区域	IFS	保障帧之间的最小空间以及组成空余总线的第 2 部分

6. 传输模式

VAN 数据总线系统拥有 3 种可行的传输模式，如表 4-2 所示。

表 4-2 VAN 数据总线系统的传输模式

模式	功能介绍
定时传输模式	VAN 数据总线系统定期向网络传送信息，在此期间必须保证时间不是太短，以便于这项信息接收者有足够时间取舍每条发送的信息
事件传输模式	适用于传输 VAN 数据总线系统信息数据交换（视使用者的行为而定）
混合模式	定时传输模式和事件传输模式的混合，把前两种传输模式组合起来使用，以便于保证对使用者所有操作的一个最大限度的回应，确保可以随时刷新信息

7. 进入传输介质

VAN 数据总线系统电控单元进入传输介质依靠随机方式和异步方式，这表明这种进入可以根据需要和执行的本地命令随时进行。协议控制器（CP VAN）遵守最基本的准则。

①在进入 VAN 数据总线系统时必须先检测它是否空闲。如果总线能够连续读取 12 位的隐性数据即被视为空闲。在这种情况下，不论是 VAN 数据总线系统的哪种电控单元都能够传送和接收信息。

②在两个或者更多的 VAN 数据总线系统电控单元同时进入网络的情况下，就会有冲突，必须要判断优先性。

8. 服务

VAN 数据总线系统电控单元拥有 4 项通信服务：
①用发散模式写入数据（将数据从一个数据制造者发往多个数据使用者），不在帧内签收回复。
②用点对点模式写入数据（将数据从一个数据制造者发往一个确切的数据使用者），在帧内采用签收回复。
③数据请求（一个数据使用者向一个数据制造者发出数据请求）。
④帧中的回应（在同一帧中对一个请求的回应）或者是滞后回应（数据制造者没有在提出请求时马上回应）。这些服务允许多主控策略（数据发散服务的使用）和单总线——多支线策略（点对点写入，以及在帧里面请求和回应）。

9. VAN 数据总线系统签收回复

VAN 数据总线系统的签收回复是由数据发送者激活和实现的。如果最后一个请求与一个确切的电控单元相连接（点对点模式），它将激活签收回复命令。在这种情况下，单一电控单元将会检测帧的格式是否正确，以及回应一个发给它的信息（识别域将进行核实），以产生一个对这个帧的回复；没有涉及此交换的其他电控单元则不应该产生回复。相反地，如果这最后一个请求与几个电控单元或网络中的电控单元整体相连接，它将取消回复命令。在这种情况下，所有的电控单元将不会产生回复，只有相关电控单元处理这些信息。因此，VAN 数据总线系统协议同样适用于数据发散模式和点对点交换模式。

三、VAN 的分层描述

1.VAN 数据总线的物理层

（1）互补数据对

VAN 的物理层由互补数据对组成（通信介质是铜线），其两条线分别称为 DATA 和 DATAB。在 DATA 线和 DATAB 线上同时传送信息，DATA 上传送的信息和 DATAB 上传送的信息正好是相反的互补数据对。由于线路中一条线路和另外一条线路比较靠近（就像双绞线），电磁半径较小，电磁力互相抵消，VAN 的物理层入口的差逻辑计算器可以将干扰消除，如图 4-8 所示。

由此，可得到总线的基本特征：

①作为帧的传输载体，总线由两条绝缘截面积为 $0.6mm^2$ 的铜线组成。
②这两条线被称为数据线 DATA 和数据线 DATAB，传输相反的电平信号。
③为了抵抗总线中帧发射的电磁干扰，这两条线被绞在一起，呈双绞状。

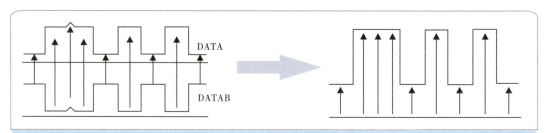

图 4-8 VAN 互补数据对干扰的消除

（2）电压水平

VAN 互补数据对的电压水平是统一的，信号上升和下降的时间如图 4-9 所示。示波器显示的 VAN 信号如图 4-10 所示。互补数据对形式的 VAN 信号如图 4-11 所示。VAN 信号接收－传输电路如图 4-12 所示。VAN 信号的接收和传输过程如图 4-13 和图 4-14 所示。

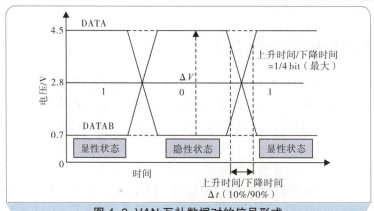

图 4-9 VAN 互补数据对的信号形式

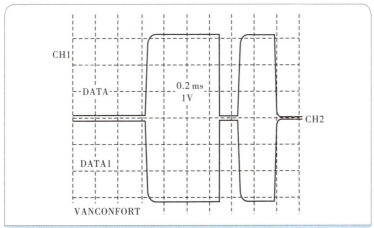

图 4-10 示波器显示的 VAN 信号

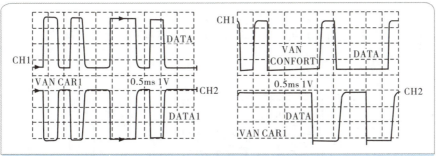

图 4-11 互补数据对形式的 VAN 信号

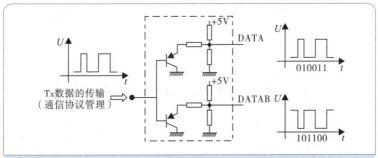

图 4-12 VAN 信号接收 – 传输电路

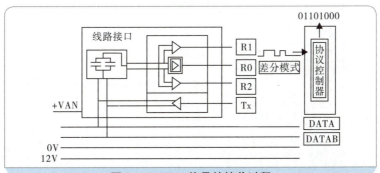

图 4-13 VAN 信号的接收过程

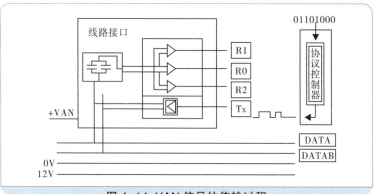

图 4-14 VAN 信号的传输过程

（3）诊断

VAN 的物理层具备容错能力，因为它有 3 个共用模式的比较器，如图 4-15 所示。这 3 个比较器用来将 DATA 和 DATAB 与参照电压进行比较，以确定是否存在故障，其原理如图 4-16 所示。

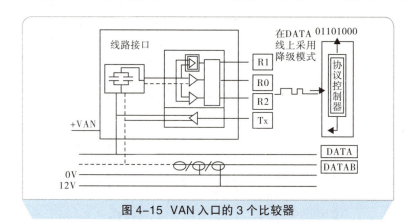

图 4-15 VAN 入口的 3 个比较器

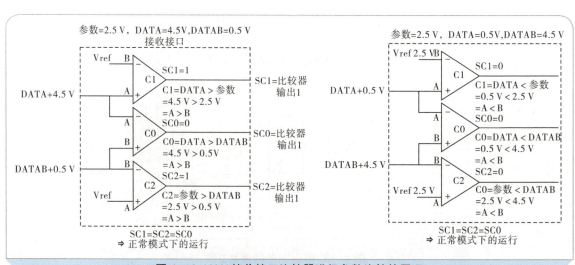

图 4-16 VAN 接收接口比较器进行参数比较的原理

在这种情况下，3个比较器中至少有一个总是能保持运转的，故障形式如下：①DATA 地线短路——在 DATAB 运行；②DATA 正极短路——在 DATAB 运行；③DATAB 地线短路——在 DATA 运行；④DATAB 正极短路——在 DATA 运行；⑤DATA 上呈开路——在 DATAB 运行；⑥DATAB 上呈开路——在 DATA 运行。

VAN 的物理层不能容忍的故障为 DATA 和 DATAB 出现相互短路，这将导致真正的 VAN 数据总线系统故障。VAN 数据总线系统的故障模式如图 4-17 所示。

 中央开关单元（BSI）
持续的故障，与组合仪表的通信交流不存在

 中央开关单元（BSI）
持续的故障，与多功能显示屏没有通信

图 4-17 VAN 数据总线系统的故障模式

（4）休眠/唤醒

VAN 的物理层管理 VAN 数据总线的休眠/唤醒机制，为了实现这种机制，VAN 数据总线的线路接口提供3个主要接头以便完成以下功能：

①主导由顾客操作引起的网络唤醒（如车辆解锁）。
②检测由另一个计算机造成的网络唤醒和允许正常功能运行。
③车辆从休眠状态解除情况下再次转入休眠状态。

当网络处于休眠状态，主系统工程通过将 Sleep 插头接地以保证 DATAB 接上导入蓄电池电压，蓄电池电压是由地线上的插头导入的。VAN 的休眠/唤醒策略如图 4-18 所示，电控单元利用 Wake 插头唤醒网络，而 Wake 插头消耗了 VAN 数据总线 DATAB 线路上的电流，这就使主系统电控单元线检测到电流。检测到电流之后，主系统电控单元给 Sleep B 插头加上 12V 电压以便于离开休眠模式。DATAB 线路上不再是蓄电池电压，主系统蓄电池电压转换成 +VAN 信号，VAN 数据总线就被唤醒，通信就可以进行。例如，汽车静止、断开点火开关、驾驶员按下自动收音机的按钮（运行/停止），自动收音机将要求智能服务器（系统监控单元）运行收音机，智能服务器建立起 VAN 数据总线连接，自动收音机在多功能显示器上显示一个由它自己产生的事件。

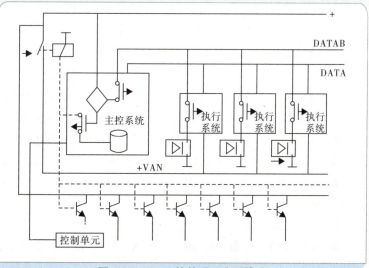

图 4-18 VAN 的休眠/唤醒策略

2.VAN 数据总线的数据链路层

数据链路层定义了信息帧的数据结构、通信优先权、通信格式、通信要求、总线仲裁以及错误检测及处理等。为在总线上可靠地传输数据,要将数据打包成帧。帧即为组成一个完整消息的一系列数据位,分成几个域,每个域包括了预定义类型的数据。数据链路层包含介质访问控制子层 MAC 和逻辑链路控制子层 LLC,其中,MAC 子层是 VAN 协议的核心,负责报文分帧、仲裁、应答、错误检测和标定,把接收到的报文提供给 LLC 子层,并接受来自 LLC 子层的报文,处理帧的封装和解封装。LLC 子层负责报文滤波及错误处理。

① VAN 的帧由 SOF、ID、COM、DATA(远程帧无)、FCS(CRC)、EOD、ACK(可选)及 EOF 8 部分组成,每帧之间有帧间距 IFS。从图 4-7 可以看出,4 个域(ID、COM、DATA、CRC)使用 E-Manchester 码。对帧结构的 8 个部分解释如下:EOD(End of Data),数据结束;EOF(End of Frame),帧结束;ID(Identification),标识;COM(Command),命令;DATA,数据;FCS(Frame Check Sequence),帧校验序列;CRC(Cyclic Redundancy Code),循环冗余码;ACK(Acknowledge),应答。

② 3 类通信模块如图 4-19 所示,即主(0)、同步(1)、从(16)以及多主多从混合结构,其中 0、1、16 是在帧内的起始 bit 位置。

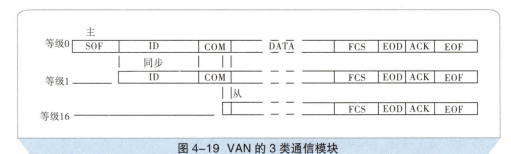

图 4-19 VAN 的 3 类通信模块

③ 帧内应答,即数据立即应答帧的数据请求和数据应答,"拼凑"为一帧。

④ VAN 网络上的节点信息被分成不同的优先级,可满足不同的实时要求,高优先级的数据有权先发送数据。

⑤ VAN 采用非破坏性总线仲裁技术(全帧逐位仲裁)。

⑥ VAN 只需通过滤波即可实现点对点、全局广播方式传送数据。

⑦ VAN 协议可使用介质访问控制子层 MAC,检查可能发生的以下 5 种错误:

● 位错误,发生在 SOF、EOD、ACK、EOF,发送的位与接收的位不同。

● 代码错误,在 ID、COM、DATA、FCS 4 个域的 Manchester 码错误。

● 帧格式错误,在 ID、COM、DATA、FCS 4 个域中,通过位域检查帧的格式和大小来确定报文的正确性。

● CRC 校验错误。

● ACK 错误,在命令域中要求 ACK,接收端却未发 ACK;或者在命令域中不要 ACK,接收端却发 ACK。

⑧在数据传输时，VAN 如果发生错误能自动重试。重试次数由用户设定。VAN 能侦测通信线路短路和断路，当两条通信线中的一条通信线发生故障（短路或者断路）时，可以在降级模式下运行。当线路故障解除，可自动恢复到正常状态。

四、VAN 数据总线的功能

1.VAN 的位仲裁

现场总线要求数据快速传送才能对数据进行实时处理。几个节点同时发送数据时，要求快速地进行总线分配。快速变化的物理量（如汽车发动机负载）比起相对变化较慢的物理量（如汽车耗油状况）数据更频繁，要求传输更迅速。

VAN 数据总线以报文为单位进行数据传送，报文的优先级结合在 12 位标识符中。具有最低二进制数的标识符则有最高的优先级。这种优先级一旦在系统设计时被确立后就不能再被更改。总线采用载波监听多路访问／冲突、检测（CSMA/CD）技术，读取中的冲突可通过位仲裁解决，叙述如下：

当几十节点（如图 4-20 所示，有 3 个节点 a、b、c）同时发送报文时，假设他们的报文标识符（ID）前面几位相同，节点 a 的报文标识符最后两位是 01，节点 b 的报文标识符最后两位是 00，节点 c 的报文标识符最后 2 位是 11。由于 0（显性位）优先，而且仲裁从高位到低位，节点 c 的倒数第 2 位是 1（隐性位）首先被丢弃，退出竞争。接下来看节点 a 和节点 b 的倒数第 1 位，节点 a 的倒数第 1 位是 1，被丢弃，退出竞争。

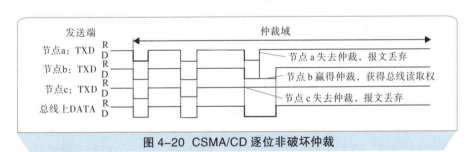

图 4-20 CSMA/CD 逐位非破坏仲裁

总线上的信号持续跟踪，最后获得总线读取权的节点的报文。在此例中，节点 b 的报文被跟踪，VAN 具有较高的效率，总线总是被排队利用。当多个节点同时向总线发送信息时，各节点优先级由低到高依次退出，实现边仲裁、边传输，最终最高优先权信息的节点获得总线使用权。节省了总线冲突仲裁时间。总线空闲后，这些节点将自动重发信息，实现实时传输。这种非破坏性位仲裁方法的优点在于，在网络最终确定哪一个节点的报文被传送以前，报文的起始部分已经在总线上传送了。所有未获得总线读取权的节点，都成为接收节点，并且不会在总线再次空闲前发送报文。

2.VAN 的报文格式

在总线中传送的报文有两种，一种是数据帧（RTR=0），另一种是远程帧（请求帧，RTR=1，无 DATA 域），由 8 部分组成，如图 4-21 所示。

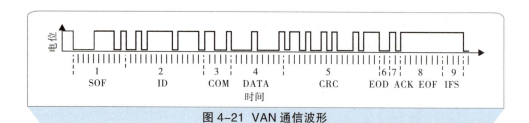

图 4-21 VAN 通信波形

①在标准格式中，报文的起始位称为帧起始（SOF），前同步码指示帧的开始，并设置临时参考点，如图 4-22 所示。

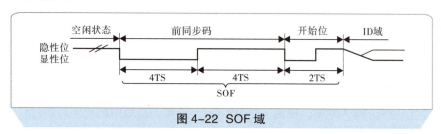

图 4-22 SOF 域

②标志符域（ID field），用于识别和说明帧中传递的数据，指示帧的目标地址，共 12 位，每 4 位一组，如图 4-23 所示。ID 域可以扩展。图 4-23 中，MSB（Most Significant Bit）为最高有效位，LSB（Least Significant Bit）为最低有效位。

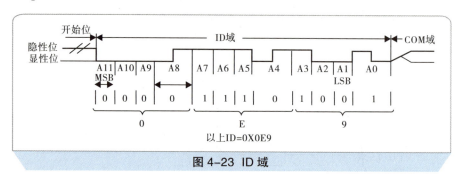

图 4-23 ID 域

③命令域由 4 位组成（EXT、RAK、R/W、RTR）。EXT（扩展位）为将来扩展使用，规定为 1（隐性位）；RAK 用于接收模块是否需要应答 ACK；R/W 指示读写；RTR 位标明是数据帧还是请求帧，在请求帧（RTR=1）中没有数据字节，RTR 是 Manchester 位。

④数据域（DATE）范围为 0～28 字节，数据传输时，MSB（最高有效位）在前。

⑤FCS 采用 CRC（循环冗余码），为 15 位，通过多项式：
$$g(x)=x^{15}+x^{11}+x^{10}+x^9+x^8+x^7+x^4+x^3+x^2+1$$
计算检测数据错误，判断报文是否有错。

⑥数据结束域（EOD）指示数据结束。

⑦应答域（ACK）发送节点、隐性电平（逻辑 1），如果有正确接收报文的节点，将发送主控电平（逻辑 0）覆盖原来的隐性电平。

⑧帧结束域（EOF）为 8 个 TS 的连续隐性位，如图 4-21 所示。

⑨在相邻的两条报文之间，帧间距 TFS 为 4 个 TS 的隐性位。如果 VAN 数据总线上有连续 12 个隐性位，则表明总线处于空闲状态。

3. VAN 的 5 种通信帧

R 为隐性位，D 为显性位。

①普通数据帧（RAK 为隐性位，接收端应答 ACK）如图 4-24 所示，图中 Identifier 为标识符。

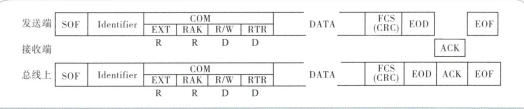

图 4-24　含 ACK 的数据帧

②另一普通数据帧（RAK 为显性位，无 ACK）如图 4-25 所示。

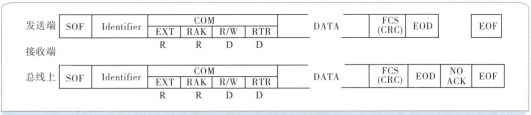

图 4-25　无 ACK 的数据帧

③请求及立即回复数据帧（数据已准备好，立即回复）如图 4-26 所示。

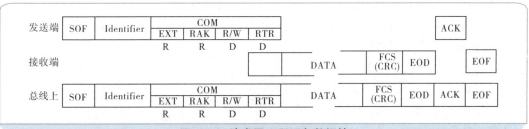

图 4-26　请求及立即回复数据帧

从图 4-26 可以看出，总线上的帧由两部分"拼凑"而成，RTR 位、DATA 域、FCS 域、EOD 域以及 EOF 域均由被请求端产生，请求端的 RTR 被显性位覆盖。

④远程帧（请求数据，数据还未准备好，如果 RAK 为隐性位，有 ACK 应答，但无数据回复）如图 4-27 所示。

图 4-27　远程帧

⑤延迟回复数据帧（数据准备好后，对先前远程帧进行数据回复）如图4-28所示。

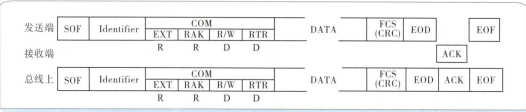

图4-28 延迟回复数据帧

五、VAN数据总线的车身网和舒适网

1. 构成、交换策略、功能的稳定性

（1）VAN车身网

VAN车身网1和VAN车身网2是一个毛速率为62.5 kbit/s的VAN网。

VAN车身网1由以下部分组成：

①驾驶位和前排乘客位的车门电控单元（驾驶员EDP和乘客EDP）。

②天窗电控单元（TO）。

③雨水传感器（CDPL）。

④记忆盒（BDM）。

⑤智能服务器（BSI）（扮演连接车辆其他电控单元的角色）。

VAN车身网2由以下部分组成：

①安全气囊电控单元（RBG）。

②转向盘下开关模块（COM2000）。

③发动机室伺服盒（BSM）。

④智能服务器（BSI）（扮演连接车辆其他电控单元的角色）。

BSI与这些电控单元的信息交换策略属于主从系统类型，每个电控单元不能单独连接BSI，除非事先向BSI发出请求。例如，如果顾客使用操作杆激活这些编码，COM2000是不会向网络发送任何信息的，它要等待BSI向它询问状态，直到BSI的问题到达，COM2000才会回复。就是说只有在对COM2000的回复进行分析以后，BSI才会向BSM发送激活编码的请求。

信息传输是利用定时点对点方式进行的，如有必要也可以辅助以事件方式进行。根据传输信息的频率，信息传输需要的时间更短。

（2）VAN舒适网

VAN舒适网是一个毛速率为125 kbit/s的VAN网。VAN舒适网由以下部分组成：

①组合仪表（CMB）。

②收放机（RAD）。

③多功能显示屏（EMF）。
④空调（CLIM、TDC）。
⑤CD 机。
⑥智能服务器（BSI）（扮演连接车辆其他电控单元的角色）。

BSI 与这些计算机的信息交换策略属于多主系统类型，因为每个计算机即使没有事先向 BSI 发出请求，也能够在网络上交换状态信息。

信息传输也是利用定时点对点方式进行的，如有必要也可以辅助以事件方式进行。根据传输信息的频率，信息传输需要的时间更短。

2. 工作过程

VAN 车身网和 VAN 舒适网的工作过程都要由 BSI 来统一指挥，只有 BSI 能够将 VAN 网置于休眠状态。

VAN 网有两种唤醒方式：

①根据内部事件，BSI 会决定唤醒 VAN 网。为了这样做，它将蓄电池电压连接至 +VAN 线路，向所有运行正常的电控单元发送信息，这就是唤醒过程。当 VAN 网被唤醒以后，所有的电控单元都至多会有数毫秒进行初始化以及连接 VAN 网。

②根据一个电控单元的本地事件，电控单元消耗 DATAB 线上的电流。这一电流由连接 +VAN 到蓄电池电压并唤醒 VAN 网的 BSI 来检测。BSI 随后询问所有的电控单元并检测唤醒网络的电控单元。

相反地，VAN 网进入休眠状态只有一种方式：如果车辆熄火且顾客没有任何操作，BSI 会出于节能需要将系统转入休眠模式。在此之前，它会通知所有的电控单元 +VAN 信号将在 5 s 后切断，以便于这些电控单元能提前保存内部参数。5 s 过后，所有电控单元必须停止运行，并转入休眠状态。BSI 切断 +VAN 信号，系统进入休眠状态。

3. 运行信息标识符

运行信息标识符用于满足功能和诊断的需要，其构成部分如下。

①主题部分：主题定义同一电控单元发出的信息编码（例如，在收音机中，与声音、调谐器、K7 等相关的信息能够传送）。为了满足诊断的要求，每个电控单元中保存两个主题（14 主题，诊断请求；15 主题，诊断回复）。

②发散/点对点部分：发散/点对点域定义信息是否属于发散类型（发给所有电控单元或者点对点发给某一个电控单元）。

③定位部分：当采用发散模式时，定位域定义信息的发送电控单元；否则它定义信息的接收电控单元。

④主/从部分：主/从域定义电控单元所使用的是主部件（1）还是从部件（0）。

4. 诊断信息：故障诊断的概念（检测、储存、删除）

VAN 内部系统网的每个电控单元都在其自身直接的外部设备（计算器入口/多个出口）中管理自己的故障，对其他电控单元不进行监控。相反，为储存已出现的故障用于读取，以及告知售后网点，这一周期需要大概几秒以便故障重现至少几秒（故障审核过程）。在 VAN 网系统里，BSI 在诊断方面起着"桥梁"作用，如图 4-29 所示。

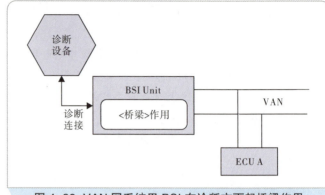

图 4-29 VAN 网系统里 BSI 在诊断方面起桥梁作用

故障在 EEPROM 中检测和储存（在断电后不会丧失的信息）。如果故障重现并持续称为持续性故障。相反地，如果这项故障消失，此故障仍然可以重现，但称为间歇性故障，之所以称为间歇性故障是因为它出现了至少一次。

在 EEPROM 里面，有以下两种方式可以删除故障。

① 通过诊断仪删除：故障（持续的或间歇性的）可以由售后网点借助诊断仪在电控单元中删除。使用这种方法，就必须要给电控单元传送诊断仪删除故障的信息。

② 车辆起动数次以后删除：如果再没有出现任何预计的故障，该故障（间歇性的）将在车辆起动数次以后删除。一旦满足这个条件，电控单元将会自动删除相应的故障。

六、VAN 数据总线在汽车上的应用

VAN 数据总线在汽车上的应用形式主要有两种：一种为单一的 VAN 网络，另一种为 VAN-CAN 混合网络。其中单一的 VAN 网络为多路传输系统。

1. 单一的 VAN 网络

早期开发的车载 VAN 舒适网主要用于汽车舒适性调节，如空调、报警、导航、CD 机、收放机、组合仪表、多功能显示屏、门锁、车窗、车灯等。其主要应用车型有赛纳和毕加索，是单一 VAN 网络的车型。现在应用的 VAN 多功能传输系统中，使用智能控制盒，即中央控制计算机对各功能单元进行控制，如图 4-30 所示。这样既减少了对驾驶员本身素质的依赖，又提高了驾驶和乘车的舒适性及安全性。

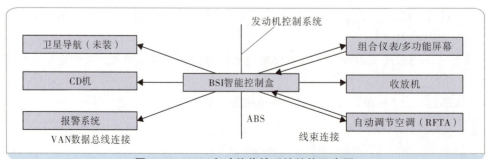

图 4-30 VAN 多功能传输系统结构示意图

2.VAN-CAN 混合网络

为了满足市场对更多功能和更高舒适度的高级车辆的需要，市场上又出现了 VAN-CAN 双网并存的轿车（图 4-31），CAN 数据总线为多主系统网络，用于机械功能、发动机和底盘等。VAN 舒适网用于仪表、收放机、空调控制、导航系统等，为多主控式网络，传输速率为 125 kbit/s。CAN 和 VAN 这两种网络都具有可靠性、简单性和经济性，其中 CAN 网络往往用于连接轿车中实时控制的功能控制系统，VAN 多用在连接车身中的功能控制系统上。

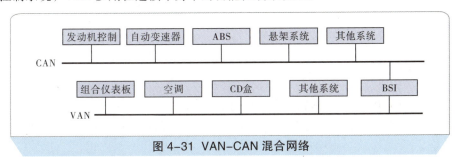

图 4-31 VAN-CAN 混合网络

目前，为了满足功能需要，广泛应用的 VAN-CAN 双网结构出现了"多网"的趋势，其中 VAN 网络又分为舒适 VAN 网和车身 VAN 网，车身网又分为车身网 VAN1 和车身网 VAN2，适用于安全气囊、前照灯、车门、车窗、车门玻璃、座椅以及转向盘等，传输速率为 62.5 kbit/s 的典型速率。

任务二 VAN 数据总线系统的检修

一、故障现象

一辆 2014 款标致 307 手动豪华版汽车，已行驶 20 000 km。在关闭点火开关后，组合仪表、空调控制面板、收音机、行车计算机的背景小灯以及故障指示灯持续点亮，无法关闭。

二、故障诊断与排除

首先用标致汽车专用计算机检测仪读取故障码，故障内容如图 4-32 所示。根据以上的故障调取相关的电路，如图 4-33 所示。

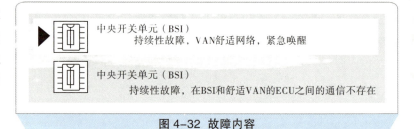

图 4-32 故障内容

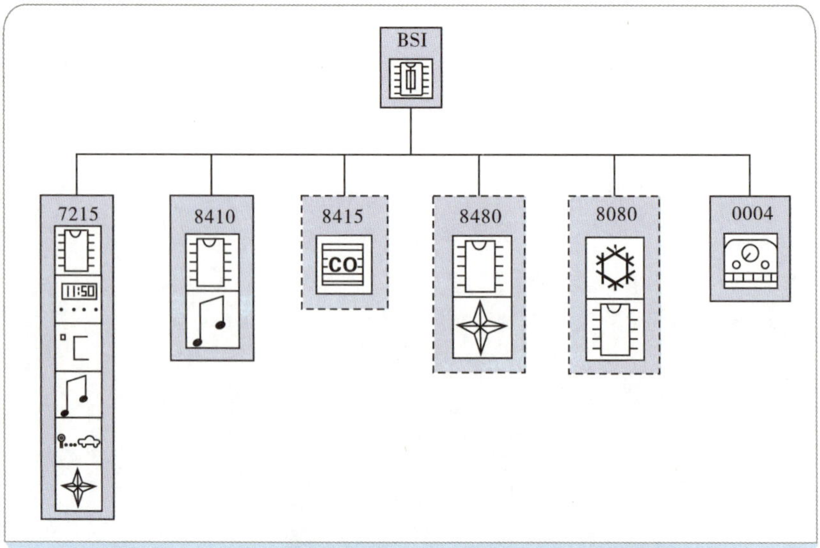

图 4-33 BSI 控制的 VAN 舒适网络总体布置电路图

BSI—智能控制盒；0004—组合仪表；8080—空调控制单元；8415—CD 换碟机；8410—收音机；7215—行车计算机；8480—导航电控单元

通过读取的故障内容和 BSI 控制的 VAN 舒适网络总体布置电路图分析，可以初步推断，可能有以下几点导致该故障出现：

① VAN 舒适网络供电线对正极或接地短路。

② 智能控制盒 BSI 内部电板故障。

③ 行车计算机内部电路故障。

④ 空调控制面板故障。

⑤ 收音机或 CD 换碟机内部电路故障。

⑥ 组合仪表内部电板故障。

通过 BSI 控制的 VAN 舒适网络工作原理图，如图 4-34 和图 4-35 所示，可以看出行车计算机、收音机和 CD 换碟机、空调控制面板、组合仪表的背光灯由控制单元 BSI 舒适网 10 V NR（黑色插头）的 6 号插线提供的 12 V 电压。使用数字万用表对 10 V NR 的 6 号插线检测并没有短路现象。从线路中看出，10 V NR 的 6 号插线由 BSI 控制单元内编号为 F24 的熔丝和 BSI 内部的 R5 继电器（图 4-36）控制。

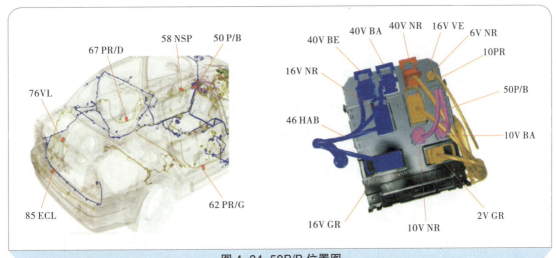

图 4-34 50P/B 位置图

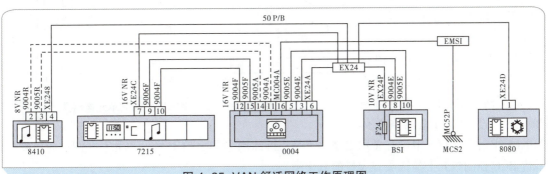

图 4-35 VAN 舒适网络工作原理图

R5 继电器如需通电吸合取决于该网络上的任何一个模块的接地和网络上的网线的导通。所以怀疑连接到舒适网络上的某个元件（组合仪表、行车计算机显示屏、CD 换碟机、收音机和空调控制面板）内部短路接地。因此依次断开并更换了组合仪表、行车计算机显示屏、CD 换碟机、收音机和空调控制面板进行测试，均无效，故障依旧，说明以上这些元件均正常。此时查找故障的思路便又回到了 BSI 控制单元上。由图 4-34 可知，10 V NR 的 6 号插线连接 F24 号熔丝并受 BSI 内部的 R5 继电器控制。所以开始查看 R5 继电器的控制线路，如图 4-36 所示。

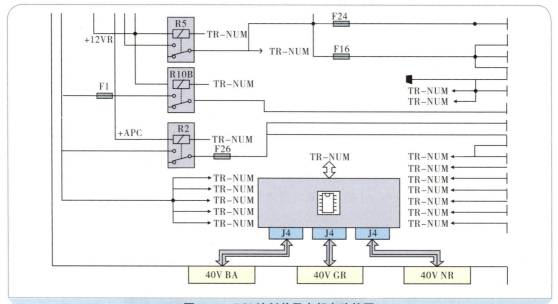

图 4-36 BSI 控制单元内部电路简图

通过 BSI 控制单元内部电路图可以看出，R5 继电器由一编号为 TR-NUM 的芯片控制。同时该芯片连接有 40V BA（白色插头），40V GR（灰色插头）和 40V NR（黑色插头）。根据以上 3 个插头查看相关电路图后，发现 40V GR 的 18 号插线和 20 号插线是通过 9004 A 和 9005 A 两根舒适网线连接至 7500 倒车雷达 ECU 控制单元的（图 4-37）。

此时还发现了网络的供电电压从 BSI 的编号 F24 熔丝出来的供电线不但向 10 V NR 插头的 6 号插线供电，同时也向 16 V NR 插头的 3 号插线供电。3 号插线所连接的另一端也是 7500 倒车雷达 ECU 控制单元。

通过以上线路走向中可以得知，倒车雷达 ECU 控制单元也在 BSI 的舒适网络中，而在之前调取的 BSI 控制的 VAN 舒适网络总体布置电路图（图 4-33）中没有显示出来。于是在拆卸倒车雷达 ECU 控制单元对换测试时，发现倒车雷达 ECU 控制单元上的插头有大量的氧化物。

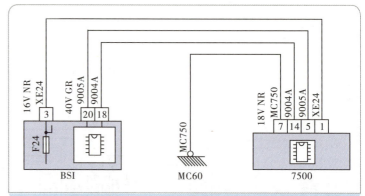

图 4-37 7 500 倒车雷达控制单元电路图

先尝试将插头氧化物处理后，不连接倒车雷达 ECU 试车，故障消失。再插上倒车雷达 ECU 控制单元故障依然出现。分解倒车雷达 ECU 控制单元后发现里面也被大量的氧化物腐蚀。更换一组新的倒车雷达 ECU 控制单元，试车，故障现象消失，仪表上的故障指示灯也熄灭，故障排除。

任务三　LAN 数据总线系统

为了实现信息共享而把多条数据总线连在一起或者把数据总线和模块当作一个系统。新型的凌志 LS430 的几条数据总线间共有 29 块相互交换信息的模块。几条数据总线连接 29 个模块，总线又连接到局域网上，其中还有 3 个接线盒计算机，2 个作为前端模块，1 个作为后端模块，其作用是提供诊断支持（包括接插方便的接头及测试点）。从物理意义上讲，汽车上许多模块和数据总线距离很近，因此被称为 LAN（局域网）。摩托罗拉公司设计的一种智能车身辅助装置网络，被称为 LIN（局域互联网）。

一、LAN 数据总线的定义

为了完整地给出 LAN 的定义，必须使用两种方式：一种是功能性定义，另一种是技术性定义。功能性定义将 LAN 定义为一组台式计算机和其他设备，在物理地址上彼此相隔不远，以允许用户相互通信和共享诸如打印机和存储设备之类的计算资源的方式互连在一起的系统。这种定义适用于办公环境下的 LAN、工厂和研究机构中使用的 LAN。就 LAN 的技术性定义而言，它定义为由特定类型的传输媒体（如电缆、光缆和无线媒体）和网络适配器（也称为网卡）互连在一起的计算机，并受网络操作系统监控的网络系统。

功能性和技术性定义之间的差别是很明显的，功能性定义强调的是外界行为和服务，技术性定义强调的则是构成 LAN 所需的物质基础和构成的方法。

局域网（LAN）的名字本身就隐含了这种网络地理范围的局域性。由于较小的地理范围的局限性，LAN 通常要比广域网（WAN）具有高得多的传输速率。例如，目前 LAN 的传输速率为 10 Mbit/s，FDDI 的传输速率为 100 Mbit//s，而 WAN 的主干线速率国内目前仅为 64 kbit/s 或 2.048 Mbit/s，最终用户的上线速率通常为 14.4 kbit/s。LAN 的拓扑结构目前常用的是总线形和环形，这是由有限的地理范围决定的。这两种结构很少在广域网环境下使用。

LAN 还有高可靠性、易扩缩和易于管理及安全等多种特性。

二、局域网与广域网的区别

广域网（WAN），就是我们通常所说的 Internet，它是一个遍及全世界的网络。局域网（LAN），相对于广域网而言，主要是指在小范围内的计算机互联网络。这个"小范围"可以是一个家庭，一所学校，一家公司，或者是一个政府部门。BT 中常常提到的公网、外网，即广域网；BT 中常常提到的私网、内网，即局域网。

广域网上的每一台计算机（或其他网络设备）都有一个或多个广域网 IP 地址（或者称公网、外网 IP 地址），广域网 IP 地址一般要到 ISP 处交费之后才能申请到，广域网 IP 地址不能重复；局域网上的每一台计算机（或其他网络设备）都有一个或多个局域网 IP 地址（或者称私网、内网 IP 地址），局域网 IP 地址是局域网内部分配的，不同局域网的 IP 地址可以重复，不会相互影响。

广域网（WAN、公网、外网）与局域网（LAN、私网、内网）计算机交换数据要通过路由器或网关的 NAT（网络地址转换）进行。一般情况下，局域网（LAN、私网、内网）内计算机发起的对外连接请求，路由器或网关都不会加以阻拦，但来自广域网对局域网内计算机连接的请求，路由器或网关在绝大多数情况下都会进行拦截。无线局域网 WLAN（Wireless Local Area Network）是把分布在数千米范围内的不同物理位置的计算机设备连在一起，在网络软件的支持下可以相互通信和资源共享的网络系统。通常计算机组网的传输媒介主要依赖铜缆或光缆，构成有线局域网。但有线网络在某些场合要受到布线的限制：布线、改线工程量大；线路容易损坏；网中的各节点不可移动，特别是当要把相离较远的节点联结起来时，敷设专用通信线路布线施工难度大，费用多、耗时长。

这些问题都对正在迅速扩大的联网需求形成了严重的阻塞，限制了用户联网。WLAN 就是为了解决有线网络的以上问题而出现的。WLAN 利用电磁波在空气中发送和接收数据，而无须线缆介质。WLAN 的数据传输速率现在已经能够达到最高 450 Mbit/s，传输距离可远至 20 km 以上。无线联网方式是对有线联网方式的一种补充和扩展，使网上的计算机具有可移动性，能快速、方便地解决以有线方式不易实现的网络联通问题。

三、LAN 数据总线的结构和特点

1.LAN 的结构

LAN 的结构如图 4-38 所示，在汽车内部采用基于总线形式的网络结构，可以达到信息共享、减少布线、降低成本以及提高总体可靠性的目的。通常的汽车网络结构采用多条不同传输速率的总线，分别连接不同类型的节点。汽车控制器局域网（CAN）等通信协议的开发使多个车载局域网（LAN）可通过网关（智能服务器）进行数据通信，实现整车的信息共享和网络管理。

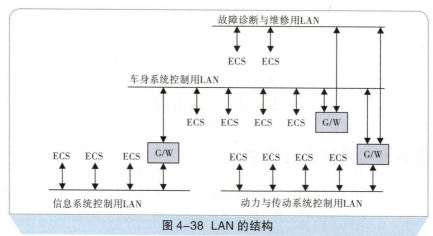

图 4-38 LAN 的结构

G/W—网关；ECS—电控单元或电子控制系统

LAN 数据总线常用的拓扑结构有 3 种：星形、总线型／树形、环形。

（1）星形网络拓扑结构

星形网络即以一台中心处理机为主组成的网络，各种类型的入网机均与该中心处理机由物理链路直接相连，因此，所有的网上传输信息均需通过该机转发，其结构如图 4-39 所示。

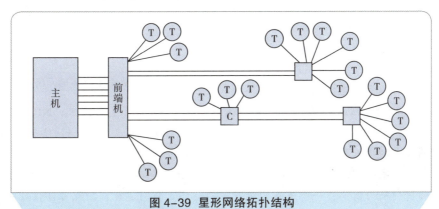

图 4-39 星形网络拓扑结构

C（Concentrator）—集中器；T（Terminal）—终端

星形网络由于其物理结构，使其具有以下特点：构造较容易，适于同种机型相连；通信功能简单，它可以根据需要由中心处理机分时或按优先权排队处理；中心处理机负载过重，扩充困难；每台入网计算机均需与中心处理机由线路直接互连，因此线路利用率不高，信道容量浪费较大。

（2）总线型网络拓扑结构

总线型网络是从计算机的总线访问控制发展而来的，它将所有的入网计算机通过分接头接到一条载波传输线上，网络拓扑结构就是一条传输线，如图 4-40 所示。

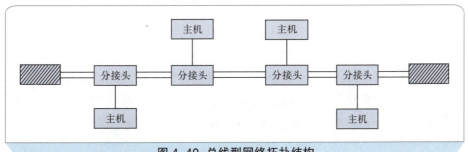

图 4-40 总线型网络拓扑结构

由于所有的入网计算机共用一条传输信道，因此总线型网络的一个特殊问题就是信道的访问控制权的分配。

总线型网络的特点是：由于多台计算机共用一条传输线，因此信道利用率较高；同一时刻只能有两处网络节点在相互通信；网络延伸距离有限；网络容纳节点数受信道访问机制影响，因而是有限的。总线型网络适用于传输距离较短、地域有限的组网环境。目前，局域网多采用此种方式。

（3）环形网络拓扑结构

环形网络通过一个转发器将每台入网计算机接入网络，每个转发器与相邻两台转发器用物理链路相连，所有转发器组成一个拓扑为环的网络系统，如图4-41所示。

环形网络由于其点－点通信的唯一性，因此，不宜在广域范围内组建计算机网络。同时环形网络也是一种较为实用的局域网拓扑结构，尤其是在实时性要求较高的环境。

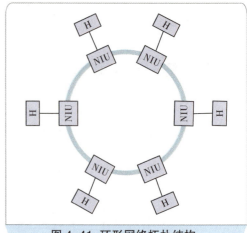

图4-41 环形网络拓扑结构

H（Host）—主机；NIU（Network Interface Unit）—网络接口部件

环形网的主要特点：由于一次通信信息在网中传输的最大时间是固定的，因此实时性较高，每个网上节点只与其他两个节点由物理链路直接互连，因此传输控制机制较为简单；一个节点出故障可能会终止全网运行，因此可靠性较差。

2. LAN 的传输介质

最常见的 LAN 的类型是采用同轴电缆的总线型/树形网络，当然也可以选择采用双绞线、同轴电缆甚至光纤的环形网。LAN 的传输速率为 1～20 Mbit/s，足以满足大部分的应用要求，并且允许相当多的设备共享网络。表4-3所示为这3种传输介质的特性。

表4-3 双绞线、同轴电缆和光纤的主要特性

传输介质	信号类型	最大数据传输速率/（Mbit/s）	最大传输距离/km	网络节点数
双绞线	数字	1～2	0.1	几十
同轴电缆（50Ω）	数字	10		几百
同轴电缆（75Ω）	数字	50	1	几十
同轴电缆（75Ω）	FOM 模拟	20	10	几千
同轴电缆（75Ω）	单信道模拟	50	1	几十
光纤	模拟	100	1	几十

双绞线是局域网中最普通的传输介质，一般用于低速传输，最大数据传输率可达几兆比特每秒。双绞线成本较低，传输距离较近，非常适合汽车网络的情况，也是汽车网络使用最多的传输介质。

同轴电缆可以满足较高性能的要求，与双绞线相比，它可以提供较高的吞吐量，连接较多的设备，跨越更大的距离。

光纤在电磁兼容性等方面有独特的优点，数据传输速率比较高，传输距离远，在汽车网络上有很好的应用前景，尤其是一些要求传输速率高的车上网络，如车上信息与多媒体网络。

3. 介质访问控制协议

LAN 的标准由美国电气和电子工程师协会（IEEE）于 1980 年 2 月成立的专门研究局域网技术并制定相应标准的一个委员会（IEEE 802 委员会）制定，其标准称为 1EEE 802 标准。局域网的目的是使某一区域内大量的数据处理、通信设备相互连接，局域网的拓扑结构并未采用物理上完全连接的方式，而是通过共享传输介质（环形、总线型／树形）或转换开关（星形）实现的。对于共享传输介质的方案，需要一套分布逻辑以控制各联网设备对传输介质的访问，这就是介质访问控制（Medium Access Control，MAC）。当传输介质和拓扑结构选定后，局域网的性能就主要取决于 MAC。

4. LAN 数据总线在汽车上的特点

① 汽车电子控制系统只需一根通信电缆，减少线束连接，减小汽车质量。
② 电子控制系统部件数量减少，使汽车的可靠性增加。
③ 可实现实时故障诊断、测试和报警，实现集中显示、历史查询和故障自诊断等功能，使汽车具有行驶记录仪功能。
④ 电子控制系统的扩展性强，增加电控装置时几乎不需要对原有局域网的软件和硬件进行任何改动。

四、LAN 数据总线的类型

LAN 数据总线的类型如表 4-4 所示。

表 4-4 LAN 数据总线的类型

	名称	通信协议名称	通信速率 /（kbit/s）	应用
车内网络	CAN（控制器局域网）	动力与传动、车身系统控制用 LAN 协议（CAN）	1 000	动力与传动系统、车身系统，欧洲汽车采用
	VAN（汽车局域网）	车身系统控制用 LAN 协议	1 000	车身系统，美国汽车采用
	LIN（汽车局域互联网）	车身控制用 LAN 协议，液压控制组件专用 LAN 协议	20	主要用于开关与操作系统，欧洲汽车采用
	SAEJ1850	车身系统控制用 LAN 协议	10.4	车身系统，美国、日本及欧洲汽车采用
	D2B/Optical	音频系统通信协议	5 600	
车外网络	MOST	信息系统通信协议	22 500	无线通信系统，宝马 7 系列轿车、奔驰 E 系列轿车采用

五、LAN 数据总线在汽车上的应用

1. 别克君威上的高速、中速、低速 GM-LAN 的局域网总线

GM-LAN 是通用公司开发的车载网络通信标准，应用于通用公司的各车型上。GM-LAN 从一

开始开发就由低速、中速、高速3种总线构成,这些总线都基于CAN通信协议,采用同样的数据策略。GM-LAN和UART的主要区别在于,UART依靠总线主控模块信息收发,而GM-LAN的信息收发由各控制模块管理。GM-LAN在物理层/协议上采用3种不同的通信波特率,针对高速通信,采用500 kbit/s的双线CAN数据总线;针对中速通信,采用95 kbit/s的双线CAN数据总线;针对低速通信,采用20～40 kbit/s的单线CAN数据总线。其车载网络系统拓扑结构如图4-42所示。

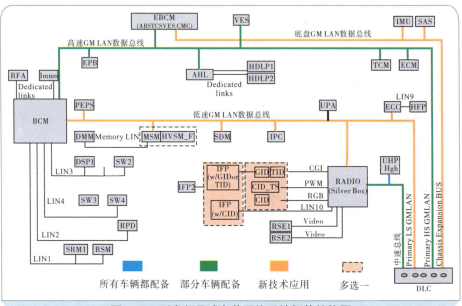

图4-42 别克新君威车载网络系统拓扑结构图

(1) 高速GM LAN数据总线

高速GM LAN数据总线采用高速CAN-BUS通信协议,传输位速率最高为500 kbit/s,双绞线传输链路不具备单线传输功能,传输链路终端为两个120Ω的电阻,信号传输采用差分电压传输方式。

在2009年款别克新君威轿车上应用了两条高速GM LAN数据总线,分别为动力系统高速GM LAN数据总线(High-Speed GM LAN)和底盘系统高速GM LAN数据总线(Chassis-Expansion GM LAN)。动力系统高速GM LAN数据总线连接发动机控制模块(ECM)、变速器控制模块(TCM)和电子制动控制模块(EBCM)。底盘系统高速GM LAN数据总线连接电子制动控制模块(EBCM)、车身控制模块(BCM)、燃油泵控制模块、动力转向模块、前照灯控制模块、驻车制动控制模块、悬架控制模块。动力系统高速GM LAN数据总线结构如图4-43所示,底盘系统高速GM LAN数据总线结构如图4-44和图4-45所示。

(2) 中速GM LAN数据总线

中速GM LAN数据总线(Mid-Speed GM LAN)采用中速CAN-BUS通信协议,传输位速率最高为125 kbit/s,双绞线传输链路,传输链路终端在每个节点内部都有一个120Ω的电阻,信号传输采用差分电压传输方式,主要连接车载电话控制模块、收音机、数字收音机控制模块等信息娱乐系统。中速GM LAN数据总线结构如图4-46所示。

任务三 LAN 数据总线系统

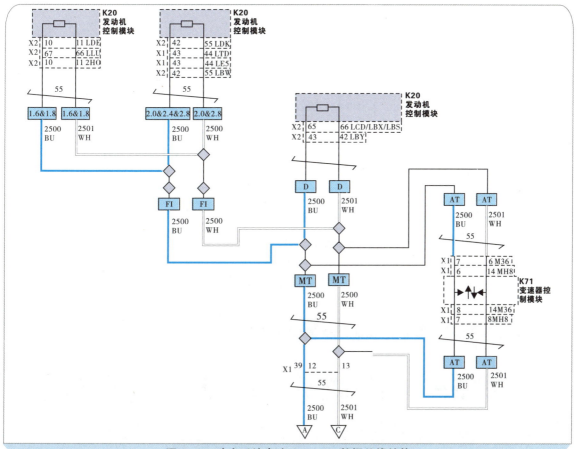

图 4-43 动力系统高速 GM LAN 数据总线结构

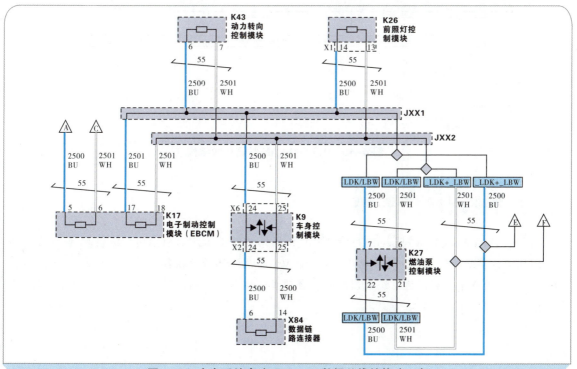

图 4-44 底盘系统高速 GM LAN 数据总线结构（--）

139

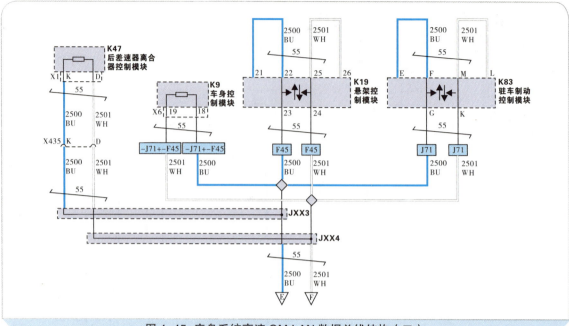

图 4-45 底盘系统高速 GM LAN 数据总线结构（二）

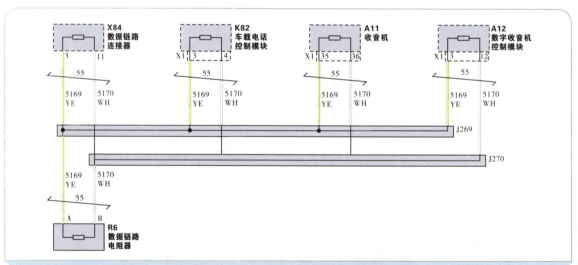

图 4-46 中速 GM LAN 数据总线结构

（3）低速 GM LAN 数据总线

低速 GM LAN（Low-Speed GM LAN）数据总线采用低速 LSCAN，传输位速率最高为 33.3 kbit/s，单线传输链路，信号电压为 0～4 V，当总线切断后在各控制模块有 3.9～9.09 kΩ 的阻值。应用在车身和舒适系统控制照明、自动式电动车窗、刮水器等口。低速 GM LAN 数据总线结构如图 4-47 所示。

任务三　LAN 数据总线系统

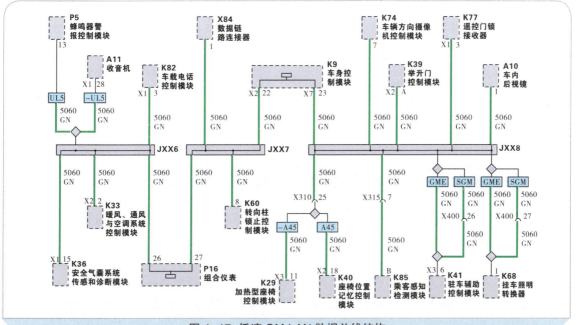

图 4-47　低速 GM LAN 数据总线结构

（4）数据链路连接器 DLC

数据链路连接器 DLC 是标准的 16 脚连接器，如图 4-48 所示，连接器的设计和安装位置符合行业标准。数据链路连接器 DLC 针脚如表 4-5 所示。数据链路连接器有助于技师在诊断过程中接收串行数据。此连接器允许技术人员使用故障诊断仪，以监测各种串行数据参数，并显示故障诊断码信息。数据链路连接器位于驾驶室内、仪表板下面。

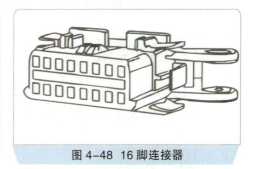

图 4-48　16 脚连接器

表 4-5　数据链路连接器 DLC 针脚

针脚	功能	针脚	功能
1	低速单线 CAN 数据总线	10	LIN3
2	LIN2	11	中速 CAN-L
3	中速 CAN-H	12	底盘 CAN-H
4	接地	13	底盘 CAN-L
5	信号接地	14	高速 CAN-L
6	高速 CAN-H	15	LIN4
9	LIN1	16	供电电源

2. 丰田汽车采用的两种多路传输通信需要的集成电路

丰田汽车采用的供多路传输通信需要的集成电路有通信控制 IC 和总线收发器 IC，都以 SAE J1850 标准的脉宽调制（PWM）编码格式作为基础的通信协议。

通信控制IC的设计与众不同，如有较高的故障自动防护操作和能减少施加在CPU上的额外通信量的特性，IC采用CMOS技术制造，芯片尺寸为5.5 mm×5.5 mm，芯片上约有14 000个晶体管。

总线收发器IC的特点如下：

①在数据传输周期中，能使进入总线中的一对双绞线线芯的电流与总线中另一对线芯的返回电流精确匹配，能抵抗电磁干扰，对车内无线电接收非常有利。

②在数据接收周期中，当总线中的任一对双绞线线芯出现故障时，具有改变数据接收阈值电压的能力。IC采用双极技术制造，在3.0 mm×5.7 mm的芯片上约有700个元件。

3. SAE J1850标准的PWM编码作为两种集成电路通信协议的基础

丰田汽车公司选用SAE J1850标准的PWM编码作为两种集成电路通信协议的基础。从电子控制的角度出发，通信速率越高，汽车的控制性能越好，即大量的数据能在一个单位时间内传输和交换，而使数据通信延迟保持在最低级别。但较高的通信速率，会在高频区不可避免地增大辐射噪声，从而在车内引起无线电接收噪声。采用同轴电缆或光纤能有效地限制辐射和噪声。

目前，选择J1850-PWM作为通信控制IC和收发器IC通信协议的基础。J1850是SAE推荐的作为B类通信的标准，即为专供汽车LAN运行在中等通信速率的标准，也可用作汽车故障诊断的接口协议基础。

4. 丰田汽车按SAE J1850标准设置的两种集成电路的相关规范

（1）主要特征

位速率为41.67 kbit/s，位编码为PWM，总线访问/存取采用具有非破坏性位仲裁及碰撞检测功能的载波监听多路访问/冲突检测（CSMA/CD）技术，传输媒介为双线。

（2）帧格式

J1850-PWM的帧格式如图4-49所示，数据组按字节单位，先安置最高有效位，共12字节（包括CRC和IFR）并允许调节。

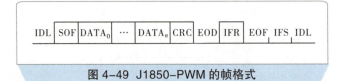

图4-49 J1850-PWM的帧格式

（3）位和符号格式

J1850-PWM的位（数据1或0）和符号格式如图4-50所示。位和符号被限定在24μs的间隔帧或其整数倍帧内，对于各帧的允许误差为±2%。

(4) 传输启动条件

当总线空闲或被检测到的前导脉冲边缘处于帧间空间（IFS）时，允许传输启动。

(5) 非破坏性位仲裁

J1850-PWM 采用非破坏性位仲裁，位仲裁的典型电路如图 4-51 所示。在各个节点上，若给定的至发送器的全部输入信号 TX_n（TX_1、TX_2）为低电平，则连接到总线（+）和总线（-）的全部驱动晶体管都截止。由于下拉电阻与总线（+）相通，因此总线（+）的电压也处于低电平；由于上拉/负载电阻与总线（-）相连，因此总线（-）的电压处于高电平。因此，各个独立节点上的接收器输出低电平。

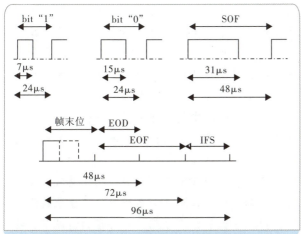

图 4-50 J1850-PWM 的位和符号格式

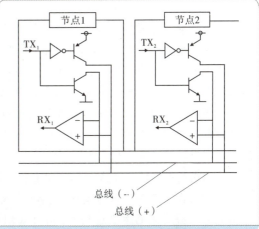

图 4-51 非破坏性位仲裁电路

若在最末节点上给予发送器的输入信号 TX_n 为高电平，则两个对应的驱动晶体管导通，总线（+）的电压处于高电平，总线（-）处于低电平。因此，各个节点上的接收器输出高电平。

接收器输出信号波形如图 4-52 所示。节点 1 和节点 2 能同时启动传输数据，与总线上的 J1850-PWM 相符。对于 J1850-PWM，当位 1 与位 0 相互碰撞时，位 0 占优势（处于支配地位）。

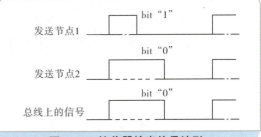

图 4-52 接收器输出信号波形

对于该协议，要求所有节点都具有碰撞检测能力，即使在传输过程或瞬态停止传输过程中都能一直监测总线的状态。如果从某节点输出的波形发生畸变，节点自身能进行发送检测。具有碰撞检测能力的几个节点进行启动传输，其中总有一个节点能在帧未被破坏的情况下完成传输。

因此，通过首选的几位作为优先位，对于各个独立帧有可能赋予理想的优先次序，以确保进位最优先的帧，在最小的等待时间间隔内，甚至是总线最繁忙的情况下获得传输权。能在限定的时间间隔内传输紧急信息非常重要，有了该项技术规范，采用 LAN 设计出的电子控制系统能很好地满足实际需要。

5. 通信控制 IC 的结构特点

通信控制 IC 位于主 CPU 与收发器 IC 之间，用于将 0 和 1 数据流转换为与通信协议相符的格式，或将 PWM 位转换为 0 和 1 数据流。

通信控制 IC 芯片尺寸为 5.4 mm×5.5 mm，含 13 500 个晶体管，采用双层铝 $-2\mu m$ COMS 工艺制造。其结构特点如下。

（1）发送端与接收端的脉冲宽度有差别

判别 PWM 位和符号可参考脉冲宽度，但发送端信号发送的脉冲宽度与接收端的脉冲宽度会有差别。为实现非破坏性位仲裁，以下两点是造成发送与接收端脉冲宽度差异的主要原因：

① 脉冲上升和下降的时间不等。非破坏性位仲裁受发送器赋予的高电平和下拉电阻给予的低电平之间完全不同的驱动力影响。脉冲上升时间取决于总线上的寄生电容量和发送器上的驱动力，而脉冲下降时间取决于总线上的寄生电容量和下拉电阻上的位仲裁驱动力。由于脉冲上升和下降时间的差值较大，因此，脉冲宽度存在差异。

② 在传输位同步电路中，由于延迟造成脉宽扩展。对于非破坏性位仲裁，任一（或全部）正常传输节点上的位传输启动时间在信号碰撞过程中必须重合。这就要求每个独立的节点都具有持续不断地监测总线、检测前导边缘，以及在数据传输过程中能立即发送下一位的能力。但在传输位同步的电路中，从首次检测任一前导边缘，到传送下一位的信号处理通路，若存在任何延迟，则脉冲宽度会相应变宽。

脉冲宽度差别的程度主要取决于 LAN 的电路布局、总线长度和节点数量。由于总线长度和节点数量随车型而异，仅靠发送和接收系统对脉宽变动允许量作为鉴别系统工作可靠性的依据并不充分。若所用的参数遵循 J1850-PWM 规定，则在各种不利条件都同时存在的情况下，要保障非破坏性位仲裁很困难。

为此，丰田汽车公司研制了具有较高可靠性的发送和接收系统，对其传输波形的脉冲宽度做了选择（图 4-53），与图 4-50 相比较，位 1 和 0 的波形有所改变。

另外，接收过程中的抽样点也重新做了选择（图 4-54 中的"△"符号处）。经测定，这些

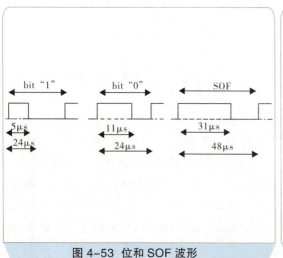

图 4-53 位和 SOF 波形

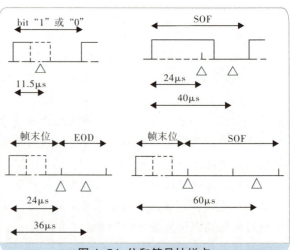

图 4-54 位和符号抽样点

抽样点可以引导每个位和符号的错误识别成为最少的一组。

发生和接收系统的时钟误差容限（±20%）为通过通信 IC 时钟误差的最大允差，在此允差范围内，如果由收发器 IC 和总线组成的信号通路无延迟，则通信正常。延迟容限（6.5μs）是在信号通路中允许的最大延迟级，如果通信 IC 时钟无误差，则信号通路中能有效地建立通信。

（2）配置有故障自检测功能的多种内部控制块

通信控制 IC 内部控制块的配置如图 4-55 所示。各种控制块的功能及特点如下。

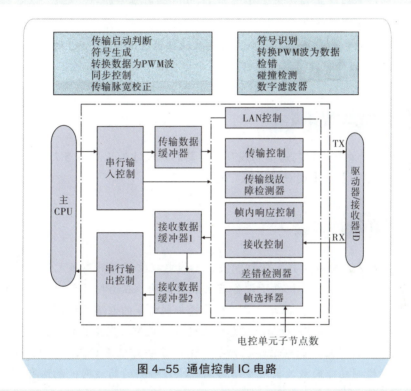

图 4-55 通信控制 IC 电路

① LAN 控制块。LAN 控制块由传输控制块、传输线故障检测器、帧内响应（IFR）控制块、接收控制块、差错检测器和帧选择器组成。

传输控制块转换数据为 PWM 波形以及对数据添加符号。

传输线故障检测器检测通信 IC 是否有信号送出，以便检测通信 IC 在信号接收接柱上发生的断路故障。

IFR 控制块检测传送数据过程中从接收节点收到的帧内响应码。在接收数据过程中，IFR 控制块生成 IFR 码，在发帧过程中如果没有从接收节点获得正确的 IFR 码，通信控制 IC 将自动地重发帧多达 3 次。

接收控制块在接收数据中鉴别符号和位数，同时将其转换为位流 0 和 1，由发送和接收系统完成。传输信号的脉冲宽度和抽样点可通过改变 IC 人工掩膜的铝层达到预期的变换，以精确地与原 J1850-PWM 相适配。接收控制块有机内数字滤波器，用于衰减噪声。由于采用了滤波器，在边缘检测时产生延迟。为确保传输位同步，传输控制块内提供了一种能补偿这种延迟的逻辑能力。

差错检测器检测 CRC 和帧长度错误。

帧选择器检测所接收到的帧是否按要求通过主 CPU，使主 CPU 避免接收不需要的信息，减少进入 CPU 的载荷。

② 串行输入控制块。串行输入控制块属于输入接口，用于发送来自主 CPU 的信号，含有串行输入口和与主 CPU 组成的信号交换控制回路。另外，还有按传输要求通向 LAN 控制块的信号生成回路。

③ 传输数据缓冲器。传输数据缓冲器属于存储缓冲器，存储将要发送的数据帧。

④ 接收数据缓冲器 1 和 2。接收数据缓冲器 1 和 2 属于存储缓冲器，分别存储将要被接收的数据帧。如果经检测的数据和经鉴定传输到主 CPU 的数据无错误，则从 LAN 控制块接收到的数据首先存储在接收数据缓冲器 1 中，然后送入接收数据缓冲器 2。

⑤ 串行输出控制块。串行输出控制块将所接收的数据传送至主 CPU 的输出接口，包括串行输出口和与主 CPU 组成的信号交换控制回路。

6. 收发器 IC 的结构特点

收发器 IC 采用一个直接接口与通信总线互连，其芯片尺寸为 3 mm × 5.7 mm，有 550 个元器件（含晶体管、电阻、电容），采用双级处理工艺。

（1）发送器的结构特点

发送总线与抑制无线电噪声技术密切相关，无线电接收装置的高频元件及所接收的调幅或调频波的噪声特性，会对汽车其他电子设备产生不利影响。在通信过程中，无线电噪声的出现率将成为采用 LAN 的最大障碍。因此，要正确选择抑制噪声的电路结构和方法。

传统的电压驱动法如图 4-56 所示。当总线上的电压逐渐增高至止住（持平）时，总线上的电流方向就突然改变，以此限制电磁干扰辐射。但此方法对采用 CSMA／CD 的 LAN 不利，因为采用具有碰撞检测功能的载波监听多路访问／冲突检测的局域网，允许有一个以上的节点同时传输数据。

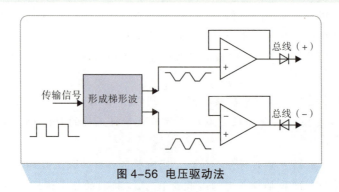

图 4-56 电压驱动法

多节点电路如图 4-57 所示。节点 1 开始传输稍后一点时隙，节点 2 才开始传输。假设总线发送器赋予节点 1 和节点 2 的特性值相同，发送器分配给节点 2 的驱动力达到最大级时，等量电流才分别流入节点 1 和节点 2，此时流入节点 1 的电流仍占 1/2。当节点 2 上的驱动力达到最大级时，位于节点1和节点2之间的电流发生突降，一旦节点2上的驱动力稍微超过了节点1，相应 P 点的电流突降会更陡，此时 CSMA/CD 的 LAN 性能不好。因此，采用传统的电压-驱动法抑制无线电噪声不理想。

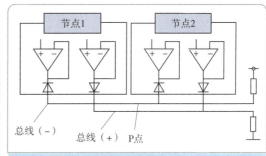

图 4-57 多节点电路

电流驱动法如图 4-58 所示。从通信控制 IC 发送出的脉冲信号，经过梯形脉冲生成电路进行"波形韧化"，再通过电压-电流转换器，将电压转换为电流传送。该电路能确保进入总线（+）的电流能与总线（-）返回的电流精确匹配。电流驱动法直接控制电流量，能保证总线上的电流不再发生突降，即使总线上的电流总量随现行传送数据的节点数量的增加而增大，甚至发生碰撞，电流变化过程也只会经电压钳位器输出。电压钳位器能将总线电压限制到某一固定电平。电流驱动法并不直接控制总线电压，但会控制高电压不出现。因此，电压钳位器对抑制无线电噪声非常有效。

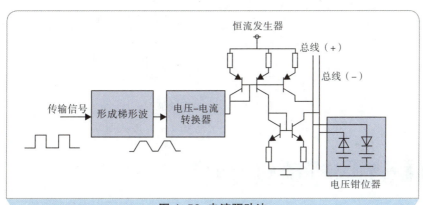

图 4-58 电流驱动法

（2）接收器的结构特点

接收器电路具有故障容错功能，即在绞线对中的某根线断路或短路时，通信仍能继续进行，以增强网络的工作可靠性。接收器控制电路如图 4-59 所示。

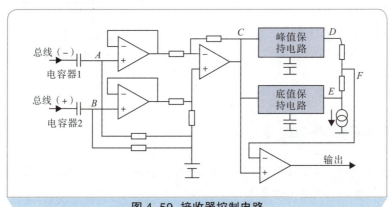

图 4-59 接收器控制电路

通过交流耦合电容器 1 和 2，将通信总线上的电压转换传送至 A 点和 B 点。在 C 点由减法电路产生一个等于 A 点和 B 点间的电位差输出。峰值和底值保持电路在 D 点和 E 点分别储存峰值和底值电压作为模拟信号。在 F 点出现一个等于峰值和底值的平均电压。C 点的电压（A 点和 B 点间的电位差）送给比较器，F 点的电压也反馈给比较器，再由比较器输送至通信控制 IC。该电路能恒定地调节电压至最佳值，以适应通信总线电压变化。

当通信总线处于正常状态时，图 4-59 中各点电压的相应转换如图 4-60（a）所示。当总线（+）对搭铁短路，各点的电压变化如图 4-60（b）所示。若总线（+）对搭铁短路，则总线上电压的幅值变小，虽然噪声容限也随之减少，但还可继续通信。尽管总线（+）对搭铁短路，其输出波形与图 4-60（a）仍完全相同。

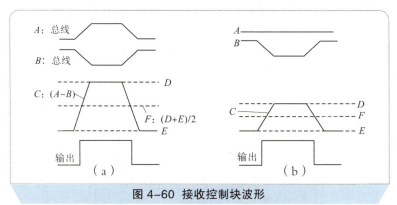

图 4-60 接收控制块波形

（a）正常状态；（b）总线（+）搭铁短路

7. 通信控制与收发器 IC 的使用情况

丰田汽车配置了由 5 个电控单元组成的 LAN 系统，采用了前述的通信和收发器 IC，并用带屏蔽的双绞线电缆作为通信总线，通信总线在车内布置成环形（图 4-61），将 5 个电控单元当作节点与其相连，并分别控制发动机、悬架等，所需的数据有发动机转速、车速等，数据经由环形总线进行传输。

两种 IC 及车内 LAN 通信的效果如下。

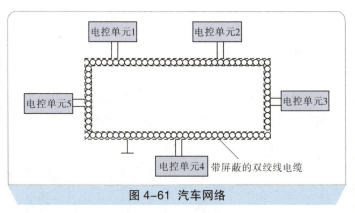

图 4-61 汽车网络

（1）对无线电噪声的抑制能力

经试验台上试验表明，新型收发器 IC 装用在车上比传统的开式集电极电路装用在车上的噪声明显降低，能满足噪声上限规范的要求。

（2）对电磁干扰的承受能力

LAN 能承受电磁干扰，所测值能满足所有频带对应的限值要求。

（3）对电气噪声的抵抗能力

测试评价时，对扬声器、空调、刮水器、照明装置、行李舱开启器等 14 种电气负载各驱动 50 次，伴随着开关负荷产生的噪声进行。测试表明，它能确保检测不大于 8 位的突发差错，因此，即使在有电气噪声存在的情况下，数据也不会被错判。

通信过程中，若生成的电气噪声破坏了通信帧，则通信控制 IC 的重发能力会使总线尽快恢复稳定工况并重发数据。重发也需要时间，但最多延迟一个帧的时间间隔。

电气负载的输入、输出信息通过量很小，测试和评价结果表明电气负载产生的噪声对 LAN 的控制性能影响不大。

（4）对信息通过量与等待时间的测定

通信协议采用非破坏性位仲裁，即使输入、输出信息通过量上升至 100% 也不会发生严重问题，但输入、输出信息通过量增加会使通信/传输等待时间增长。对于汽车控制，传输等待时间过长会出现问题，因此，对于 LAN 网络，需要确定合理的等待时间。

可用检验器测量 LAN 通信量。检验器重复发送最低优先级和最高优先级帧。发送频率调至约每秒一次的较小值，不会影响通信量。测试结果表明，LAN 的传输等待时间的级别不会对汽车控制造成不良影响。

8. 丰田汽车公司除选用 PWM 编码协议外又定义了 NRZ 编码协议

前述的通信控制和收发器 IC 采用 PWM 位编码和双总线系统，主要是针对发动机和悬架等复杂控制对象。而对于车身内部电子控制，如中央门锁、电动车窗、可调倾角的伸缩式转向柱、车内照明设备亮度和刮水器等控制，都没有必要采用高成本复杂的通信 IC，而只需采用较少分立元件的多路复用 IC 和简单的收发器电路以及单总线系统，即可满足车身内部电子控制的需要。

为匹配较简单的多路传输系统，丰田汽车公司又定义了一种功能较少的 NRZ 编码的协议，其主要特征及帧格式如下：

①总线存取方法为具有非破坏性位仲裁及碰撞检测功能的 CSMA/CD。
②位编码为 NRZ。
③位速率为 5 kbit/s。
④数据长为 28。
⑤错误校验为 8 位 CRC（可检测 3 位以内的随机差错）。
⑥传输媒体为单线。

帧格式如图 4-62 所示。

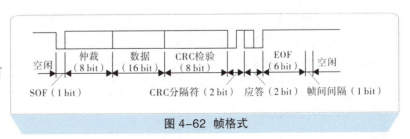

图 4-62 帧格式

任务四　LAN 数据总线系统的检修

在汽车的电子化进程中，为了实现车内电子设备间的通信，车载 LAN 的搭载变成了必不可少的存在。由于车载 LAN 可以进行大量的信息传输，因此它在高速通信方面不可或缺。另外，由于对高可靠性的通信品质的需求，因此会使用大量的独特的车载接口。由于传输信息数量之大，难免会出现一些故障，下面讲解一些常见故障。

一、局域网常见故障及检修

局域网常出现的故障表现为网络不通、网络通信不畅、连接不稳定、配置原因造成网络服务故障等。其检修方法如下。

1. 网络不通

（1）网卡问题

检查网卡指示灯，如不亮，说明网卡损坏，要更换网卡，安装驱动，设置网络参数后，可解决问题。注意在更换时尽量使用同品牌的网卡，防止与其他设备发生冲突，并要安装正确，确保网卡能被该系统支持。如果安装配置后，系统检测时报错或检查不到网卡的配置信息，说明网卡没有正确安装，可拔下重新安装，再设置参数。而如果网卡在重启时能正常检测，但不能同其他机器互联，这可能是由于网络连接设备或网络协议等方面出了问题，可用 Ping 命令进行诊断，找出原因后逐一解决。

（2）双绞线的问题

局域网使用的主要连接介质为双绞线，如双绞线接触不良、断开或线序不符合标准都会造成网络不通。首先检查线路的连接情况，发现接触不良和断开问题应进行处理，重新连接完好。检查双绞线线序排列是否符合要求，可用网线测试仪和 AMP 压线钳重新制作安装，以保证网络通畅。

（3）其他问题

连接插头掉落或接触不良引起网络不通，只要插好即可。交换机或 HUB 电源端口指示灯亮但 Ping 不通，可能是端口损坏，可将连线插入其他交换机端口测试，故障可解决。

2. 网络通信不畅、连接不稳定

网络通信不畅首先查看 HUB 的指示灯状态，如指示灯不停闪烁或常亮黄灯，表示数据包在网络上有堵塞情况，需要检查同一局域网中是否有重复的 IP 地址或局域网 IP 地址分割有交叉，然后逐一检查，将错误更改过来，保证通信畅通。如果所有网线和主机都没有问题，通信仍不畅，那么测量网络设备的地线和中性线之间的电压，当电压超高时表明 HUB 的供电系统有问题，静电太大，干扰了数据信号的正常传输，检查网络设备供电系统的接地线、机壳接地线、修复接地线、及时释放静电，可恢复通信正常。另外，要保证网络通信畅通，HUB 的级联分的不能太多，以防止设备通信速率造成的通信不畅。检测路由器故障，利用 MIB 变量浏览器收集路由器的路由表、端口流量数据、计费数据、路由器 CPU 的温度、负载以及路由器的内存余量等数据。通常情况下网络管理系统有专门的管理进程不断地检测路由器的关键数据并及时给出报警。若网络某条线路突然中断，用 Ping 检查线路在网管中心是否连通，若连续几次 Ping 都出现 Requesttimeout 信息，表明网络不通，可重新拔插连接头，若故障依然有则更换连接器，重新接好即可解决故障。

3. 配置原因造成网络服务故障的解决方法

当网络配置后显示工作站 IP 冲突时，应按事先规划好的 IP 地址表进行核对，检查各台机器的 IP 地址，将错误 IP 设置更改过来，故障即可解决。对于其他原因造成的网络服务不可用时，要首先从主机服务器开始查找原因，检查其网络配置是否正确、是否处于正常工作状态，当这些服务不正常时，应重新设置网络配置并重启服务，保证主机服务正常。接着检查工作站的配置是否设置正常，如有错误重新配置后重启系统，并在登录后用 Ping 进行测试，保证工作站正常使用。对不能通过代理上网的情况，在保证代理服务正常和网络连通的前提下，检查浏览器"Internet 选项"的连接属性，正确设置代理服务器 IP 地址后，即可解决故障。

二、局域网在汽车上故障的检修

以别克君威为例讲解 GN-LAN 故障诊断与检修。

1. 低速 GM-LAN 数据总线的故障诊断

低速、中速 GM-LAN 数据通信如图 4-63 所示。

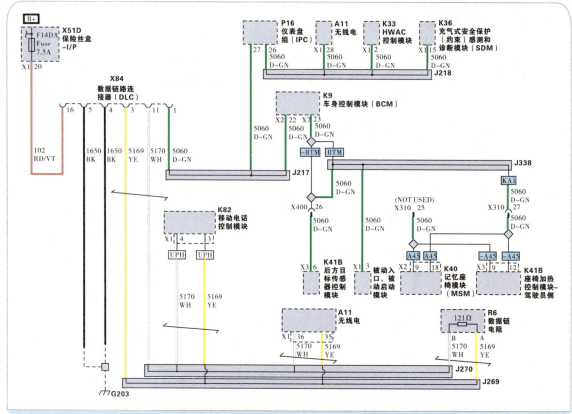

图 4-63 低速、中速 GM-LAN 数据通信

以诊断故障码 "DTC U0100-U0299" 为例，故障诊断步骤如下：

①确定模块没有通信。

②点火开关置于 "OFF" 位置，断开不能通信的模块线束连接器。

③测试每个搭铁电路端子和搭铁之间的电阻是否小于 5 Ω。如果大于规定范围，搭铁电路可能存在开路或电阻过大故障。

④使用测试灯工具，检查并确认每个 B+ 电路端子和搭铁之间的测试灯是否点亮。如果测试灯不点亮，则 B+ 电路可能存在对搭铁短路或开路或电阻过大故障。如果电路熔丝熔断，控制模块可能存在对搭铁短路故障。如果电路测试正常，则更换控制模块。

⑤点火开关置于 "ON" 位置，使用测试灯工具，检查并确认每个电路端子和搭铁之间的测试灯点亮。如果测试灯不点亮，测试点火电路可能存在对搭铁短路或开路或电阻过大故障。如果电路熔丝熔断，控制模块可能存在对搭铁短路故障。如果电路测试正常，则更换控制模块。

⑥点火开关置于 "ON" 位置，使用测试灯工具，检查并确认通信启用电路或附件唤醒电路的端子与搭铁之间的测试灯点亮。如果测试灯未点亮，电路可能存在开路或电阻过大故障。如果电路测试正常，则更换车身控制模块。

⑦点火开关置于 "OFF" 位置 60 s，在低速 GM-LAN 串联数据端子 11 和数据链路连接器端子之间测量电阻，如果大于规定的范围，串行数据电路在不通信的控制模块和设置故障码或者串行数据电路星形连接器之间可能存在开路或电阻过大故障。

⑧如果所有电路测试结果都正常，则更换不通信的控制模块。

2. 中速 GM-LAN 数据总线的故障诊断

以诊断故障码"DTC U0074 控制模块总线 B 关闭"为例，故障诊断步骤如下：

①使用故障诊断仪，尝试与中速 GM-LAN 串行数据电路的所有控制模块通信。在中速串行数据电路上，两个或多个控制模块应不可以通信。

②将故障诊断仪从数据链路连接器上断开，在数据链路连接器上进行测试。

③关闭所有的检修孔盖，关闭点火开关 60s，测试搭铁电路端子 5 和搭铁之间是否小于 10 Ω。如果大于规定范围，搭铁电路可能存在开路或电阻过大故障。

④点火开关置于"ON"位置，测试串行数据电路端子 3、端子 11 与搭铁之间的电压是否低于 3V。如果高于规定范围，则串行数据电路可能存在对电压短路故障。

⑤点火开关置于"OFF"位置 60 s，测试串行数据电路端子 3、端子 11 与搭铁之间的电阻是否大于 100 Ω。如果不是规定值，则串行数据电路可能存在对搭铁短路故障。

⑥在串行数据电路端子 3 和端子 11 之间进行电阻测量。如果电阻小于 35 Ω，则串行数据电路之间可能存在短路故障。如果为 35~50 Ω，在串行数据电路上也许会有第 3 个终端电阻。如果安装了不正确的控制模块，就会发生这种情况。一些控制模块在有或没有安装终端电阻时都可用来减少线束上对终端电阻的需求。如果大于 70 Ω 但不是无穷大，串行数据电路可能存在开路或电阻过大故障；如果为无穷大，在数据链路连接器上的串行数据电路和第一个串行数据连接的电路可能存在开路故障。

3. 高速 GM-LAN 数据总线的故障诊断

以诊断故障码"DTC U0002 高速 CAN 数据总线"为例，故障诊断步骤如下：

①使用故障诊断仪，确认没有设置故障码 DTC U0100-U0299 或 U2105-U2199。如已设置故障诊断，则需要进行相应的诊断系统检查。

②点火开关置于"OFF"位置，测试搭铁电路和搭铁之间的电阻是否小于 5 Ω。如果大于规定范围，电路可能存在开路或电阻过大故障。

③点火开关置于"OFF"位置，断开相应模块的线束连接器。

④点火开关置于"ON"位置，使用测试灯工具，确认相应模块的以下电路和搭铁之间的测试灯点亮：

- 蓄电池正极电压输入电路。
- 蓄电池正极电压输出电路。
- 点火电压输入电路。
- 点火电压输出电路。
- 开关控制的蓄电池正极电源电路。

如果测试灯未点亮，电路可能存在开路或电阻过大故障。如果电路熔丝熔断，电路可能存在对搭铁短路故障。如果电路测试正常，则相应控制模块可能存在故障。

⑤点火开关置于"OFF"位置，测试在不通信模块 GM-LAN 串行数据电路和报告故障码模块电路之间的电阻是否小于 5Ω。如果大于规定范围，电路可能存在开路或电阻过大故障。

⑥如果所有电路测试结果都正常，则更换相应控制模块。

4. GM-LAN 数据总线故障检修

以诊断故障码"DTC U0100 — U0299"为例，故障诊断步骤如下：

①确定模块没有通信。

②点火开关置于"OFF"位置，断开不能通信的模块线束连接器。

③测试每个搭铁电路端子和搭铁之间的电阻是否小于 5 Ω。如果大于规定范围，搭铁电路可能存在开路或电阻过大故障。

④使用测试灯工具，检查并确认每个 B+ 电路端子和搭铁之间的测试灯是否点亮。如果测试灯不点亮，则 B+ 电路可能存在对搭铁短路或开路或电阻过大故障。如果电路熔丝熔断，控制模块可能存在对搭铁短路故障。如果电路测试正常，则更换控制模块。

⑤点火开关置于"ON"位置，使用测试灯工具，检查并确认每个电路端子和搭铁之间的测试灯点亮。如果测试灯不点亮，测试点火电路可能存在对搭铁短路或开路或电阻过大故障。如果电路熔丝熔断，控制模块可能存在对搭铁短路故障。如果电路测试正常，则更换控制模块。

⑥点火开关置于"ON"位置，使用测试灯工具，检查并确认通信启用电路或附件唤醒电路的端子与搭铁之间的测试灯点亮。如果测试灯未点亮，电路可能存在开路或电阻过大故障。如果电路测试正常，则更换车身控制模块。

⑦点火开关置于"OFF"位置 60 s，在低速 GM-LAN 串联数据端子 11 和数据链路连接器端子之间测量电阻，如果大于规定的范围，串行数据电路在不通信的控制模块和设置故障码或者串行数据电路星形连接器之间可能存在开路或电阻过大故障。

⑧如果所有电路测试结果都正常，则更换不通信的控制模块。

任务五　MOST 数据总线的结构与传输

MOST 多媒体网络技术的产生，是为了新的多媒体设备应用在汽车上，以及其他诸如以流媒体传输效率为主要目标而设计的。拥有智能高速网络的塑料光纤 MOST 协议可以解决众所周知的传统模式错综复杂的布线、烦琐的连接器、陈旧的控制以及厚重的铜线等不能满足现代汽车外围设备需要的这些矛盾。

一、MOST 数据总线系统的定义

如图 4-64 所示，MOST 是 Media Oriented System Transport 的英文缩写，含义为媒体定义系统传输，代表一个以多媒体为主的数据传送网络，即该系统将符号地址的信息传送到某一接收器上，这点与 CAN 数据总线是不同的。MOST 是一个标准的高速数据传送系统，利用光导纤维作为信息传导媒介，采用环形拓扑结构进行数字信号的传输。MOST 可以传送同步数据（音频信号、视频信号等流动型数据）、非同步数据（访问网络及访问数据库等的数据包）和控制数据（控制报文及控制整个网络的数据）。

图 4-64　MOST 的定义

二、MOST 数据总线系统的发展历程

MOST 联盟是由 BMW、Daimler Chrysler、Harman-Becker 和 OASIS Silicon Systems 公司（被 SMSC 收购）于 1998 年共同建立的联盟，旨在促进 MOST 技术成为多媒体网络的通用标准。

2001 年，MOST 技术首次应用在德国宝马 BMW 的 7 系车型上。

2003 年，MOST 的传控网络技术逐步扩展，至少有 10 种的欧洲量产车采用了 MOST 技术。

2006 年，MOST 联盟包括 16 家汽车制造商，其中有奥迪、保时捷、奔驰、宝马、富豪、绅宝、戴姆勒克莱斯勒、菲亚特、现代、萨博、沃尔沃、雪铁龙、标致等，以及 60 多家汽车组件供应商。MOST 联盟成员之一丰田汽车公司牵头的工作组制定了 MOST 电气物理层规范。

从 MOST 分布规模看，欧洲车种采用最多，达 58%。奔驰 E 系列和 S 系列、宝马 7 系列、保时捷、奥迪 A8、沃尔沃 XC-90 是较早布置 MOST 技术的车型。奥迪 Q7、宝马 E65 等是 MOST 应用的典型车型。

随着 MOST 架构的稳健可靠特性在汽车领域渐受瞩目，MOST 技术于 2007 年在亚洲市场获采用。2010 年，MOST 技术已被全球 100 种车型采用。这是自 2001 年在欧洲推出首款 MOST 车型以来 9 年内取得的重大成就，全球已有近 12% 的汽车采用了 MOST 技术，这一数字几乎占了全球轻型汽车产量的一半。

三、MOST 数据总线的传输媒介

MOST 数据总线的传输媒介是光导纤维，光导纤维的任务是将某一控制单元发射器内产生的光波传送到另一个控制单元的接收器。

1. 光导纤维的特点

①光波在光导纤维中传送时的衰减很小。
②光波是直线传播的，且不可弯曲，但光波能通过弯曲的光导纤维来传送。
③光导纤维是柔性的，光导纤维在安装和振动中不能被损坏。
④在 -40 ~ +85 ℃ 的温度范围内，光导纤维能保证功能，适应车内的各种温度变化。

2. 光导纤维的结构

最常用的光导纤维有塑料光缆和玻璃光缆。与玻璃光缆相比，塑料光缆具有下列优势：纤维横截面面积更大，简化了技术制造过程；对灰尘相对不敏感；更易于使用，因为塑料不会像玻璃那样破碎；更易于处理，能够剪切、打磨或熔化；成本低廉。因此，汽车上一般采用塑料光缆。

如图 4-65 所示，光导纤维是一根较细的圆柱形塑料纤维，外面包裹着一层较薄的护皮。真正的光缆包裹在护皮材料内，护皮材料仅起到保护光缆本身的作用。

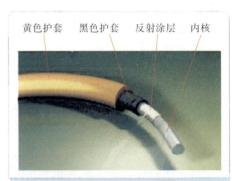

图 4-65 光导纤维结构图

3. 光导纤维中光波的传送

如图 4-66 所示，由控制单元产生的电信号在一个发送组件内转化为光信号后射入光导纤维内。纤维内芯用于传导光波。纤维内芯外裹着一层护皮，以免光线溢出芯外。护皮可反射光线，从而使光线继续在芯内传送。光线以此方式经过光导纤维，通过一个接收组件光线再次转化为电信号。

如图 4-67 所示，塑料光缆的弯曲半径不得小于 50 mm，50 mm 大约相等于一个饮料瓶的直径。弯曲半径更小时会影响光缆的性能，甚至造成塑料光缆完全损坏。光线会从过度弯曲部位射出，因为此处无法正确反射光线。

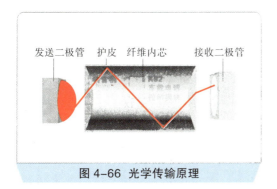

图 4-66 光学传输原理

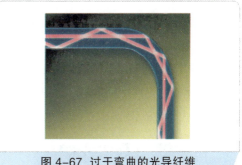

图 4-67 过于弯曲的光导纤维

如图 4-68 所示，扭结光缆会损坏纤维内芯和护皮，部分光线会在扭结部位发生散射，从而造成传输损失，即使仅仅短暂扭结过一次，也会损坏光缆；挤压光缆可能会造成光导横截面永久变形，传输时就会丢失光线，所系电缆扎带过紧也可能会造成这种挤压；光缆上的摩擦部位会造成光线损失或使外部光线射入，系统就会受到干扰或完全失灵；光缆过度伸长会使芯线拉长并减小纤维内芯横截面面积，从而减少通过的光量，拉伸光缆时同样可能造成光缆损坏。

为了能使传输过程中的损失尽量小，光导纤维的端面应光滑、垂直、洁净，只有使用专用的切割工具才能达到上述要求。如图 4-69 所示，切割面上的污垢会妨碍光线射入和射出，并吸收光线，造成衰减程度过大。端面有划痕时会使到达该处的光线形成散射，从而减少到达接收装置的光线。

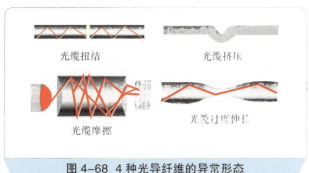

图 4-68 4 种光导纤维的异常形态　　　　图 4-69 光导纤维的端面有污物或划痕

4. 光导纤维专用插头

为了能将光导纤维连接到控制单元上，人们使用了一种专用插头。如图 4-70 所示，插塞连接上有一个信号方向箭头，它表示输入方向（通向接收器）。插头壳体就是与控制单元的连接处。光通过纤芯的端面传送到控制单元的发射器／接收器。在生产光导纤维时，为了将光导纤维固定在插头壳体内，使用了激光焊接的塑料端套或黄铜端套。

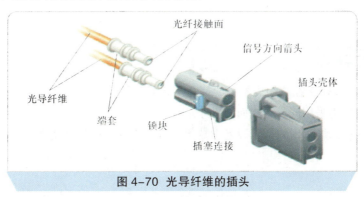

图 4-70 光导纤维的插头

四、MOST 数据总线系统的特点

MOST 数据总线的光纤传输技术是一种无源光学技术。无源光学技术，是指系统的光信号在光纤中进行传输时，不能中继放大或中继产生能量。

MOST 数据总线的主要特点如下。

1. 质量小、占用空间小

MOST 数据总线系统采用聚甲基丙烯酸甲酯（俗称"有机玻璃"）制造的塑料光纤作为传输媒介。这相比于采用银芯电缆的其他总线来说，在提供相同传输频宽时，能减轻质量约 4.5 kg，节省长度约为 250 m 的线束。这对减少汽车油耗以及整车设备的布置有一定的意义。

2. 抗电磁干扰能力强

MOST 数据总线采用光纤为媒介在传输信号时，是以光为信号进行的，不会出现线间串扰与电磁辐射的情况，故系统工作的稳定性与可靠性能够得到保障。

3. 传输速率高

MOST 数据总线采用光纤在传输数据时，其传输速率可达约 25 Mbit/s，明显高于其他总线的传输速率（如 CAN 数据总线的传输速率仅为 500 kbit/s），从而保证了系统优良的工作品质。

4. 支持即插即用机制

MOST 网络运行时可直接加插装置或移除装置，增加扩充、维修及使用等各方面的便利性。

5. 环形拓扑结构

MOST 数据总线大多基于环形拓扑结构，从而允许共享多个发送和接收器的数据。此外，MOST 也允许改成星形（又称放射形）或双环形的连接组态。MOST 数据总线主控制器（通常位于汽车音响主机处）有助于数据采集，所以该网络可支持多个主拓扑结构，在一个网络中最多高达 64 个主设备。

6. 节约成本

值得一提的是，MOST 在节约成本上的努力不仅是在线路材质上，使用塑料光纤的节约法只是其一，传输方面也因为采用同步方式而有助于节约成本。

由于 MOST 数据总线采用的是无源光学技术，因此也存在信号自然衰减的缺点。

五、MOST 数据总线系统的结构类型和控制原理

1. MOST 数据总线数据的类型

在 MOST 网络中，传输的信息有同步数据、异步数据和控制数据 3 种类型，分别由一个信息帧的同步数据场、异步数据场和控制数据场传送，如图 4-71 所示。数据传输速率如图 4-72 所示。

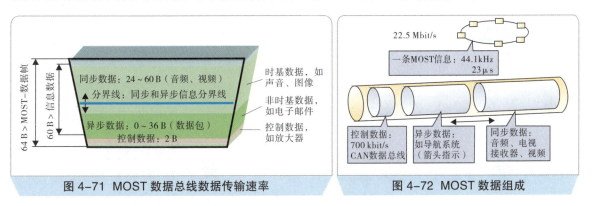

图 4-71 MOST 数据总线数据传输速率　　图 4-72 MOST 数据组成

同步数据场用于传送实时数据，数据访问采用分时多路传输（TDM）方式。在一个帧中，异步传输用于传送访问网络及访问数据库等的数据包。控制数据场传输媒体控制和其他控制用数据。控制通道的协议采用 CSMA 访问方式。

2. MOST 的基本结构

（1）MOST 节点结构

MOST 标准的节点结构模型如图 4-73 所示。MOST 网络可以连接基于不同内部结构和内部实现技术的节点，其拓扑结构可以是环形网、星形网或菊花链。MOST 网络上的设备分享不同的同步和异步数据传输通道，不同类型的数据具有不同的访问机制。

MOST 网络有集中管理和非集中管理两种模式。集中管理模式的管理功能由网络上的一个节点实施，当其他节点需要这些服务时，必须向该节点申请；非集中管理模式的网络管理分布在网络上的节点中，不需要这种中心管理。

MOST 网络由 MOST 连接机制、MOST 系统服务和 MOST 设备 3 个方面决定。MOST 网络启动时，为每一个网络设备分配一个地址；数据传输时，通过同步位流实现各节点的同步。

（2）MOST 设备

连接到 MOST 上的任何应用层部分都是 MOST 设备。因为 MOST 设备建立在 MOST 系统服务层上，可应用 MOST 网络提供的信息访问功能以及位流传送的同步频道和数据报文异步传送功能，向系统申请用于实时数据传送的带宽，同时还可以以报文形式访问网络和发送/接收数据。MOST 网络中的设备可以协同工作，同时传送数据流、控制信息和数据报文。

MOST 设备包括节点应用功能块、网络服务接口、发送器/接收器及物理层接口，如图 4-74 所示。MOST 设备可有多个功能块，当使用 CD 时，需要有播放、停止以及设置播放时间等功能，由外部访问。

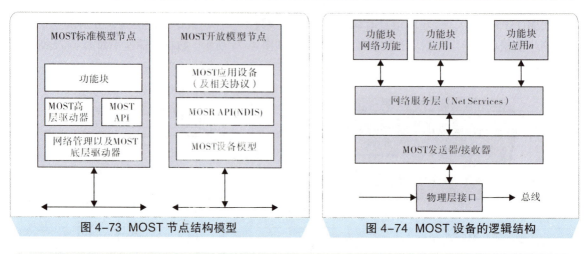

图 4-73 MOST 节点结构模型

图 4-74 MOST 设备的逻辑结构

典型 MOST 设备的硬件结构如图 4-75 所示。其中，RX 表示输入信号，TX 表示发送信号，Ctrl 表示控制信号。对于一些简单的设备，可以没有微控制器部分，由 MOST 功能模块（MOST 发送器/接收器）直接将应用系统连接到网络。

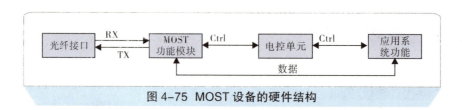

图 4-75 MOST 设备的硬件结构

MOST 数据总线电控单元结构如图 4-76 所示。

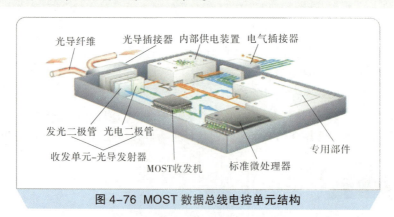

图 4-76 MOST 数据总线电控单元结构

①光导纤维、光导插接器。光信号通过光导纤维和光导插接器送入电控单元，或传至下一个总线用户。

②电气插接器。电气插接器用于供电、自诊断以及输入/输出信号。

③内部供电装置。来自电气插接器的信号由内部供电装置送到各部件，可单独关闭电控单

元内的某一部件，以降低静态电流。

④收发单元-光导发射器（FOT）。收发单元-光导发射器由一个光电 LED 和一个发光 LED 构成，光信号由光电 LED 转换成电压信号后传至 MOST 收发机，再经发光 LED 将 MOST 收发机的电压信号转换成光信号。光波波长为 650nm，是可见红光。数据经光波调制后传送，调制后的光波经由光导纤维传到下一个电控单元。

⑤MOST 收发机。MOST 收发机由发射机和接收机两个部件组成。发射机将要发送的信息作为电压信号传至光导发射器；接收机接收来自光导发射器的电压信号，并将所需的数据传至电控单元内的标准微控制器。其他电控单元不需要的信息由收发机传送，不经标准微控制器，直接将这些信息发送给下一个电控单元。

⑥标准微控制器。标准微控制器是电控单元的核心元件，其内部有一个微处理器。

⑦专用部件。专用部件用于某些特殊功能，如 CD 播放机和收音机调谐器。

3.MOST 数据总线系统的工作状态

图 4-77 为 MOST 数据总线的 3 种工作状态，具体如下。

（1）休眠模式

休眠模式时 MOST 数据总线上没有数据交换，系统处于待命状态，只能由系统管理器发出的光启动脉冲来激活，此时静态电流被降至最小值。

休眠模式的激活条件如下：

①MOST 数据总线系统上的所有控制单元都已准备好要切换到休眠状态。

②其他数据总线系统没有通过网关提出任何要求。

③自诊断未激活。

在上述条件下，MOST 数据总线可通过下述方法切换到休眠状态：

①在起动蓄电池放电时，由蓄电池管理器经网关切换到休眠状态。

②通过自诊断仪器激活"传输模式"。

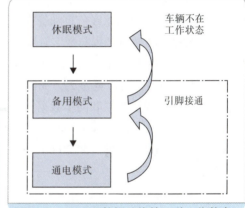

图 4-77 MOST 数据总线的 3 种工作状态

（2）备用模式

备用模式时系统无法提供任何功能，类似于系统关闭。此时 MOST 数据总线系统在后台运行，但所有的输出装置（如显示屏等）都不工作或不发声。这种模式在起动及系统持续运行时被激活。

备用模式的激活条件如下：

①由其他数据总线通过网关激活。

②由 MOST 数据总线上的某个控制单元激活。

（3）通电模式

控制单元完全接通，MOST 数据总线上有数据传输，可使用系统所有功能。

进入通电模式的条件如下：

① MOST 数据总线处于备用状态。

② 其他数据总线通过网关激活。

③ 通过用户的功能选择激活。

4.MOST 控制原理

MOST 数据总线采用环形结构，如图 4-78 所示。电控单元通过光导纤维沿环形方向将数据发送到下一个电控单元，该过程持续进行，直至首先发出数据的电控单元又接收到这些数据为止，即形成一个封闭环。MOST 数据总线通过数据总线自诊断接口和诊断 CAN 对自身进行诊断。

系统管理器与诊断管理器同时进行 MOST 数据总线内的系统管理。系统管理器用于控制系统状态、发送 MOST 数据总线信息和管理传输容量。

控制数据和传感器数据与数字音频信号和视频信号图形最大的区别在于数据容量，数字音频信号和视频信号的数据容量非常大（15 Mbit/s），采用高速 CAN（1 Mbit/s）也无法及时、快速地传递。

MOST 目前提供的带宽为 22.5 Mbit/s。为了满足数据传输的各种不同要求，每一个 MOST 信息分为控制数据、异步数据和同步数据 3 部分。

MOST 通道的带宽为 700 kbit/s，相当于 2 700 条 /s 信息。其中有 60 bit/s 可用于传输同步或异步数据，其比例是可变的，如 20 bit/s 同步数据和 40 bit/s 异步数据。

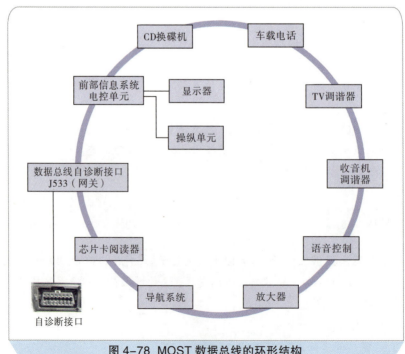

图 4-78 MOST 数据总线的环形结构

5.MOST 数据总线的诊断功能

（1）诊断管理器

除系统管理器外，MOST 数据总线还有一个诊断管理器，执行环形中断诊断，并将 MOST 数据总线上的电控单元诊断数据传送给诊断电控单元。

（2）系统故障

若数据传递在 MOST 数据总线上的某一位置处中断，由于总线是环形结构，因而称为环形中断。发生环形中断的原因如下：
①光导纤维断路。
②发射器或接收器电控单元出现供电故障。
③发射器或接收器电控单元损坏。

（3）环形中断诊断

若 MOST 数据总线出现环形中断，则无法进行数据传递，其影响如下：
①音频和视频播放终止。
②通过多媒体操纵单元无法控制和调整。
③诊断管理器的故障存储器中存有"光纤数据总线断路"故障。
此时需使用诊断线进行环形中断诊断，以确定环形中断的具体位置。诊断线通过中央集线器与 MOST 数据总线上的各个电控单元相连。

环形中断诊断开始后，诊断管理器通过诊断线向各电控单元发送一个脉冲，该脉冲使所有电控单元用光导发射器内的发射单元发出光信号。在此过程中，所有电控单元进行自身供电及其内部电子控制，从环形总线上的前一个电控单元接收光信号。

MOST 数据总线上的电控单元在一定时间内会应答，时间的长短由电控单元软件确定。从环形中断诊断开始到电控单元做出应答有一段时间间隔，诊断管理器根据这段时间的长短即可判断已做出应答的电控单元。

环形中断开始后，MOST 数据总线上的电控单元发送两种信息：电控单元电气部分正常，即电控单元功能正常，如供电情况；电控单元光学部分正常，即电控单元的光电 LED 接收到环形总线上位于其前面电控单元发出的光信号。诊断管理器通过上述信息可识别系统是否有电气故障及电控单元之间的光导数据传递是否中断。

（4）信号衰减增大的环形中断诊断

环形中断诊断只能用于判定数据传递是否中断。诊断管理器的执行元件诊断还可通过降低光功率进行环形中断诊断，用于识别增大的信号衰减。通过降低光功率进行环形中断诊断，其过程与使用诊断线进行环形中断诊断相同。但电控单元接通光导发射器内的发光 LED 时有 3dB 的衰减，即光功率降低一半。若光导纤维信号衰减增大，则到达接收器的光信号会非常弱，接收器会报告"光学故障"，于是诊断管理器即可识别出故障点，并且在用检测仪查寻故障时会提供相应的帮助信息。

（5）利用光学备用电控单元 VAS6186 进行 MOST 数据总线测试

如果一个 MOST 数据总线电控单元被认为出现了故障，可在该位置拆下电控单元，并连接光学备用电控单元 VAS6186。若 MOST 回路再次正常工作，则拆下的电控单元发生故障。

六、MOST 在汽车上的应用

汽车行业已将 MOST 技术作为汽车媒体的一个标准。MOST 性能可靠、成本低、系统简单、结构灵活、数据兼容性好和 EMI 性能良好，为将来随时加入新媒体设备节点提供了基础，尤其适合于车载媒体和信息设备的声控技术应用。

随着车载信息设备的不断增加，驾驶中使用这些设备的情况越来越多，通过声控系统访问这些设备是最安全和最经济的方式，是将来车载设备使用的首选人机接口方式。通过 MOST 网络把人机语音接口与车载媒体设备、通信设备以及其他信息设备连接起来，是实现车载设备语音访问技术的有效方式。

下面以宝马 E65 轿车的光纤通信系统为例，介绍 MOST 在汽车上的应用。

1. MOST 的组成

MOST 网络的每个电控单元内都装有一个电光转换器、光信号发射器光电转换器和光信号接收器，电控单元之间通过光纤连接，发射器和接收器具有光电发射器和光信号接收器的低休眠电流特征，能通过 MOST 数据总线由光信号唤醒。MOST 环形总线的结构为两个电控单元之间以光学方式点对点连接，如图 4-79 所示。

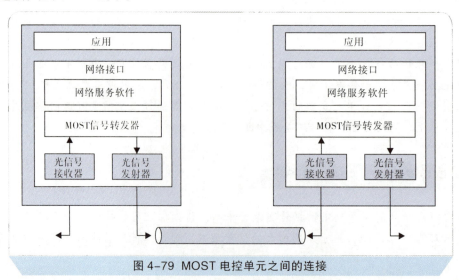

图 4-79 MOST 电控单元之间的连接

（1）光信号发射器

光信号发射器中装有一个驱动装置，驱动装置向一个 LED 供电，LED 向 MOST 数据总线发送 650 nm 红色可见光信号，重复频率为 44.1 MHz。

（2）光信号接收器

光信号接收器接收 MOST 数据总线的数据，主要由 LED、前功率放大器、唤醒电路、将光信号转换为电信号的接口等组成。在光信号接收器中，LED 将光信号转换为电信号，信号放大后，在 MOST 网络接口上进一步处理。

（3）MOST 光缆

MOST 数据总线采用塑料光缆，宝马 E65 轿车 MOST 数据总线用绿色作为特征标记，如图 4-80 所示。

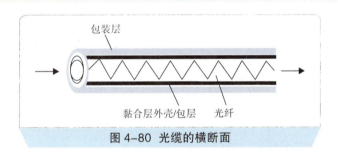

图 4-80 光缆的横断面

2. 电话

在宝马 E65 上可根据国家规格（LA）或作为选装装备（SA）安装一部全球移动通信系统（GSM）电话，带有无线按键式听筒（SBDH）的电话机座；另一个选择装备是用于后座区的串联电话设备，该电话的发射功率最大为 8W。

（1）注册或注销 SBDH 程序

SBDH 在出厂时已分配给收发器，若打开一个尚未分配给一个系统的新 SBDH，则会在话筒显示器中出现"Please Login"字样，可用 Displus 或 Modic（便携式诊断计算机）注册，新的 SBDH 注册时按以下程序进行：

①在 SBDH 上按"OK"确认注册。
②输入电话代码"0000"并按"OK"确定。
③使用"Displus"或"Modic"发送注册信息。

在收发器上最多可以注册两个 SBDH，若注册一个 SBDH，则此信息将写入收发器的一个数据存储器 EEPROM。当一个已注册的 SBDH 失效时，该 SBDH 的数据仍存储在收发器中。

课题四 常用数据总线系统

若现在注册了一个新的 SBDH，则这些数据会写到收发器的第二个存储单元上，这样所有的存储单元都由数据占用。若已注册了两个，这两个存储单元也都被占用，只有在收发器中至少有一个存储单元空闲时，即在一个 SBDH 失效的情况下，才能注册一个新的 SBDH。用"Displus"或"Modic"只能把所有已注册的 SBDH 注销，即把两个存储单元释放出来。如果要注销的 SBDH 功能仍然完好，如只是外表划伤，可直接在 SBDH-1 上进行注销，操作方法为选择"菜单"→"本地设置"→"服务设置"→"注销"命令。

注册：原则上只用 Displus 或 Modic 和 SBDH（无绳手持电话）。

注销：原则上使用 Displus 或 Modic 和 SBDH。

(2) GSM 天线

GSM 天线由一个用于电话的多频带天线和一个用于导航系统的全球卫星定位系统（GPS）天线组成。

任务六　MOST 数据总线系统的检修

一、MOST 数据总线系统的故障诊断

1. 诊断管理器

除系统管理器外，MOST 数据总线还有一个诊断管理器，如图 4-81 所示。该管理器执行环形中断诊断，并将 MOST 数据总线上的控制单元诊断数据传给诊断控制单元。例如，在奥迪 A8 车上，数据总线诊断接口 J533 执行自诊断功能。

图 4-81　诊断管理器

2. 系统故障

如果数据传递在 MOST 数据总线上的某处中断，由于该总线是环形结构，因此称为环形中断。发生环形中断的原因如下：
①光导纤维断路。
②发射器或接收器控制单元有供电故障。
③发射器或接收器控制单元损坏。
环形结构中断的后果如下：
①不能播放音频与视频。
②不能用多媒体操作单元进行控制和调整。
③诊断管理器的故障存储器中储存故障信息（光导数据总线中断）。

3. 环形结构中断诊断

如果 MOST 数据总线出现环形中断，它就无法进行数据传递，环形中断会产生下列影响：音频和视频停止播放；通过多媒体操纵的单元无法进行控制和调整；诊断管理器的故障存储器中存有故障记录（光纤数据总线断路）。应该使用诊断线来进行环形中断诊断，如图 4-82 所示。

课题四 常用数据总线系统

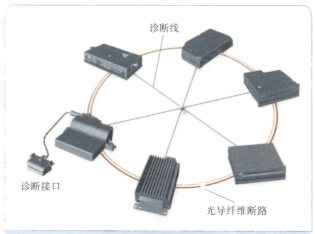

图 4-82 环形中断诊断

环形结构的故障诊断是诊断管理器执行的最终控制诊断的一部分。其诊断方法是借助于诊断导线来执行环形结构的故障诊断，连接方法是通过中央接线连接装置将诊断导线连接至 MOST 数据总线中的每一个控制单元。

在此过程中，所有控制单元检查两方面功能：一是自身的供电及其内部的电控功能；二是从环形总线上的前一个控制单元接收光信号。

MOST 数据总线上的控制单元在一定的时间内会有应答，这个时间的长短由控制单元的软件来确定。环形中断诊断开始后到控制单元做出应答有一定的时间间隔，诊断管理器根据这段时间的长短就可判断做出应答的控制单元状况。

环形中断诊断开始后，MOST 数据总线上的控制单元会发出以下两种信息：若控制单元的电控功能（如供电等）正常，则发出控制单元电气方面正常信息；若控制单元的光电二极管接收到环形总线上位于其前面的控制单元发出的光信号，则发出控制单元光学方面正常信息。诊断管理器根据以上信息，便可识别两类故障情况：一是系统是否有电气故障以及电气故障发生的控制单元；二是数据传递是否中断以及中断发生在哪两个控制单元之间。

控制单元的故障检查：利用光学备用控制单元 VAS6186（图 4-83）替换出现故障的控制单元，再检查 MOST 数据总线是否恢复正常，若系统正常，则说明控制单元存在故障。

图 4-83 光学备用控制单元 VAS6186

4. 衰减增大的环形中断诊断

对于增大的信号衰减，诊断管理器的执行元件通过降低光功率来进行环形中断诊断。其诊断过程与环形中断诊断基本相同，不同之处是控制单元接通光导发射器内的发光二极管时会有 3dB 的衰减，如图 4-84 所示。

如果光导纤维信号衰减增大，那么到达接收器的光信号就非常微弱，接收器会报告光学故障，诊断管理器就可识别出故障点，最终向外接的检测仪器输出故障信息。

图 4-84 衰减增大的环形中断诊断

二、MOST 数据总线的维修

1. 维修注意事项

①光纤保护帽只有在安装时才能直接被卸下。
②开口的光纤插头不允许触摸，不能被灰尘、油腻或其他液体弄脏。
③光纤或空气管路的修理只允许由受过专业培训的人员进行。
④线束只能按说明图安装和连接。
⑤线束不能从外部的破口处硬拉硬拽，只能从内向外推出。
⑥插头和缆线不允许在地上拖拉。
⑦不能踩在插头或导线上。
⑧线束任一位置不允许折叠。
⑨有必要的情况下才能断开控制单元插头和导线插头。
⑩在断开控制单元插头和导线插头前，应确保数据总线处于睡眠模式。在重新连接时一定要读出并删除所有控制单元故障存储器里的故障。

2. 光纤导线的常见故障

光导纤维的常见故障如图 4-85 所示。

①光导纤维的曲率半径过小。如果光导纤维弯曲（折叠）的半径小于 5 mm，那么在纤芯的拐点处就会产生模糊（不透明，与折叠的有机玻璃相似），这时必须更换纤维。
②光导纤维的包层损坏。
③端面刮伤。
④端面脏污。
⑤端面错位（插头壳体碎裂）。
⑥端面未对正（角度不对）。
⑦光导纤维的端面与控制单元的接触面之间有空隙（插头壳体碎裂或未定位）。
⑧端套变形。

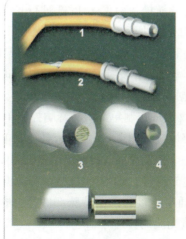
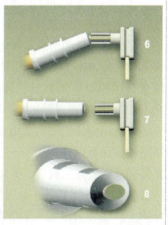

图 4-85 光纤导线的常见故障

3. 光纤的防弯装置

在铺设光导纤维时，应安装防弯装置（波形管），如图 4-86 所示，波形管弯曲应避免半径不足，最小弯曲半径大于 25 mm。

三、MOST 数据总线故障检修实例

图 4-86 光纤防弯装置（波形管）

下面以奥迪 A6L 轿车为例进行分析。

1. 故障现象

奥迪 A6L 轿车，只要关闭点火开关一段时间，多媒体交互（Multi Media Interface，MMI）系统再打开时就无法工作。

2. 故障分析

①连接故障诊断仪 V.A.S5052 对车辆各个控制单元进行故障查询，除电源管理器控制单元中存储有电流关闭级 1、电流关闭级 2 的故障码外，其他控制单元中的故障存储都存有含义为"电压低"这个偶发性故障码。将所有控制单元中的偶发性故障码清除后，打开 MMI 系统，可以正常工作，测量车辆静态放电电流为 56 mA，比正常数值偏大超过 20 mA。

②连接故障诊断仪 V.A.S5052 对该车网进行故障诊断，在网关的安装列表中显示与光纤环路相连接的各个控制单元无法连接。数据总线的诊断接口即网关 J533 控制单元中有光纤环路断路的故障记录。

根据该车光纤系统（MOST 数据总线的环形，参考图 4-79）结构可知，如果系统无法开机说明光纤系统中的个别控制单元无法正常工作，或各控制单元间的光纤出现了断路、破损等情况，使光纤环路不能形成回路。

③利用 V.A.S5052 的功能导航模块对网关 J533 进行光纤环路断路诊断，发现光纤环路故障诊断和光波衰减 3dB 断环诊断均无法执行，说明故障在光纤系统。

在奥迪车辆的信息系统中装备了大量的现代信息娱乐媒体，为此信息娱乐系统中采用光纤传导技术构成的 MOST-BUS（媒体系统数据交换总线）网络结构进行信息数据传输。在光纤环路系统中，信息显示控制单元 J523、数据总线诊断接口（网关）J533、电话的发射接收器 R36、导航控制单元 J401、电视调谐器 R78、收音机控制单元 R、音响控制单元 J525 及 CD 转换盒 R41 通过光纤组成一个封闭的环形结构，电路原理如图 4-87 所示，各控制单元通过光纤（LWL）以相同的方向在环路中发送数据到相邻的下一个控制单元。在 MOST-BUS 中，各控制单元的内部结构由光波导体、光纤插头、发光二极管、光电二极管、MOST（媒体系统数据对换）传输接收机、仪器内部的电源、标准的微型控制单元、电气插座连接和仪器特殊部件等组成。在每个控制单元中，各有一个光纤导体（FOT 发射单元）来负责光波的传递。

任务六　MOST 数据总线系统的检修

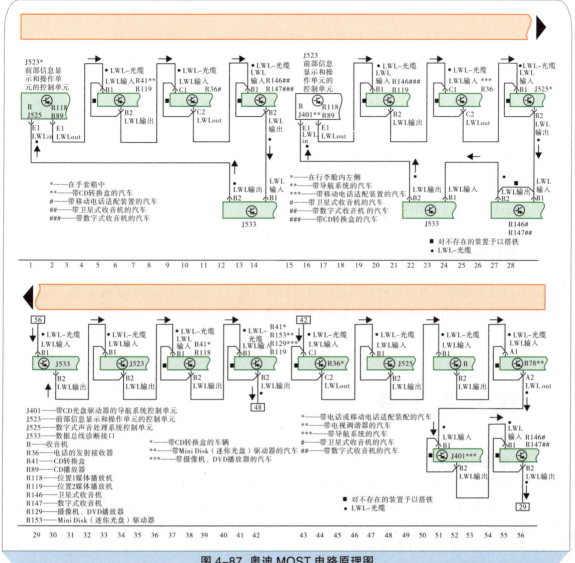

图 4-87　奥迪 MOST 电路原理图

④经分析认为，故障是由于在 MOST-BUS 中的某一个控制单元无法正常工作导致光波信号不能正常传输，造成了整个系统无法打开。使用 V.A.S5052 对该车进行光纤环路断开故障诊断和光波衰减 3 dB 断环诊断均无法执行，这说明在 MOST-BUS 中其系统诊断导线上有故障。根据 MOST-BUS 系统和其环路断开诊断线路的布局结构来分析，造成诊断导线故障的可能原因如下：

- 环路断开诊断线路中存在对地短路。
- 有故障的控制单元导致环路断开诊断线路接地。
- 在环路断开诊断线路中存在对正极短路。

3. 故障排除方法

测量环路断开诊断线路。由于环路中断诊断导线是以星形结构布置的，因此可以在任何控制单元处测量拔下的控制单元插头处的电压。

课题四 常用数据总线系统

①使用 V.A.S5052 对该车进行环路中诊断导线的测量。先从行李舱的左后衬板内断开音响控制单元 J525，测量其电器插头上的环路中断诊断导线的电压，发现环路中断诊断导线与接地线之间的电压为 13.5 V(标准值 5 V)，说明在环路中断诊断导线中存在对正极短路的故障。

其故障原因有：环路中断诊断导线本身存在线路故障；MOST-BUS 中的某一个控制单元内部存在与正极短路的故障。

②对 MOST-BUS 中的各个控制单元逐一断开，再测量环路中断诊断导线的电压。当断开前部信息控制单元 J523 时，发现环路中断诊断导线的电压降低到了 5 V，从而说明正是由于前部信息控制单元 J523 控制单元内部元件有对正极短路的故障，从而进一步导致 MMI 系统无法工作以及光纤环路断开故障诊断和光波衰减 3 dB 断环（路）诊断均无法执行的故障现象。

更换前部信息控制单元 J523 后，故障消失，MMI 系统恢复正常工作。再次检查车辆静态放电电流为 20 mA，在标准范围内。

4. 故障总结

由于 J523 控制单元内部元件有对正极偶然短路故障，造成诊断导线对正极短路，从而出现 MMI 系统有时无法工作，MMI 系统无法进入休眠状态，致使车辆静态放电电流增加。

思考与练习

一、填空题

1. VAN 数据总线属于_____网络，在 40 m 内位传输速率最高可达_____。
2. VAN 数据总线作为串行通信网络，与一般总线相比，其数据通信具有突出的_____、_____和_____。
3. VAN 数据链层定义了信息帧的_____、_____、_____、_____、_____以及_____等。
4. LAN 的定义有_____和_____两种方式。
5. MOST 是一个标准的高速数据传送系统，利用_____作为信息传导媒介，采用_____进行数字信号的传输。
6. 在 MOST 网络中，传输的信息有_____、_____和_____3 种类型。

二、简答题

1. 简述 MOST 数据总线的数据传输原理。
2. 简述 MOST 的工作状态。
3. LAN 有哪些特点？
4. 简述 VAN 的结构和工作原理。

课题五

以太网与 FlexRay 数据总线系统

[学习任务]

1. 了解以太网在汽车上的应用。
2. 熟悉 FlexRay 数据总线的结构组成。
3. 掌握 FlexRay 数据总线系统的工作原理。

[技能要求]

1. 掌握 FlexRay 数据总线系统的工作原理。
2. 学会检修 FlexRay 数据总线系统。

任务一 以太网

以太网是在20世纪70年代研制开发的一种基带局域网技术,使用同轴电缆作为网络媒体,采用载波多路访问和冲突检测(CSMA/CD)机制,数据传输速率达到10 Mbit/s。但是如今以太网更多地被用来指各种采用CSMA/CD技术的局域网。以太网的帧格式与IP是一致的,特别适合于传输IP数据。以太网由于具有简单方便、价格低、速度高等优点而被广泛采用。

以太网最初是由Xerox公司研制而成的,并且在1980年由数据设备公司DEC(Digital Equipment Corporation)、Intel公司和Xerox公司共同使之规范成形。后来它被作为802.3标准为电气与电子工程师协会(IEEE)所采纳。

一、以太网的基本术语

以太网遵循一组控制其基本操作的简单规则。为了更好地理解这些规则,了解基本的以太网术语十分重要。

① 介质——以太网设备连接到一个公共介质上，该介质为电气信号的传输提供了一条路径。以前一直使用同轴铜电缆作为传输介质，但是目前使用最多的是双绞线或光纤。

② 网段——将单个共享介质称为一个以太网段。

③ 节点——连接到网段的设备称为站点或节点。

④ 帧——节点使用称为帧的简短消息进行通信，帧是大小不固定的信息块。

帧类似于人类语言中的句子，如每个句子必须包含主语和谓语。以太网协议也规定了用于构造帧的一组规则。对于帧的最大和最小长度有明确规定，而且帧中必须包含一组必需的信息段。例如，每个帧必须包括目标地址和源地址，它们分别指出了消息的接收方和发送方。通过地址可标识唯一的节点，就像通过姓名可找出某个人一样。任何两个以太网设备都不应具有相同的地址。

二、以太网的分类

1. 标准以太网

开始以太网只有 10 Mbit/s 的吞吐量，使用的是带有冲突检测的载波侦听多路访问（Carrier Sense Multiple Access/Collision Detection，CSMA/CD）的访问控制方法，这种早期的 10 Mbit/s 以太网称之为标准以太网。以太网可以使用粗同轴电缆、细同轴电缆、非屏蔽双绞线、屏蔽双绞线和光纤等多种传输介质进行连接，并且在 IEEE 802.3 标准中，为不同的传输介质制定了不同的物理层标准，在这些标准中前面的数字表示传输速度，单位是"Mbit/s"，最后的一个数字表示单段网线长度（基准单位是 100 m），Base 表示"基带"，Broad 代表"宽带"。

2. 快速以太网

随着网络的发展，传统标准的以太网技术已难以满足日益增长的网络数据流量速度需求。在 1993 年 10 月以前，对于要求 10 Mbit/s 以上数据流量的 LAN 应用，只有光纤分布式数据接口（Fiber Distributed Data Interface，FDDI）可供选择，但它是一种价格非常昂贵的、基于 100 Mbit/s 光缆的 LAN。1993 年 10 月，Grand Junction 公司推出了世界上第一台快速以太网集线器 Fastch10/100 和网络接口卡 FastNIC100，快速以太网技术正式得以应用。随后 Intel、SynOptics、3COM、BayNetworks 等公司也相继推出自己的快速以太网装置。与此同时，IEEE 802 工程组也对 100 Mbps 以太网的各种标准，如 100Base-TX、100Base-T4、MII、中继器、全双工等标准进行了研究。1995 年 3 月，IEEE 宣布了 IEEE 802.3u 100Base-T 快速以太网标准（Fast Ethernet），就这样开始了快速以太网的时代。

快速以太网与原来在 100 Mbit/s 带宽下工作的 FDDI 相比具有许多优点，最主要体现在快速以太网技术可以有效地保障用户在布线基础实施上的投资，它支持 3、4、5 类双绞线以及光纤的连接，能有效地利用现有的设施。快速以太网的不足其实也是以太网技术的不足，那就是快速以太网仍是基于 CSMA/CD 技术，当网络负载较重时，会造成效率的降低，当然这可以使用交换技术来弥补。100 Mbit/s 快速以太网标准又分为 100Base-TX、100Base-FX、100Base-T4 3 个子类。

3. 千兆以太网

千兆以太网技术作为最新的高速以太网技术，给用户带来了提高核心网络的有效解决方案，这种解决方案的最大优点是继承了传统以太网技术价格便宜的优点。千兆技术仍然是以太网技术，它采用了与 10 Mbit/s 以太网相同的帧格式、帧结构、网络协议、全/半双工工作方式、流控模式以及布线系统。由于该技术不改变传统以太网的桌面应用、操作系统，因此可与 10 Mbit/s 或 100 Mbit/s 的以太网很好地配合工作。升级到千兆以太网不必改变网络应用程序、网管部件和网络操作系统，能够最大限度地减少成本。此外，IEEE 标准将支持最大距离为 550 m 的多模光纤、最大距离为 70 km 的单模光纤和最大距离为 100 m 的铜轴电缆。千兆以太网填补了 802.3 以太网/快速以太网标准的不足。

4. 万兆以太网

万兆以太网规范包含在 IEEE 802.3 标准的补充标准 IEEE 802.3ae 中，它扩展了 IEEE 802.3 协议和 MAC 规范，使其支持 10 Gbit/s 的传输速率。除此之外，通过 WAN 界面子层（WIS：WAN Interface Sublayer），万兆以太网也能被调整为较低的传输速率，如 9.584640 Gbit/s（OC-192），这就允许万兆以太网设备与同步光纤网络（SONET）STS-192c 传输格式相兼容。

三、以太网的技术标准

采用 CSMA/CD 介质访问控制方式的局域网技术，最初由 Xerox 公司于 1975 年研制成功，1979 年 7 月~1982 年间，由 DEC、Intel 和 Xerox 3 家公司制定了以太网的技术规范 DIX，以此为基础形成的 IEEE 802.3 以太网标准在 1989 年正式成为国际标准。多年来以太网技术不断发展，成为迄今最广泛应用的局域网技术，产生了多种技术标准。

① 10Base5：原始的以太网标准，使用直径 10 mm 的 50 Ω 粗同轴电缆，总线拓扑结构，站点网卡的接口为 DB-15 连接器，通过 AUI 电缆，用 MAU 装置栓接到同轴电缆上，末端用 50 Ω/1W 的电阻端接（一端接在电气系统的地线上）；每个网段允许有 100 个站点，每个网段最大允许距离为 500 m，网络直径为 2 500 m，可由 5 个 500 m 长的网段和 4 个中继器组成。利用基带的 10 Mibt/s 传输速率，采用曼彻斯特编码传输数据。

② 10Base2：为降低 10Base5 的安装成本和复杂性而设计的。使用廉价的 R9-58 型 50 Ω 细同轴电缆，总线拓扑结构，网卡通过 T 形接头连接到细同轴电缆上，末端连接 50 Ω 端接器；每个网段允许 30 个站点，每个网段最大允许距离为 185 m，仍保持 10Base5 的 4 中继器、5 网段设计能力，允许的最大网络直径为 5×185=925（m）。利用基带的 10 Mibt/s 传输速率，采用曼彻斯特编码传输数据。与 10Base5 相比，10Base2 以太网更容易安装，更容易增加新站点，能大幅度降低费用。

③ 10Base-T：1990 年通过的以太网物理层标准。10Base-T 使用两对非屏蔽双绞线，一对线发送数据，另一对线接收数据，用 RJ-45 模块作为端接器，星形拓扑结构，信号频率为 20 MHz，必须使用 3 类或更好的 UTP 电缆；布线按照 EIA 568 标准，站点-中继器和中继器-中继器的最大距离为 100 m。保持了 10Base5 的 4 中继器、5 网段的设计能力，使 10Base-T 局域网的最大直径为 500 m。10Base-T 的集线器和网卡每 16 s 就发出"滴答"（Hear-beat）脉冲，集线器和网卡都要监听此脉冲，收到"滴答"信号表示物理连接已建立，10Base-T 设备通过 LED 向网络管理员指

示链路是否正常。双绞线以太网是以太网技术的主要进步之一，10Base-T 因为价格便宜、配置灵活和易于管理而流行起来，现在占整个以太网销售量的 90% 以上。

④ 10base-F：使用光缆的以太网，使用双工光缆，一条光缆用于发送数据，另一条用于接收；使用 ST 连接器，星形拓扑结构；网络直径为 2 500 m，定义了 3 种不同的规范：

10Base-FL：10Base-F 中使用最多的部分，只有 10Base-FL 连接时，光缆链路段的长度可达到 2 000 m，与 FOIRL 设备混用时，混合段的长度可达 1 000 m。

10Base-FB：用来说明一个同步信令骨干的网段，用于在一个跨越远距离的转发主干网系统中将专用的 10Base-FB 同步信令中继器连接在一起。单个 10Base-FB 网段最长可达 2 000 m。

10Base-FP：用来说明点对点的连接方式，一个网段的长度可达 500 m。一个光缆无源星形耦合器最多可连接 33 台计算机。

⑤ 100base-T：是以太网标准的 100 Mbit/s，1995 年 5 月正式通过了快速以太网 /100Base-T 规范，即 IEEE 802.3u 标准，是对 IEEE 802.3 的补充。与 10Base-T 一样采用星形拓扑结构，但 100Base-T 包含 4 个不同的物理层规范，并且包含了网络拓扑方面的许多新规则。

⑥ 100Base-TX：使用 2 对 5 类非屏蔽双绞线或 1 类屏蔽双绞线，一对用于发送数据，另一对用于接收数据，最大网段长度为 100 m，布线符合 EIA 568 标准；采用 4B/5B 编码法，使其可以 125 MHz 的串行数据流来传送数据；使用 MLT-3（多电平传输 -3）波形法来降低信号频率到 125/3 ≈ 41.6 MHz。100Base-TX 是 100Base-T 中使用最广的物理层规范。

⑦ 100Base-FX：使用多模（62.5 μm 或 125 μ）或单模光缆，连接器可以是 MIC/FDDI 连接器、ST 连接器或廉价的 SC 连接器；最大网段长度根据连接方式不同而变化。例如，对于多模光纤的交换机 - 交换机连接或交换机 - 网卡连接最大允许长度为 412 m，如果是全双工链路，则可达到 2 000 m。100Base-FX 主要用于高速主干网，或远距离连接，或有强电气干扰的环境，或要求较高安全保密链接的环境。

⑧ 100Base-T4：为了利用大量的 3 类音频级布线而设计的。它使用 4 对双绞线，3 对用于同时传送数据，第 4 对线用于冲突检测时的接收信道，信号频率为 25 MHz，因而可以使用数据级 3、4 或 5 类非屏蔽双绞线，也可使用音频级 3 类线缆。最大网段长度为 100 m，采用 EIA 568 布线标准；由于没有专用的发送或接收线路，所以 100Base-T4 不能进行全双工操作；100base-T4 采用比曼彻斯特编码法高级得多的 6B/6T 编码法。

⑨ 100Base-T2：随着数字信号处理技术和集成电路技术的发展，只用 2 对 3 类 UTP 线就可以传送 100 Mbit/s 的数据，因而针对 100Base-T4 不能实现全双工的缺点，IEEE 开始制定 100Base-T2 标准。100Base-T2 采用 2 对音频或数据级 3、4 或 5 类 UTP 电缆，一对用于发送数据，另一对用于接收数据，可实现全双工操作；采用 RJ45 连接器，最长网段为 100 m，符合 EIA 568 布线标准，采用名为 PAM5×5 的 5 电平编码方案。

四、以太网的物理层和数据链路层

 1. 以太网的物理层

（1）以太网的物理介质

刚开始时，以太网是运行在同轴电缆上面的，通过复杂的连接器把计算机和终端连接到该电缆上，然后必须经过一些相关的电信号处理，才能使用。这样的结构相对复杂，而且效率低。到了1990年，出现了基于双绞线介质的10Bast-T以太网，这是以太网历史上一次最重要的革命。

10Bast-T得以实施，主要归功于多端口中继器和结构化电话布线，多端口中继器就是目前所谓的HUB终端设备通过双绞线连接到HUB上，利用HUB内部的一条共享总线进行互相通信。物理上这种结构是星形的，但实际上还是沿用了CSMA/CD的访问机制，因为HUB内部是通过一条内部总线把许多终端连接起来的。

10Bast-T以太网技术使用了4对双绞线来传输数据，一对双绞线用来发送，另一对用来接收。之所以使用一对双绞线分别进行收发，主要是电气特性上的考虑，发送数据时，在一条线路上发送通常的电信号，而在另外一条线路上发送跟通常电信号极性相反的信号，这样可以消除线路上的电磁干扰。

后来又出现了100 Mbit/s的以太网，即快速以太网，快速以太网在数据链路层上跟10 Mbit/s以太网没有区别，不过在物理层上提高了传输的速率，而且引入了更多的物理层介质，如光纤、同轴电缆等。运行在两对双绞线上的100Mbit/s以太网称为100Bast-TX，运行在光纤上的100M以太网则为100Base-FX，还有运行在4对双绞线上的100Bast-T4等。所有这些物理介质都是沿用了CSMA/CD的访问方式，在半双工模式（计算机和其他数字设备通过一条共享的物理线路连接起来，具有冲突检测和避免机制来检测多个线路的使用情况）下工作。

（2）100Base-TX物理层

100Base-TX是运行在2对5类双绞线上的快速以太网物理层技术，它除了规定运行的介质是5类或更高类双绞线外，还规定了设备之间的接口以及电平信号等。该标准规定设备和链路之间的接口采用RJ-45水晶头。蓄电池采用+5 V和-5 V交替的形式。RJ-45接口如图5-1所示。5类双绞线的8跟线压入水晶头的8个线槽中，这样可以很容易地插入网络设备的网卡。

实际上，在进行数据的传输时仅用了5类双绞线的2对（4根）线，其中一对作为数据接收线，一对作为数据发送线，在进行数据接收和发送时，在一对线上传输极性相反的信号，这样可以避免互相干扰。需要注意的是，在连接两个相同的网络设备（如网卡）时，需要把线序进行交叉，因为线路两端的设备（如网卡）的收发顺序是相同的，而两端设备要进行直接连接，其收发必须进行交叉，于是，必须在线路上进行交叉才能达到目的，如图5-2所示。

图5-1 RJ-45接口

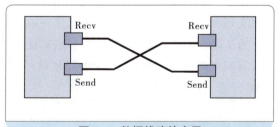

图5-2 数据线路的交叉

但在与不同类型的网络设备互连，如终端计算机与HUB或以太网交换机连接时，却不需要这样，因为这些网络设备的接口上已经做了交叉，即这些设备的网络接口与普通计算机的收发顺序是不一致的，因此只要把5类双绞线直接按照原来顺序压入水晶头，就可以正常连接两端的设备。

与传统的同轴电缆不同的是，100Bast-TX（10Base-T）的数据发送和数据接收使用了不同的线（做到了分离），这样就隐含着一种全新的运作方式：全双工方式（全双工就是数据的发送和接收可以同时进行，互不干扰）。在这种方式下，数据可以同时接收和发送而互不干扰，这样可以大大提高效率。

2. 数据链路层

（1）数据链路层的特点

按照ISO的OSI 7层参考模型，互联的各个系统把各个网络功能分7个层次实现，各个层次之间相互独立，互不干扰。这样就可以实现最大限度的开放和灵活性，设备厂家只要按照层次之间的接口生产设备，就可以做到互通。因此，该7层模型是高效权威的，而且目前大多数网络技术都是参照该模型进行设计和开发的。

但在以太网体系结构中，7层模型中层次之间互相独立的规则就不适用了，因为开始时，以太网采用了一种共享介质的方式来进行数据通信，而不是传统的全双工通信，随着设备的发展，以太网中又引入了全双工模式的通信，在这样两种通信模式并存的情况下，在进行层次间的严格划分就不容易了。

针对不同的双工模式，提供不同的介质访问方法，在半双工模式下采用的是CSMA/CD的访问方式，而在全双工模式下则可以直接进行收发，不用预先判断链路的忙闲状态。这里需要注意的是，在以太网中，半双工和全双工是物理层的概念，而针对物理层的双工模式提供不同访问方式则是数据链路层的概念，这样就形成了以太网的一个重要特点：数据链路层和物理层是相关的。

（2）数据链路层的分层结构

在上面的介绍中知道，以太网的物理层和数据链路层是相关的，针对物理层的不同工作模式（全双工和半双工），需要提供特定的数据链路层来访问，这就导致了数据链路层和物理层有很大的相关性，给设计和应用带来了一些不便。

为了避免这种不便，一些组织和厂家提出了另外一种方式，就是把数据链路层再进行分层，分为逻辑链路控制子层（LLC）和媒体访问控制子层（MAC），这样不同的物理层对应不同的MAC子层，LLC子层则可以完全独立，从一定程度上提高了独立性，结构如图5-3所示。

（3）MAC子层

MAC子层是与物理层相关的，即不同的物理层有不同的MAC子层来进行访问，如物理层是工作在半双工模式的双绞线，则相应的MAC子层为半双工MAC；如果物理层是令牌环，则有令牌环 MAC 来进行访问。在以太网中主要存在两种 MAC：半双工 MAC 和全双工 MAC，分别针对物理层运行模式是半双工和全双工时提供访问。需注意的是，这两种 MAC 都是集成在网卡中的，网卡初始化时一般进行自动协商，根据自动协商的结果决定运行模式，然后根据运行模式选择相应的访问 MAC。

① 半双工 MAC 子层。当物理层运行在半双工模式下时，数据链路层使用半双工 MAC 进行访问。半双工 MAC 与物理层之间至少存在 6 种信号进行通信，如图 5-4 所示。

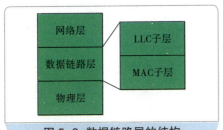

图 5-3 数据链路层的结构

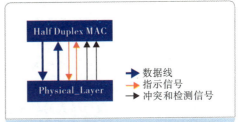

图 5-4 半双工 MAC 的 6 种信号通信

工作过程：当链路层有数据要发送时，首先检查链路空闲信号（物理层通过该信号来报告给数据链路层链路是否空闲），如果链路空闲，则通过指示信号给物理层一个指示，告诉物理层要发送数据，然后把数据一个字节一个字节地送到数据线（数据线是一组8位的信号线）上。这时如果物理层检测到了冲突（有另外一个终端同时发送数据），则通过冲突检测指示信号给MAC 子层一个指示，告诉 MAC 子层线路上发生了碰撞。这时，MAC 子层马上停止数据的发送，并发送一连串干扰信号，达到让网络上所有的设备都知道产生冲突的目的。等待一段时间后，MAC 层再次检查链路空闲信号，并再次进行数据发送。

如果物理层接收到了数据，则通过数据接收指示来告诉 MAC 子层自己接收到了数据，然后把数据放到接收数据线（与发送数据线一样，也是8位组信号线）上传给 MAC 子层。

从上面的分析中，可以看出这 6 种信号如下：
● 数据发送线，一个8位组信号线。
● 数据接收线，一个8位组信号线。
● 链路空闲信号：一个指示位，指示链路是否空闲。
● 冲突检测信号：一个指示位，物理层使用该信号向 MAC 子层报告冲突发生。
● 发送数据指示：MAC 子层要传输数据时通过该信号告诉物理层。
● 接收数据指示：物理层接收到数据后通过该信号告诉 MAC 子层。

② 全双工 MAC 子层。全双工 MAC 子层相对半双工 MAC 子层简单，因为它不需要检测链路的空闲与忙的状态，所以就去除了链路空闲信号和冲突检测信号。

工作过程：当 MAC 子层有数据要发送时，通过数据发送指示告诉物理层，然后把数据一个字节一个字节地通过数据发送线发送出去。如果物理层检测到了数据到达，则通过接收指示信号告诉链路层，自己接收到了数据，然后通过接收数据线把数据传到 MAC 子层。

③ MAC 地址和数据帧的收发。除了完成物理链路的访问以外，MAC 子层还负责完成下列任务：
● 链路级的站点标识：在数据链路层识别网络上的各个站点。也就是说，在该层次保留了一个站点地址（就是 MAC 地址）来标识网络上的唯一一个站点。

●链路级的数据传输：从上层 LLC 子层接收数据，附加上 MAC 地址和控制信息后把数据发送到物理链路上；在这个过程中掺杂了校验等功能。为了进行站点标识，在 MAC 子层保留了一个唯一的站点 MAC 地址，来区分该站点。

MAC 地址是一个 48 bit 的数字，分为下面几种类别：

●物理 MAC 地址：这种类型的 MAC 地址唯一地标识了以太网上的一个终端（如网卡等），实际上这样的地址是固化在硬件里面的。

●广播 MAC 地址：这是一个通用的 MAC 地址，用来表示网络上的所有终端设备。

●组播 MAC 地址：这是一个逻辑的 MAC 地址，来代表网络上的一组终端。它的特点是最左边一个字节的第一比特为 1。

上层要发送数据时，把数据提交给 MAC 子层，MAC 子层有自己的缓冲区，把上层提交给自己的数据进行缓存，然后增加目的 MAC 地址和自己的 MAC 地址（源 MAC 地址），计算出数据帧的长度，形成图 5-5 所示格式的数据包。

| DMAC | SMAC | Length/T | DATA/PAD | FCS |

图 5-5 MAC 格式数据包

（4）LLC 子层

在上面的介绍中提到了 MAC 子层形成的一个帧结构，其中有一个字段是 Length/T。该字段的长度是 2 字节，根据取值的范围有不同的含义，在不大于 1 500 的情况下，该值代表数据帧数据部分的长度；但当大于 1 500 时，则代表该帧的数据部分的类型，如该数据帧是哪个上层协议（如 IP、IPX、DECNet、NETBEUI 等）的数据单元等。

当 Length/T 取值大于 1 500 时，MAC 子层可以根据 Length/T 的值直接把数据帧提交给上层协议，这时就没有必要实现 LLC 子层。这种结构便是目前使用较多的 ETHERNET_II，大部分计算机都支持这种结构。注意，这种结构下数据链路层可以不实现 LLC 子层而仅仅包含一个 MAC 子层。

根据 Length/T 字段的取值，来把接收到的数据帧提交给上层协议模块。工作过程：每个上层协议都提供了一个回调函数，该回调函数在数据链路层是可见的而且可以调用，这样当数据链路层接收到一个数据帧之后，根据数据帧里的 Length/T 字段的取值来判断相应的协议模块，然后调用相应协议的回调函数（把数据帧的数据部分作为参数），该回调函数执行的结果就是把数据帧的数据部分挂到上层协议的接收队列中，然后给上层协议发送一个消息，告诉上层协议有一个数据包到来，然后返回，其他的事情就由上层协议来完成。

五、以太网的工作原理

以太网采用带冲突检测的 CSMA/CD 机制，以太网中节点都可以看到在网络中发送的所有信息，因此，我们说以太网是一种广播网络。

以太网的工作过程。当以太网中的一台主机要传输数据时，它将按如下步骤进行：

①监听信道上是否有信号在传输。如果有，则表明信道处于忙状态，就继续监听，直到信道空闲为止。

②若没有监听到任何信号，就传输数据。

③传输时继续监听，如发现冲突则执行退避算法，随机等待一段时间后，重新执行步骤①（当冲突发生时，涉及冲突的计算机会发送返回到监听信道状态）。

注意：每台计算机一次只允许发送一个包、一个拥塞序列，以警告所有的节点。

④若未发现冲突则发送成功，所有计算机在试图再一次发送数据之前，必须在最近一次发送后等待 9.6 μs（以 10 Mbit/s 运行）。

六、以太网在汽车上的应用

由于车载电子设备的数量和复杂性显著增加，对低成本、高传输速率和高带宽网络解决方案的需求呈上升趋势。现有的汽车通信技术，如面向媒体的系统传输（MOST）和低电压差分信号（LVDS）技术已不能满足这些需求，因为这些技术没有可扩展性，不能为新增加的服务和应用提供支持。而另一方面，基于以太网的通信技术则是一个符合成本效益和可扩展的解决方案，能够支持多个系统和设备，提供高数据传输速率，并且每个端口都拥有自己专属的带宽。

单对绞线车载以太网使用非屏蔽双绞线（UTP）电缆，数据传输速率可以达到 100 Mbit/s。这是一种相对较新的以太网技术，可以满足车载网络在高可靠性、低电磁辐射和低功耗方面的需求。使用单对非屏蔽电缆以及更小和更紧凑的连接器，可以减少高达 80% 的连接成本和高达 30% 的布线质量。

现在，整个汽车行业都在推进以太网在车载 LAN 方面的应用。最有说服力的证据就是多家汽车厂商已开始采用车载以太网，并扩大其应用范围。其中，宝马公司在 2013 年秋季上市的 SUV "X5" 的新款车上全球率先采用了车载以太网，X5 在连接监控周围环境的摄像头模块与 ECU 的影像传输线路上采用了车载以太网。当然，各汽车厂商采用车载以太网的部分不尽相同，有的用于摄像头，有的用于车载 AV 设备的影像传输等。

任务二　FlexRay 数据总线系统

FlexRay 是 BWM、Daimler Chrysler、Motorola 和 Philips 等公司制定的功能强大的通信网络协议，基于 FTDMA（Flexible Time Division Multiple Access）的确定性访问方式，具有容错功能及确定的通信消息传输时间，同时支持事件触发与时间触发通信，具备高速率通信能力。该协议不仅提高了一致性、可靠性、竞争力和效率，而且简化了开发周期，降低了使用成本，符合未来汽车应用需求。

一、FlexRay 数据总线系统概念

当前，行驶动态控制系统、驾驶员辅助系统等新技术及其全新联网方式的出现，使通过 CAN 数据总线实现联网的方式已经达到效率使用极限，因此必须尽快为 CAN 找到一个合适的替代方案。FlexRay 车载网络标准应运而生，其将在未来很多年内引导整个汽车电子产品控制结构的发展方向。

FlexRay 的含义：Flex 意为灵活，Ray 意为鳐鱼。FlexRay 是一种新型通信系统，是一种用于汽车的高速的、可确定的、具备故障容错功能的总线系统。其目标是在电气与机械电子组件之间实现可靠、实时、高效的数据传输，以确保现在和将来车内创新功能的联网。它的基础源于 Daimler-Chrysler 公司的典型应用以及 BMW 公司 Byteflignt 通信系统开发的成功经验，是 Daimler-Chrysle 公司的注册商标。

如今，大多数汽车中的控制器件、传感器和执行器之间的数据交换，主要是通过 CAN 网络进行的。然而新的 x-by-wire（线控操作）系统设计思想的出现，导致车辆系统对信息传送速度尤其是故障容错与时间确定性的需求不断增加。FlexRay 通过在确定的时间槽中传递信息，以及在两个通道上的故障容错和冗余信息的传送，满足了新增加的要求。

FlexRay 在物理上通过两条分开的总线通信，每一条的数据速率是 10 Mbit/s。CAN 网络的最高性能极限为 1 Mbit/s，而 FlexRay 总数据速率可达到 20 Mbit/s。因此，应用在车载网络，FlexRay 的网络带宽可能是 CAN 的 20 倍之多。

FlexRay 是继 CAN 和 LIN 之后的最新研发成果，可以有效管理多重安全和舒适功能，将成为高级动力总成、底盘、线控系统的标准协议。当前，FlexRay 协议已经得到业界各大汽车生产厂家以及汽车半导体公司的支持，成为下一代车用网络标准。

二、FlexRay 数据总线系统的发展史

FlexRay 网络产品诞生于 20 世纪 90 年代末，当时一些汽车制造商意识到现有网络系统（如 CAN）无法满足未来车载网络（IVN）的需求。这些汽车制造商没有开发自己的解决方案，而是决

定组成一个协会，推动 FlexRay 通信系统成为汽车应用领域高速通信网络的行业标准。

1999 年，Daimler-Chrysler 和 BMW 开始进行 FlexRay 研究。

2000 年 9 月，宝马和 Daimler-Chrysler 联合 Philips 和 Motorola 成立了 FlexRay 联盟。由于 FlexRay 的优秀特性和广阔的发展前景，又有很多的汽车、半导体和电子系统的生产商陆续加入了 FlexRay 联盟，为联盟的壮大注入更强的活力，并使 FlexRay 通信系统很快获得了动力。目前，FlexRay 联盟包括了汽车工业中绝大多数实力强劲而且影响力极强的厂商，包括博世、通用汽车、福特等。

FlexRay 联盟成员分为 4 个等级．分别是核心成员、重要联系成员、联系成员和最外层的开发成员。其中核心成员包括宝马、Daimler-Chrysler、通用、大众、博世、飞思卡尔和飞利浦，其具体任务为制订 FlexRay 需求定义、开发 FlexRay 协议、定义数据链路层、提供支持 FlexRay 的控制器、开发 FlexRay 物理层规范并实现基础解决方案。

2001 年，恩智浦开发了第一个硬件解决方案。这款产品称为恩智浦 FlexRay TJA1080 收发器。

2002 年，大众公司在美国的 FlexRay 大会上宣布支持 FlexRay。

2003 年，开始鉴定 FlexRay 用于 x-by-wire 系统的可行性。

从 2002 年至今，世界范围内绝大多数有影响的汽车制造商和供货商都加入了 FlexRay 联盟。从 2002 年发布的 V0.4.3 协议规范到 2005 年的 V2.1 协议规范，FlexRay 共发布多达 7 个版本。

2006 年底，恩智浦实现重要的里程碑，第一款采用 FlexRay 网络的车型——宝马 X5 投入量产，其主动式阻尼控制系统采用恩智浦的 TJA1080 收发器。从此，FlexRay 不再只处于开发阶段，同样也已进入量产阶段，并获得实际应用。

目前，FlexRay 总线已经被应用在多种中、高端汽车动力总线及数据传输总线上，相信在未来，FlexRay 作为标准总线将用于所有 x-by-wire 系统（制动、转向等）、其他安全关键领域（航空、工业等）和用作数据主干网。

三、FlexRay 数据总线系统的特性

FlexRay 数据总线系统的三大主要目标特性如下：

① 高速：比目前其他车用主干网高出数倍。

② 确定的传输：以便有效的应用简化的分布式控制算法。

③ 高容错的通信：以便实施更高安全需要的控制机制或以电控系统替代液压系统。

为了能实现这些目标，FlexRay 协议设计了一些新特性，正是这些特性使 FlexRay 成为下一代车用通信网络的首选。

FlexRay 提供了传统车内通信协议，其中包括如下内容：

① 高传输速率。FlexRay 的每个信道具有 10 Mbit/s 带宽。由于它不仅可以像 CAN 和 LIN 网络一样运行，而且可以作为一个双信道系统运行，因此可以达到 20 Mbit/s 的最大传输速率，是当前 CAN 最高运行速率的 20 倍。

② 同步时基。FlexRay 中使用的访问方法是基于同步时基的。该时基通过协议自动建立和同步，并提供给应用。时基的精确度介于 0.5 ~ 10μs（通常为 1 ~ 2μs）。

③ 确定性。通信是在不断循环的周期中进行的，特定消息在通信周期中拥有固定位置，因此接收器已经提前知道了消息到达的时间。到达时间的临时偏差幅度会非常小，并能得到保证。

④ 高容错。强大的错误检测性能和容错功能是 FlexRay 设计时考虑的重要方面。FlexRay 总线使用 CRC 来检验通信中的差错。FlexRay 总线通过双通道通信，能够提供冗余功能，并且使用星形拓扑可完全解决容错问题，如果出现意外情况，星形的支路可以有选择的切断。

⑤ 灵活性。在 FlexRay 协议的开发过程中，关注的主要问题是灵活性。其不仅能提供消息冗余传输或非冗余传输两种选择，系统还可以进行优化，以提高可用性（静态带宽分配）或吞吐量（动态带宽分配）。用户还可以扩展系统，而无需调整现有节点中的软件。同时，还支持总线或星形拓扑。FlexRay 提供了大量配置参数，可以支持对系统进行调整，如通信周期、消息长度等，以满足特定应用的需求。

四、FlexRay 数据总线的结构与特点

1.FlexRay 数据总线的结构

（1）FlexRay 数据总线的拓扑结构

FlexRay 的拓扑结构主要可以分为 3 种：总线式、星形、总线星形混合型。在星形结构中，还存在联级方式。通常，FlexRay 节点可以支持两个信道，因而可以开发单信道和双信道两种系统。在双信道系统中，不是所有节点都必须与两个信道连接。与总线式结构相比，星形结构的优势在于：它在接收器和发送器之间提供点到点连接。该优势在高传输速率和长传输线路中尤为明显。另一个重要优势是错误分离功能。例如，如果信号传输使用的两条线路短路，总线式系统在该信道不能进行进一步的通信。如果使用星形结构，则只有连接短路的节点才会受到影响，其他所有节点仍然可以继续与其他节点通信。

双通道总线式拓扑结构如图 5-6 所示，双通道星形拓扑结构如图 5-7 所示，单、双通道联级星形拓扑结构如图 5-8 和图 5-9 所示，单、双通道混合型拓扑结构如图 5-10 和图 5-11 所示。

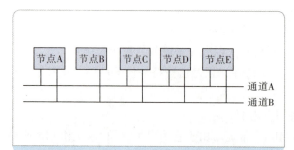

图 5-6 FlexRay 双通道总线式拓扑结构

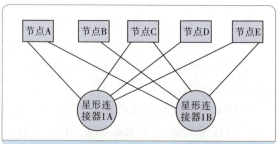

图 5-7 FlexRay 双通道星形拓扑结构

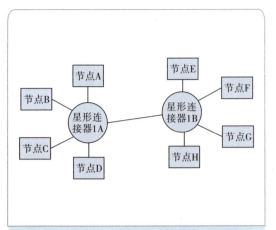

图 5-8 FlexRay 单通道联级星形拓扑结构

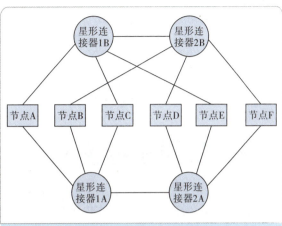

图 5-9 FlexRay 双通道联级星形拓扑结构

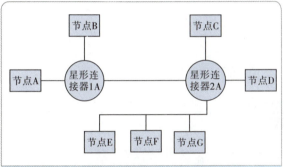

图 5-10 FlexRay 单通道混合型拓扑结构

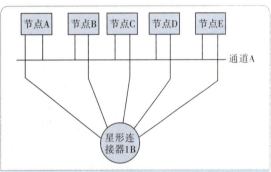

图 5-11 FlexRay 双通道混合型拓扑结构图

（2）FlexRay 数据总线的控制单元结构

FlexRay 控制单元即节点，是接入 FlexRay 网络中的独立完成相应功能的单元，主要由电源供给系统、主处理器、通信控制器、可选的总线监控器和总线驱动器组成，如图 5-12 所示。主处理器提供和产生数据，并通过通信控制器传送出去。其中总线驱动器和总线监控器的个数对应于通道数，与通信控制器和主处理器相连。总线驱动器连接通信控制器和总线，或连接总线监控器和总线。主处理器把 FlexRay 控制器分配的时间槽通知给总线监控器，然后总线监控器允许 FlexRay 控制器在这些时间槽中传输数据，数据可以在任何时候被接收。

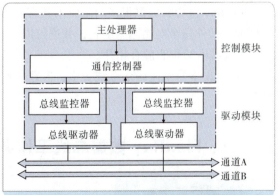

图 5-12 FlexRay 控制单元的结构

控制单元的两个通信过程如下：

① 发送数据。主处理器将有效的数据送给通信控制器，在通信控制器中进行编码，形成数据位流，通过总线驱动器发送到相应的通道上。

② 接收数据。在某一时刻，由总线驱动器将数据位流送到通信控制器进行解码，将数据部分由通信控制器传送给主处理器。

2.FlexRay 数据总线的特点

作为一种灵活的车载网络系统，FlexRay 具有高速、可靠及安全的特点，它不仅能简化车载通信系统的架构，而且有助于汽车电子单元获得更高的稳定性和可靠性。在宝马新款 SUV "X5" 的电子控制减振器系统中，首次采用了控制系列车内 LAN 接口规格 FlexRay，此次实际应用预示着 FlexRay 在高速车载通信网络中的大规模应用已经慢慢实现。各个协议数据速率的比较如图 5-13 所示。

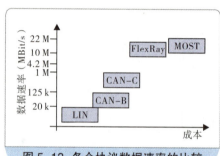

图 5-13 各个协议数据速率的比较

FlexRay 在物理上通过两条分开的总线通信，每一条的数据速率是 10 MBit/s。CAN 网络最高性能极限为 1 Mbit/s，而 FlexRay 总数据速率可达到 20 Mbit/s。因此，应用在车载网络，FlexRay 的网络带宽是 CAN 的 20 倍之多。

FlexRay 还能够提供很多网络所不具有的可靠性特点。尤其是 FlexRay 具备的冗余通信能力可实现通过硬件完全复制网络配置，并进行进度监测。FlexRay 同时提供灵活的配置，可支持各种拓扑，如总线、星形和混合拓扑。

FlexRay 本身不能确保系统安全，但它具备大量功能，可以支持以安全为导向的系统（如线控系统）。

五、FlexRay 数据总线工作原理

1.帧格式结构

FlexRay 帧格式包括帧头段（Header Segment）、有效载荷段（Payload Segment）与帧尾段（Trailer Segment）3 部分，如图 5-14 所示。节点在网络上传输帧时，首先传输的是帧头段，其次传输的是有效载荷段，最后传输的是帧尾段。

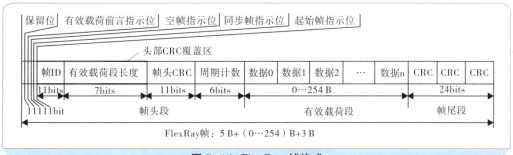

图 5-14 FlexRay 帧格式

FlexRay 帧头段包括 5 个字节的信息，包括保留位（Reserved Bit）、有效载荷段前言指示位（Payload Preamble Indicator）、空帧指示位（Null Frame Indicator）、同步帧指示位（Sync Frame Indicator）、起始帧指示位（Startup Frame Indicator）、帧 ID（Frame ID）、有效载荷段长度（Payload Length）、帧头 CRC（Header CRC）、周期计数（Cycle Count）。

帧 ID 的范围从 1～2 047，帧 0 是无效的帧 ID。在每个通道的一个通信周期内，帧 ID 仅被使用一次。一簇中每个可能被传输的帧都赋予了一个帧 ID。ID 数字越小，则优先级越高。

有效载荷段长度用来指明有效载荷段的尺寸。有效载荷段的尺寸被编码为有效载荷段数据字节数值的 1/2（"字"的个数）。在静态时序部分的一个通信周期内，所有发送帧的有效载荷段长度应该是稳定不变的。在动态时序部分的一个通信周期内，不同帧的有效载荷段长度可能不同。另外，在不同周期内特殊动态时序部分的帧有效载荷段长度可能变化。

FlexRay 有效载荷段包含 0～254 字节数据。在动态时序部分，有效载荷段的前两字节通常用作信息 ID 域（Message ID Field），接收节点根据域中的内容过滤或者引导数据。在静态时序部分，有效载荷段的前 13 字节（数据 0～数据 12）通常用作网络管理向量，在同一个簇内所有的节点应具有相同长度的网络管理向量。帧头段的有效载荷前言指示位指明了有效载荷段是网络管理向量还是信息 ID。

FlexRay 帧尾段只含有 24 位的校验域，这个域包含了由帧头段与有效载荷段计算得出的 CRC 校验码。计算帧 CRC 时，根据网络传输顺序将从保留位开始，到有效载荷段最后一个字节的最后一位结束，这些数据都放入 CRC 生成器中进行计算。

2. 编码与解码

FlexRay 总线协议独立于底层物理层，有两个不同级的二进制媒介。这两个不同级媒介所产生的比特流称为通信要素（Communication Element）。节点使用"不归零"编码的方式对通信要素 CE 进行编解码。编码与解码（Coding and Decoding）实际讲述了通信控制器与总线驱动器之间，TxD、RxD 和 TxEN 接口信号的编码与解码行为，其具体结构如图 5-15 所示。

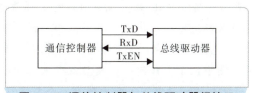

图 5-15 通信控制器与总线驱动器间接口

图 5-15 中 TxEN 是通信控制器请求数据信号，TxD 是发送信号，RxD 是接收信号。当总线上有一个传输给本节点的帧时，总线驱动器先把接收到的物理电平信号转变为一个串行信号，然后发送给通信控制器。当通信控制器有数据要发送到总线时，过程刚好相反。

编码与解码主要包括 3 个过程：编码与解码过程、位过滤过程（Bit Strobing）与唤醒模式解码过程（Wakeup Pattern Decoding）。这些过程主要涉及以下 3 项技术：位时钟对齐（Bit Clock Alignment）、采样与多数表决（SamPling and Majority Voting）与通道空闲检测（Channel Idle Detection）。

（1）位时钟对齐

位时钟对齐机制是用来同步本地位时钟的。位同步边缘（Bit Synchronization Edge）是用来对接收器的位时间进行重新对齐的。除了在对帧头段、帧数据载荷段或帧尾段的字节进行位解码时检测到一个高位的情况外，节点在每次检测到一个高位时，可以使位同步沿检测。当检测到一个位同步时沿时，位时钟对齐不会增加采样计数器的值，而是为了下次采样将其设置为 2。节点只能在从高到低的转变时，执行位同步。不管位同步在何时执行，位时钟对齐机制应使进一步的位同步失效。比特流解码过程在任何两个连续的位检测点之间至多执行一次的位同步。

（2）采样与多数表决

节点在 RxD 输入处执行采样，对于每个通道的采样时钟周期，节点应采样并存储 RxD 输入处的电平。节点在采样的 RxD 信号处执行多数表决操作，它的目的是过滤 RxD 信号。多数表决机制实际上是一个用于阻止 RxD 输入信号故障的过滤器。信号故障被定义为一个事件，它可以改变当前物理层条件。解码器可以连续地对最后一个存储的采样值进行估值，还可以计算高位采样的数量。如果采样的位大多数是高位，那么决策单元输出信号就是高位，否则就是低位。如图 5-16 所示描述了一个采样和多数表决。

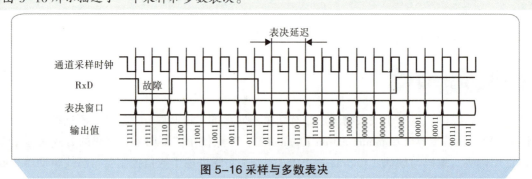

图 5-16 采样与多数表决

通道采样时钟的上升沿能够引起对 RxD 比特流当前值的采样动作，并将其保存在表决窗口内。表决窗口内的采样位的多数能决定输出情况，输出位的高低随多数的改变而改变。单个只会影响一个或者两个通道采样时钟周期的故障就会被阻止。在采样和表决结果的计算之间是有一定延迟的，这个延迟并没在图中显示。任何一个投票或者采样的延迟在时钟同步上的作用必须在内部进行补偿。在没有故障错误的情况下，输出值有一个与采样的 RxD 信号值相关的固定采样时钟周期的延迟。

（3）通道空闲检测

节点使用一个通道空闲检测机制来标识当前通信要素的结束。无论何时，只要在一个通道中连续检测到 n 个高位，无论该通道当前是否空闲，通道都将进行通道空闲检测。但是，当检测到节点在编码一个通信要素时，通道空闲检测是不会执行的。编码和解码机制是相互排斥的，通道空闲检测是一个解码机制的逻辑组件。

3. 媒体访问控制

在 FlexRay 协议中，媒介访问控制是以一个循环进行的通信周期为基础的。在一个通信周期中，FlexRay 提供了两种访问方式，分别为静态的基于时分多址（Time Division Multiple Access）的访问方式和动态的基于微型时槽（Minislots）的访问方式。

通信周期是 FlexRay 进行媒介访问的基本单位。它是通过时间等级层次来定义的，具体的时间等级层次由图 5-17 中所描述的 4 个时间层次组成。图中的通信周期层定义了通信周期（Cycle），它包含静态段（Static Segment）、动态段（Dynamic Segment）、符号窗（Symbol Window）及总线空闲时间（Network Idle Time）。在静态段中，静态的时分多址方式用来仲裁静态段传输的优先级。在动态段中，动态的基于微型时槽方式用来仲裁动态段传输的优先级。符号窗是一段通信时间段，在这段时间内可以传输一个符号。总线空闲时间是一段总线通信空闲时间，一个通信周期在此后结束。

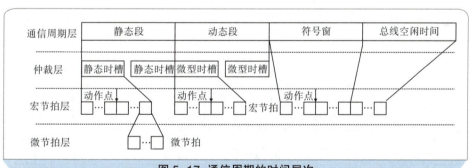

图 5-17 通信周期的时间层次

仲裁层包含仲裁网络，它构成了 FlexRay 媒介仲裁的主干部分。在静态段中，仲裁网络由称为静态时槽（Static Slots）的连续时间间隔组成；在动态段中，仲裁网络由称为微型时槽的连续时间间隔组成。

仲裁网络层是建立在由宏节拍（Marcotick）组成的宏节拍层之上的。宏节拍在簇宽度的基准内是同步的，遍及所有簇中的同步节点，宏节拍的时间是完全相同的。每个本地宏节拍的时间都是一个整数倍的微节拍的时间。已分配的宏节拍边缘称为行动点（Action Points），行动点是一些特定的时刻，在这些时刻上，将会发生传输的开始（在动态段、静态段和符号窗）和结束（只发生在动态段）。

微节拍层是由微节拍组成的。微节拍是由通信控制器外部振荡器时钟刻度选择性地使用分频器导出的时间单元。微节拍是控制器中的特殊单元，它在不同的控制器中可能有不同的时间。节点内部的本地时间间隔尺寸就是微节拍。

除了在启动期间,系统将周期性地执行一个通信周期,一个周期是由数量不变的宏节拍组成的。一个通信周期总是包含有一个静态段与一个总线空闲时间,而动态段与符号窗则可能包含,也可能不包含。

静态段和动态段中的仲裁是基于分配给每个通道的节点簇中节点的独特帧标识符及能计算出传输时槽的数目的计数方法进行的。帧标识符能够决定该帧由哪个段中的传输时槽在什么时候开始发送。

4. 时钟同步

在分布式通信系统中,每个节点都拥有自己的时钟。由于温度、电压以及时钟源的器件误差(如晶振)的影响,即使所有节点的内部时钟基准最初是同步的,在经过一段时间后,不同节点的内部时间基准仍会产生差异。

时间触发系统的基础假设是簇中的每个节点有几近相同的时间,这个共同的全局时间作为每个节点通信定时的基础。"几近相同"意味着任意两个节点全局时间的差异在一个指定的容许范围内。

FlexRay 协议使用分布式时钟同步机制,机制中每个节点观测从其他节点发送来的时间同步帧,根据这个时间同步帧每个节点各自地同步于整个簇。时钟同步包含两个主要的并发过程:宏节拍产生过程 MTG(Macrotick Generation Process)与时钟同步过程 CSP(Clock Synchronization Process)。宏节拍产生过程应用相位与速率修正值控制周期与宏节拍计数器。时钟同步过程实现了周期起始的初始化、偏差值的测量与存储、相位(Offset)与速率(Rate)修正值的计算3个过程。图 5-18 表明了这两种过程与媒体访问时间表之间的时间关系。

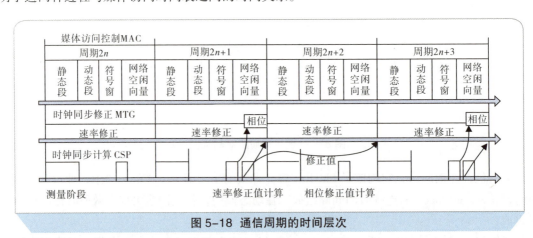

图 5-18 通信周期的时间层次

时钟同步功能的主要任务是确保将簇中不同节点间的时钟偏差抑制在一个精度内,节点间两种不同的时间偏差可以区别为相位偏差和频率偏差。同步不同节点本地时间基准,可以对相位偏差及速率偏差进行修正。FlexRay 使用了两种方法的结合,相位修正与速率修正在所有节点中使用的处理方法相同。

5. 唤醒与启动

为了节省资源，部分节点处于不工作状态时，进入"节电模式"。当这些节点需要再次工作时，就需要"唤醒"它们。主机可以在通信信道上传输唤醒模式，当节点接收到唤醒特征符（Wakeup Symbol）后，主机处理器和通信控制器才进行通电。

在通信启动执行之前，整个簇需要被唤醒。启动节点工作时，需要在所有通道上同步执行。初始一个启动过程的行为被称为冷启动（Coldstart），能启动一个起始帧的节点是有限的，它们称为冷启动节点（Coldstart Node）。在由 3 个节点组成的簇中，至少要有 3 个节点被配置为冷启动节点。组成簇的节点少于 3 个时，每个节点都应配置为冷启动节点，每个起始帧同样应为同步帧，因此每个冷启动节点同样应为同步节点。冷启动节点中，主动启动簇中消息的节点称为主冷启动节点（Leading Coldstart Node），其余的冷启动节点则称为从冷启动节点（Following Coldstart Node）。

当节点被唤醒并完成初始化后，它就可以在相应的主机控制命令发出之后进入启动程序。在非冷启动节点接收并识别至少两个相互通信的冷启动节点前，非冷启动节点一直等待。同时，冷启动节点监控两个通信通道，确定是否有其他的节点正在进行传输。当检测到通信信道没有进行传输时，该节点就成为主冷启动节点。

冷启动尝试以冲突避免操作符（Collision Avoidance Symbol，CAS）开始，只有传输 CAS 的冷启动节点能在最开始的 4 个周期传输帧。主冷启动节点先在两个通道上发送无格式的符号（一定数量的无效位），然后启动集群。在无格式符号发送完毕后，主冷启动节点启动该节点的时钟，进入第一个通信周期。从冷启动节点可以接收主冷启动节点发送的消息，在识别消息后，从冷启动节点便可确认主冷启动节点发送的消息的时槽位置，然后等待下一个通信周期。当接收到第二个消息后，从冷启动节点便开始启动它们的时钟。根据两条消息的时间间隔，测量与计算频率修正值，尽可能地使从启动节点接近主冷启动节点的时间基准。为减少错误的出现，冷启动节点在传输前需等待 2 个通信周期。在这期间，其余的冷启动节点可继续接收从主冷启动节点及已完成集群冷启动节点的消息。

从第 5 个周期开始，其余的冷启动节点开始传输起始帧。主冷启动节点接收第 5 个与第 6 个周期内其余冷启动节点的所有消息，并同时进行时钟修正。在这个过程中没有故障发生，且冷启动节点至少收到一个有效的起始帧报文对，主冷启动节点完成启动阶段，开始进入正常运行状态。

若从冷启动节点在前 4 个周期计算得出的修正值没有超过限值，则从第 5 个周期开始传输帧。在第 5 个周期～第 7 个周期内，若时钟修正没有问题，则从节点完成启动过程，开始进入正常运行状态。从冷启动节点进入正常运行状态，比主冷启动节点晚一个周期。

非冷启动节点首先监听通信信道，并接收信道上传输的信息帧。若接收到信道上传输的信息帧，便开始尝试融入启动节点。非冷启动节点通过接收一对启动帧来修正它的进度及时钟。在接下来的 2 个周期内，非冷启动节点要确定至少 2 个发送启动帧的冷启动节点，并符合它们的进度。若无法满足条件，非冷启动节点将退出启动程序。非冷启动节点接收到至少 2 个启动节点连续的 2 组双周期启动帧后，开始进入正常运行状态。非冷启动节点进入正常工作状态，比主冷启动节点晚 2 个周期。

图 5-19，描述了启动的过程。其中，A 是主冷启动节点，B 是从冷启动节点，C 是非冷启动节点。

课题五 以太网与FlexRay数据总线系统

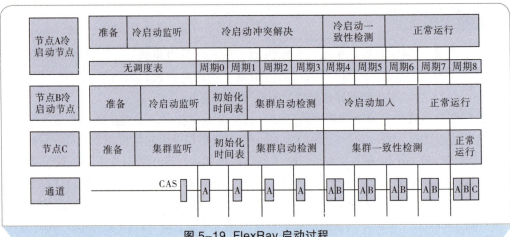

图 5-19 FlexRay 启动过程

六、FlexRay 数据总线在汽车上的应用

FlexRay数据总线应用在宝马E70总线系统的垂直动态管理（VDM）系统控制单元和卫星式控制单元（EDC）之间的数据交换上。

1. 宝马 E70 的 FlexRay 数据总线系统的组成

E70车FlexRay数据总线系统由EDC卫星式控制单元、VDM控制单元及FlexRay数据总线组成，其在车上布置如图5-20所示。E70 FlexRay数据总线系统如图5-21所示。

图 5-20 FlexRay 数据总线系统在车上的布置

图 5-21 宝马 E70 FlexRay 数据总线系统

2. 宝马 E70 的 FlexRay 数据总线系统

（1）总线拓扑结构

宝马 E70 车上 FlexRay 数据总线系统的物理结构为星形结构。所有 EDC 卫星式控制单元都分别通过防水连接件连接在 VDM 控制单元上。但是，在内部左侧和右侧 EDC 卫星式控制单元则连接为一个线型拓扑结构。两个线型结构通过一个由两个总线驱动器组成的双星形结构连接在一起，如图 5-22 所示。由某一个 EDC 卫星式控制单元或由 VDM 控制单元发出的每一条信息都会到达所连接的控制单元处。

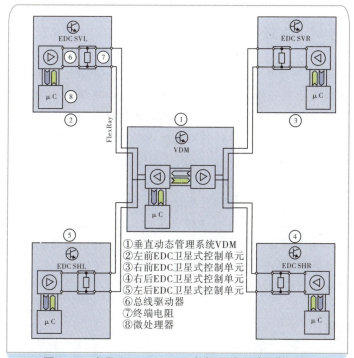

图 5-22 宝马 E70 FlexRay 数据总线系统拓扑结构

（2）总线信号特性

总线信号的正常波形如图 5-23（a）所示。若信号进入所标记的"内部区域"（绿色或红色六边形），则说明总线系统出现了异常，如图 5-23（b）所示。

FlexRay 数据总线系统是数据传输速率较高且电压变化较快的一种总线系统，对信号电压的高低以及电压上升沿和下降沿的斜率有严格规定，必须位于规定数值内。总线无通信时，FlexRay 数据总线系统高、低电压均为 2.5 V（对地电压）。总线通信时，FlexRay 数据总线系统高电压上升 0.6 V，即为 3.1 V（对地电压）；FlexRay 数据总线系统低电压下降 0.6 V，即为 1.9 V（对地电压）。

因电缆安装不正确、接触电阻等产生的电气故障可能引起数据传输速率问题。

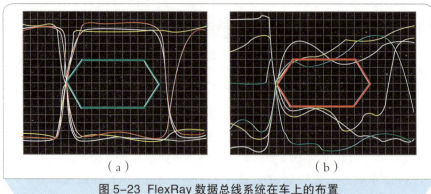

图 5-23 FlexRay 数据总线系统在车上的布置

（a）正常波形；（b）非正常波形

（3）确定性（实时）数据传输

CAN 数据总线系统是一种事件控制型总线系统，存在一个事件时就会传输数据，如果许多事件汇集在一起，则可能出现传输延迟现象。如果无法成功地传输一条无错误的信息，则信息将一直发送到通信设备做出确认。如果总线系统内出现故障，则可能导致这些事件控制的信息汇集在一起并造成系统过载，即各信号的传输要延迟很长时间。这种情况可能导致各系统的控制特性变差。

FlexRay 数据总线系统是一种时间控制型总线系统，该系统也可以用于以事件控制方式传输数据的部分区域。在时间控制的区域内按时隙分配信息，一个时隙是指一个规定的时间段，该时间段对某一信息（如车身高度）开放。这样，在 FlexRay 数据总线系统内重要的周期性信息以固定的时间间隔（实时）传输，因此不会造成 FlexRay 数据总线系统过载。如果由于暂时性故障而造成一条信息丢失，则这条信息不会再次发送，为此规定的下一个时隙内将发送当前数值。对时间要求不高的其他信息则在事件控制的区域内传输。

（4）同步化

为了能够在联网控制单元内同步执行各项功能，需要一个共同的时基。因为所有控制单元利用其自身的时钟脉冲发生器工作，所以必须通过总线进行时间匹配。控制单元测量某些同步位的持续时间，据此计算平均值，并根据该数值调整总线时钟脉冲。这样可以确保最小的时间差，在较长时间内也不会导致传输错误。

（5）网关

宝马 E70 车 FlexRay 数据总线系统是单通道形式的双线总线系统。VDM 控制单元作为网关，将总线系统 PT-CAN 与 FlexRay 数据总线系统连接起来，如图 5-24 所示。FlexRay 数据总线系统上的 EDC 卫星式控制单元与 PT-CAN 上的控制单元之间通过 VDM 控制单元进行数据通信。连接在 PT-CAN 上的控制单元为便携进入及起动系统（CAS）控制单元、接线盒（JB）控制单元、数字式发动机电子系统（DME）控制单元、变速器电子控制系统（EGS）控制单元和自适应弯道照明系统（AFS）控制单元。

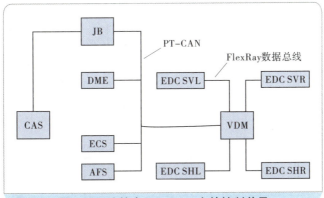

图 5-24 连接在 PT-CAN 上的控制单元

（6）数据传输线

宝马 E70 车 FlexRay 数据总线系统数据传输线采用带电缆套的双芯双绞线电缆，电缆套用于防止电缆机械损坏，电缆的颜色为绿色和粉红色。为了抑制外部干扰，每个 EDC 卫星式控制单元都带有一个终端电阻。

可以借助万用表测量从 VDM 控制单元处开始的数据传输线的电阻来判断数据传输线的好坏。若数据传输线两端阻值为 90～110 Ω（不识别阻抗误差），则说明 EDC 卫星式控制单元至 VDM 控制单元的数据传输线正常，且 EDC 卫星式控制单元已连接；若电阻为 10 Ω，则说明数据传输线短路；若电阻为 10～90 Ω，则说明数据传输线损坏（如连接器潮湿、数据传输线挤压变形）；若电阻大于 110 Ω，则说明数据传输线断路或者 EDC 控制单元未连接。

需要特别说明的是，FlexRay 数据总线系统数据传输线电阻的测量结果无法 100% 体现出系统线路的功能，出现数据传输线挤压变形或连接器腐蚀等损坏情况时，在静态模式下数据传输线电阻可能位于公差范围内。但是，在动态模式下，电器影响因素可能引起波涌阻抗提高，从而出现数据传输问题。

（7）总线的唤醒及休眠

车辆解锁和起动时的唤醒和休眠特性曲线如图 5-25 所示。

阶段 1：驾驶员将车辆解锁，CAS 控制单元启用 K-CAN 和 PT-CAN，PT-CAN 内的电压短时切换到高电压，VDM 控制单元复制该信号并将其传输至 FlexRay 数据总线系统上的唤醒导线。

阶段 2：驾驶员打开车门，总线端仍处于关闭状态（遥控钥匙插入点火开关内，总线端才能接通），总线系统内的电压再次下降。

阶段 3：驾驶员起动发动机，点按"起动"/"停止"按钮，总线端接通，电压保持在设定值，直至再次关闭总线端。

阶段4：总线端关闭时整个车辆网络进入休眠模式，以免耗电过多。为确保所有控制单元都"休眠"，网络内的每个控制单元都将自动注销，只有所有EDC卫星式控制单元都在VDM控制单元处注销后，VDM控制单元才能将该条信息发送给PT-CAN，从而发送给整个网络。

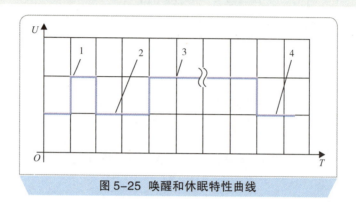

图5-25 唤醒和休眠特性曲线

任务三　FlexRay 数据总线系统的检修

一、FlexRay 数据总线的典型故障

奥迪 A8L 的 FlexRay 数据总线的典型故障表现如下：

①一条数据总线对地短路。数据总线诊断接口 J533 识别到一个持续不变的压差，相关的总线支路关闭，直到再次"空闲"，即识别到休眠模式的电平。

②两条数据总线相互短路。数据总线诊断接口 J533 识别到"空闲"电压持久不变，该总线支路上再也无法发送和接收数据。

③控制单元持续发送"空闲"。数据总线诊断接口 J533 识别到总线支路"空闲"，并关闭总线支路。

二、FlexRay 数据总线的故障诊断

数据总线诊断接口 J533 识别到网络中的故障，并使没有故障的区域可以继续工作。故障可能仅出现在某一部分网络内，但是也有可能涉及整个网络。

下列 FlexRay 总线故障可以用车辆诊断测试仪诊断（地址码 19- 数据总线诊断接口）：

①控制单元无通信。
② FlexRay 数据总线损坏。
③ FlexRay 数据总线初始化失败。
④ FlexRay 数据总线信号出错。

图 5-26 列出了奥迪 A8L 的 FlexRay 数据总线所有终端电阻的阻值，可以结合故障诊断对出现故障的部位进行检查。当 FlexRay 数据总线出现短路时，只影响在同一支路的所有控制单元出现"无法达到"故障；当 FlexRay 数据总线出现断路时，只影响在同一支路断点后的控制单元出现"无法达到"故障（图 5-27）。要注意的是，J104 是由 CAN 总线诊断的，而 J492 是由 FlexRay 数据总线诊断的。

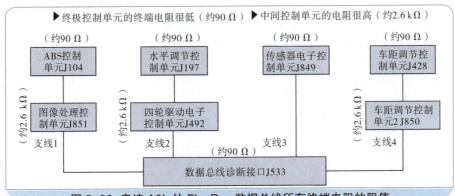

图 5-26　奥迪 A8L 的 FlexRay 数据总线所有终端电阻的阻值

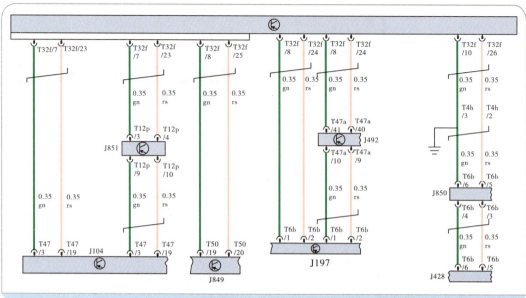

图 5-27 奥迪 A8L 的 FlexRay 数据总线的短路和断路故障特点

三、FlexRay 数据总线的故障检修

FlexRay 数据总线与 CAN 数据总线一样，是绞接线。该线另有保护层，保护层不是起屏蔽作用的，而是用于尽量降低外部干扰（如湿度和温度）对数据线特性阻抗的影响。

理论上讲，FlexRay 数据总线在修理时可逐段更换，但要注意无绞接段和无外皮段的长度。如图 5-28 所示，奥迪 A8L 的 FlexRay 使用横截面积为 0.35 mm² 的双芯护套电缆作为数据总线 1 和 2。

维修时，FlexRay 数据总线的两根芯的长度必须完全吻合。如果要绞合 FlexRay 数据总线 1 和 2，则必须满足绞距 $A=30$ mm。

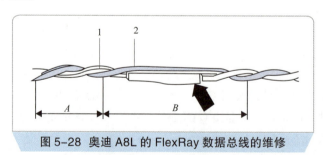

图 5-28 奥迪 A8L 的 FlexRay 数据总线的维修
1—FlexRay 数据总线 1；2—FlexRay 数据总线 2

思考与练习

一、填空题

1. 以太网的介质目前使用最多的是_____或_____。
2. FlexRay 作为一种灵活的车载网络系统,具有_____、_____及_____的特点。
3. FlexRay 使用了_____、_____2 种方法的结合,以达到时钟的同步。
4. 在媒体访问控制中,FlexRay 提供了_____、_____2 种访问的方式。
5. FlexRay 的拓扑结构主要分为_____、_____和_____3 种。
6. FlexRay 在网络控制单元中主要由_____、_____、_____、_____和_____组成。
7. 宝马 E70 车上,FlexRay 数据总线系统主要采用的物理结构是_____。

二、简答题

1. 简述以太网的分类。
2. 简要概括以太网的物理层和数据链路层是如何工作的。
3. 概括 FlexRay 数据总线系统的特性。
4. 概括 FlexRay 数据总线系统的工作原理。
5. 什么是半双工 MAC 子层、全双工 MAC 子层?

课题六

各车系车载网络系统

[学习任务]

1. 熟悉各车系车载网络系统的组成及特点。
2. 能够完成不同车系 CAN 系统故障诊断。

[技能要求]

1. 学会检修汽车车载网络系统的基本故障。
2. 能排除汽车车载网络系统故障，使其恢复正常工作。

任务一　奥迪车系车载网络系统

一、奥迪 A6 轿车 CAN 数据总线

1. 驱动系统 CAN 数据总线

（1）驱动系统 CAN 数据总线的组成

奥迪 A6 轿车驱动系统 CAN 数据总线连接发动机控制单元、变速器控制单元、电子稳定程序（ESP）控制单元、安全气囊控制单元、电子驻车制动控制单元、前照灯照程调节系统控制单

元等。奥迪A6轿车驱动系统CAN数据总线各控制单元在车上的安装位置如图6-1所示，拓扑图如图6-2所示。

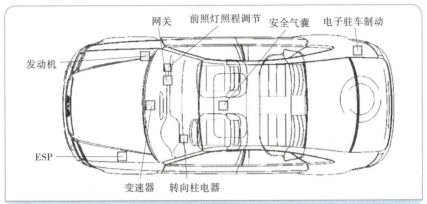

图6-1 奥迪A6轿车驱动系统CAN数据总线各控制单元在车上的安装位置

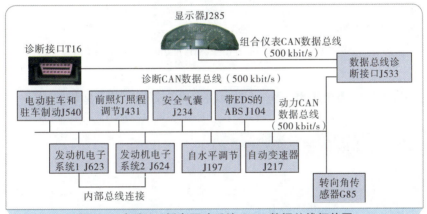

图6-2 奥迪A6轿车驱动系统CAN数据总线拓扑图

点火开关断开后，CAN通信一直有效，通信断路时（如拔下插头或某一控制单元供电断路）会产生故障记忆，在重新连接正常后，必须删除所有控制单元的故障存储后才可以正常运行。

（2）驱动系统CAN数据总线的特点

①高速传输，500 kbit/s。
②分类级别为CAN数据总线的C类。
③双绞线传输：CAN-H高电平线为橙色/黑色，CAN-L低电平线为橙色/棕色。
④在一根线断路/短路时，所有功能都会停止。

2. 舒适系统CAN数据总线

（1）舒适系统CAN数据总线的组成

舒适系统CAN数据总线系统连接和控制的电控单元比较多，有空调控制单元、停车辅助控制单元、挂车控制单元、蓄电池能量管理单元、车门控制单元、电子转向柱锁控制单元、驻车加热控制单元、轮胎气压监控控制单元以及多功能转向盘、电子后座椅等控制单元。舒适系统CAN数据总线各控制单元安装位置如图6-3所示。同样，点火开关断开后，CAN通信一直有效，通信断路时（如拔下插头或某一控制单元供电断路）会产生故障记忆，在重新连接正常后，必须删除所有控制单元的故障存储后才可以正常运行。

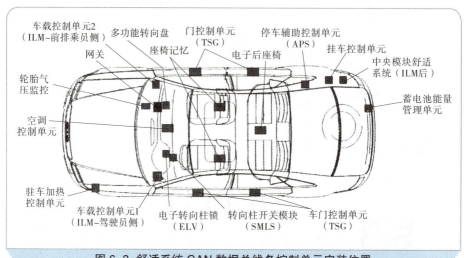

图6-3 舒适系统CAN数据总线各控制单元安装位置

（2）舒适系统CAN数据总线的特点

① 传输速率较低，100 kbit/s。
② 分类级别为CAN数据总线的B类。
③ 双绞线传输：CAN-H高电平线为橙色/绿色，CAN-L低电平线为橙色/棕色。

二、奥迪A6舒适系统LIN数据总线

1. 舒适系统LIN数据总线的组成

　　LIN数据总线是CAN数据总线网络下的子系统。车上各个LIN数据总线系统之间的数据交换是由控制单元通过CAN数据总线实现的。奥迪A6轿车的LIN数据总线组成及安装位置如图6-4所示。由于舒适系统的传感器和控制单元比较多，对于数据传递速率比较低的传感器和控制单元可用LIN数据总线连接。LIN数据总线采用单线连接，成本低，所占空间小。

　　奥迪A6的LIN数据总线上的传感器和控制单元按所在位置分布如下：

　　车顶：温度传感器、光敏传感器、信号灯控制、汽车顶篷等。

　　车门：车窗玻璃、中控锁、车窗玻璃开关、门窗提手等。

　　车头：传感器、小电动机、转向盘、方向控制开关、风窗玻璃上的擦拭装置、转向灯、无线电、空调、座椅、座椅控制电动机、转速传感器等。

　　图6-5所示为奥迪A6轿车部分舒适系统CAN数据总线和LIN数据总线的拓扑图。

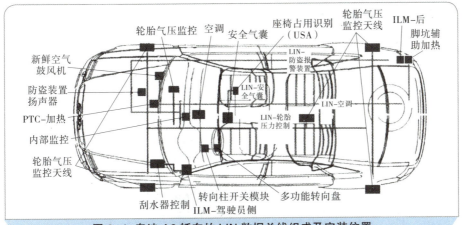

图 6-4 奥迪 A6 轿车的 LIN 数据总线组成及安装位置

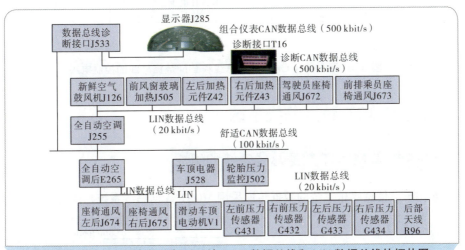

图 6-5 奥迪 A6 轿车部分舒适系统 CAN 数据总线和 LIN 数据总线的拓扑图

2. 舒适系统 LIN 数据总线的特点

①一个主控单元连接多个从控单元。奥迪 A6 轿车空调系统的控制由两个 LIN 数据总线组成,即全自动空调 J255 连接的 LIN 数据总线和全自动空调后 E265 连接的 LIN 数据总线。

全自动空调 J255 作为 LIN 数据总线的主控单元,连接 6 个从控单元,分别是新鲜空气鼓风机 J126、前风窗玻璃加热 J505、左后加热元件 Z42、右后加热元件 Z43、驾驶员座椅通风 J672 和前排乘员座椅通风 J673。

全自动空调后 E265 作为另一个 LIN 数据总线的主控单元,连接 2 个从控单元,分别是座椅通风左后 J674 和座椅通风右后 J675。

②一个主控单元连接多个传感器。轮胎压力监控 J502 作为 LIN 数据总线的主控单元,连接 4 个轮胎的压力传感器,即左前压力传感器 G431、右前压力传感器 G432、左后压力传感器 G433、右后压力传感器 G434 和一个后部天线 R96。

③各 LIN 数据总线之间的数据交换是由主控单元通过舒适系统 CAN 数据总线实现的,如全自动空调的两个 LIN 数据总线之间的数据交换就是由主控单元通过舒适系统 CAN 数据总线实现的。各轮胎的压力数据经轮胎压力监控 J502、舒适系统 CAN 数据总线上传到数据总线诊断接口 J533,供显示和诊断使用。

3.LIN 数据总线控制实例

如图 6-6 所示，刮水器操纵信号控制流程如下：
①驾驶员将刮水器控制杆放到刮水器间歇位置。
②转向柱电子装置 J527 读取刮水器控制杆的实际位置信息。
③转向柱电子装置 J527 经由舒适系统 CAN 数据总线向供电 1 J519 单元发送此信息。
④供电 1 J519 通过 LIN 数据总线向刮水器电动机 J400 发出指令，运行在间歇位置模式。

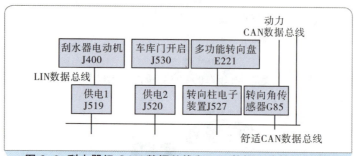

图 6-6 刮水器经 CAN 数据总线和 LIN 数据总线的控制电路

三、奥迪 MOST 数据总线系统

1.奥迪 A6 轿车 MOST 数据总线系统的组成

在奥迪 A6 轿车上信息娱乐系统的数据传递采用 MOST 数据总线系统，拓扑图如图 6-7 所示。

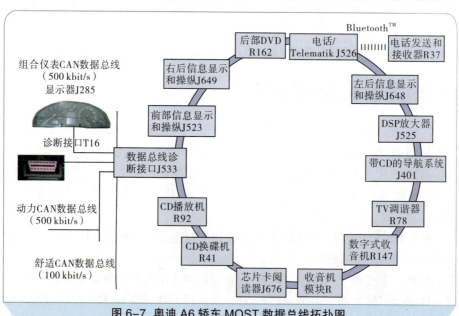

图 6-7 奥迪 A6 轿车 MOST 数据总线拓扑图

奥迪 A6 轿车 MOST 数据总线系统包括：数据总线诊断接口 J533、前部信息显示和操纵 J523、右后信息显示和操纵 J649、后部 DVD R162、电话 /Telematik（德语：信息通信）J526、电话发送和接收器 R37、左后信息显示和操纵 J648、DSP（数字信号处理）放大器 J525、带 CD 的导航系统 J401、

TV 调谐器 R78、数字式收音机 R147、收音机模块 R、芯片卡阅读器 J676、CD 换碟机 R41 和 CD 播放机 R92 等。每一个与 MOST 数据总线相连接的单元都设置了收发装置和其他相关专用装置。

2. 奥迪 A6 轿车 MOST 数据总线系统的工作模式

如图 6-8 所示，奥迪 A6 轿车 MOST 数据总线系统有 3 种工作模式：休眠模式、待命模式和工作模式。

（1）休眠模式

休眠模式也称睡眠模式。MOST 数据总线系统处于睡眠模式时，MOST 数据总线内没有数据交换，所有设置处于待命状态，静态电流被降至最小值。睡眠模式的唤醒只能由系统管理器发出的光启动脉冲来激活。在满足下述 3 个条件时，MOST 数据总线系统进入睡眠模式：

① 总线上的所有控制单元都处于准备进入睡眠模式，如视音频设备处于"关"的状态。
② 其他总线系统不经过网关向 MOST 提出要求。
③ 诊断不被激活。

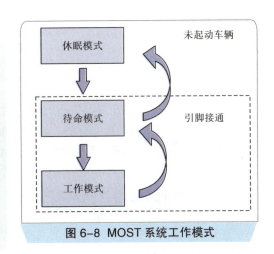

图 6-8 MOST 系统工作模式

（2）待命模式

待命模式也称备用模式。MOST 数据总线系统处于待命模式时，无法为用户提供任何服务，就好像系统已经关闭一样。MOST 数据总线系统在后台运行，但所有的输出介质（如显示屏、收音机放大器等）都不工作或不发声，这种模式在启动及系统持续运行时被激活。待命模式的前提条件如下：

① 由其他数据总线经由网关得以激活，如驾驶座位旁车门打开或关闭时、点火开关接通等。
② 可以由总线上的一个控制单元得以激活，如一个要接听的电话。

（3）工作模式

工作模式也称通电模式。MOST 数据总线系统处于通电工作模式时，控制单元完全接通，MOST 数据总线上有数据交换，用户可使用所有功能。通电工作模式的前提条件如下：

① MOST 数据总线处在待命模式。
② 由其他数据总线得以激活，如显示屏工作等。
③ 用户通过操纵多媒体操纵盘激活 MOST 数据总线，如打开收音机等。

3. 奥迪 A6 轿车蓝牙系统

蓝牙技术首先用在奥迪 A6 轿车上，实现电话发送/接收器 R37 与电话/信息通信 JS26 的无线联系，如图 6-7 所示。

任务二　通用车系车载网络系统

一、概述

由于车载控制单元的数量和各控制单元之间的数据交换量在不断增加，因此很多车辆在控制模块之间采用了总线通信。总线是一条物理线路，为两个或多个控制模块之间提供通信路径。目前通用公司车载网络系统采用的总线包括 UART、Class 2 和 LAN 3 种形式。

1. J1850 通信协议标准概述

J1850 总线是 1994 年由美国汽车工程师协会（Society of Automotive Engineers，SAE）颁布的标准，属于 B 级（Class B）总线，之后普及运用于美国车厂的汽车中，如福特（Ford）、通用汽车（GM）、克莱斯勒（Chrysler）等，虽然美国车厂多实行 J1850 标准，但各厂的实际做法各有不同，Ford 的实体层设计与 GM、Chrysler 不同，而 GM 与 Chrysler 的实体层虽相同，但更上层的讯框格式却不同，等于 3 家车厂有 3 种协议。

J1850 支持两种信号传输方式：一种是以脉宽调变（Pulse Width Modulation，PWM）方式传送，运用两条线路以差动方式进行传输，最高传输速率为 41.6 kbit/s，被美国福特汽车公司采用，又称 SCP 协议；另一种是可变脉宽（Variable Pulse Width，VPW）方式，此方式仅使用 1 条线路就可传输，最高传输速率为 10.4 kbit/s，为美国通用汽车公司和美国克莱斯勒汽车公司采用，又称 Class 2 协议。

在逻辑准位方面，J1850 的高电平电压在 4.25～20 V，而低电平电压则低于 3.5 V。要注意的是，1 个高电压（或低电压）并不代表输出 1 个 bit 的信息，而是 1 个"bit symbol"，1 个"bit symbol"最少可以携带 1 个 bit 的信息，但也可以更多，视调变做法而定。此外，每个"bit symbol"的传递有其时间限制，以单线方式传输而言，1 个 symbol 的传递时间为 64 μs 或 128 μs。

在实体线路上，J1850 总线平时会连接 1 个微弱的下拉式电阻，当总线被驱动时则会将线路电压拉至高电平，拉至高电平的同时也等于取得总线的主导权、使用权。若发生争抢总线主导权的情形，则 J1850 使用 CSMA/CR 方式对争抢进行仲裁，以决定总线上某个节点有权先使用总线。

至于最远传输距离与最多的节点数等表现，VPW 型的 J1850 最远能传输 35 m，最多能在 1 个 J1850 总线内设置 32 个节点。在故障诊断连接器（Connector）方面，许多应用案例中 J1850 是使用 OBD Ⅱ（On-Board Diagnostics Ⅱ）的连接器，虽然 ODB Ⅱ 是另一套通信接口与通信协议，但通常使用 J1850 作为 OBD Ⅱ 通信连接。

2. UART 串行通信系统

（1）串行数据

当通过串行数据总成从一个控制模块向另一控制模块发送信息时，所发送的信息即称为串行数据。从电子信号角度说，串行数据就是一系列由高到低迅速变化的电压脉冲串。一个电压脉冲串表示一条信息。

（2）UART 串行通信网络

UART 是异步收发串行通信系统，它采用单线制线路，传输速率为 8 192 bit/s。UART 串行通信网络中有一个控制串行数据总线通信的主控模块，在大多数情况下，车身控制模块就是 UART 总线的主控模块。UART 通信采用 5 V 单线数据线，其系统电压为 5 V。可见，UART 是通过正逻辑运算相同的脉宽进行数据通信的。UART 串行通信波形如图 6-9 所示。

3. Class 2 串行通信网络

Class 2 串行数据总线是通用的第 2 代串行数据传输总线，它也采用单线制线路，传输速率为 10 400 bit/s。Class 2 串行数据线电压为 0V，传递数据电压为 7V，系统传送数据采用的是可变脉宽，每一位信息都可能有 2 种长度，即长或短。当点火开关拨至 RUN 位置时，Class 2 串行数据网络上的模块每 2 s 会发送一个 SOH 信息来确保模块工作正常。当一个模块停止传递信息时，如一个模块失去电源和搭铁，就不能发送 SOH 信息，那么在 Class 2 串行数据网络上等着接收 SOH 信息的其他模块就会感知并设置与模块（不能传递信息的模块）失去通信的故障码（DTC）。对于不能传递信息的模块来说，DTC 是唯一的，如当 BCM 的 SOH 信息消失了，其他的几个模块会设置 DTC U1064。应注意的是，当存在失去通信的 DTC 时并不是代表产生 DTC 的模块有问题。Class 2 串行通信波形如图 6-10 所示。UART 和 Class 2 串行数据通信的特点对比如表 6-1 所示。

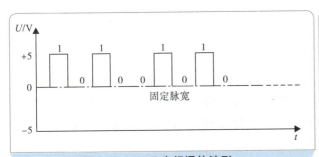

图 6-9 UART 串行通信波形

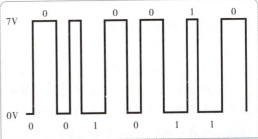

图 6-10 Class 2 串行通信波形

表 6-1 UART 和 Class 2 串行数据通信的特点对比

项目	UART	Class 2
电压 /V	5	7
通信方式	低电压通信	高电压通信
传输速率 /（bit/s）	8 192	10 400
脉宽	固定脉宽	可变脉宽
数据传递方式	连续方式	以数据包形式传输，多个模块可同时输送

4.GM LAN 串行通信网络

GM LAN 和 UART 协议的主要区别在于，UART 依靠总线主控模块控制信息收发，而 GM LAN 的信息收发由各控制模块管理。该总线采用终端电阻作为线路终结器，位于总线线路末端的两个控制模块内。这些终端电阻的作用是：防止当数据传输到 GM LAN 总线线路末端时出现反射回送。GM LAN 是一种基于控制器区域网通信协议的通信，动力系统接口模块总线终端电阻为 120Ω，发动机控制模块总线终端电阻也为 120Ω，GM LAN 总线是一个双线线路。

GM LAN 总线采用高速差分模式进行通信，通信速率是 500 kbit/s。GM LAN 串行通信波形如图 6-11 所示，它可以通过 2 个逻辑层面即隐性（未驱动）和显性（驱动）显示。

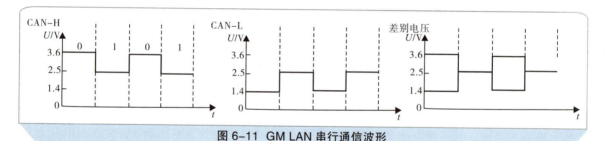

图 6-11 GM LAN 串行通信波形

（1）隐性（逻辑 1）

总线处于空闲状态，CAN-H 和 CAN-L 电压相同，均为 2.5 V，不存在差分电压。

（2）显性（逻辑 2）

总线处于被驱动状态，CAN—H 电压为 3.6 V，CAN—L 电压为 1.4 V，存在 2.2 V 差分电压。
LAN 通信协议与 UART 通信协议不兼容，由网关来协调两个网络间的通信。别克荣御的网关是动力系统接口模块（PIM），如图 6-12 所示。在串行数据通信系统中集成了动力系统接口模块，使通信网络 UART 和 LAN 之间可以实现双向通信。

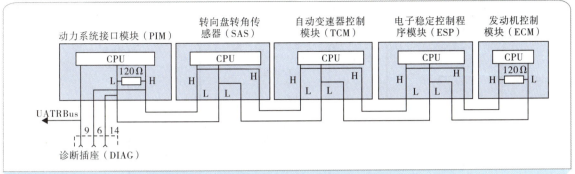

图 6-12 别克荣御动力系统网络和网关

二、通用别克君威车载网络系统

1. 别克君威车载网络通信系统

别克君威轿车采用了 Class 2 串行通信网络，由一根单线将不同的电子控制模块相连，称为 Class 2 数据总线。由总线控制的系统包括车身控制模块（BCM）、电子制动控制模块（EBCM）、暖风通风与空调系统控制模块（Regal 3.0GS）、充气保护装置传感诊断模块（SDM）、组合仪表（IP）、动力总成控制模块 PCM（Regal 2.5GL、3.0GS）、发动机控制模块 ECM（Regal 2.0G）、防盗钥匙确认系统（PK-3）模块。此外，Class 2 串行数据链路允许故障诊断仪（TECH2）与这些模块通信，以达到诊断和测试目的。

2. 车载网络通信系统检修

别克君威 Class 2 数据通信电路如图 6-12 所示。别克君威采用标准 16 端子的诊断插座（DLC），诊断插座中不同端子的作用如表 6-2 所示。由表 6-2 可知，别克君威轿车诊断插座（DLC）的 2 脚与电控系统的数据总线相连，可通过总线访问不同的控制单元。别克君威轿车车载网络通信类故障码及其含义如表 6-3 所示，故障码的维修要点参见别克新世纪的说明。

表 6-2 别克君威轿车诊断插座各端子作用

端子	作用	端子	作用
1	UART 或其他串行数据	9	UART
2	Class 2（J1850）	10	—
3	—	11	悬架
4	接地	12	—
5	接地	13	—
6	—	14	E/C 数据（音响、空调）
7	K 线（ISO）	15	L 线（ISO）
8	—	16	供电

课题六 各车系车载网络系统

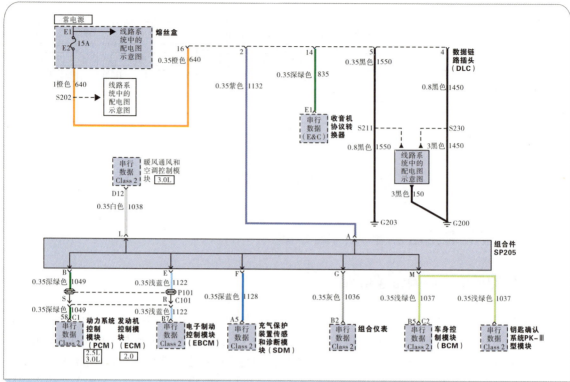

图 6-13 别克君威 Class 2 数据通信电路

表 6-3 别克君威轿车车载网络通信类故障码及其含义

故障码说明	存在故障的模块
DTC U1000 Class 2 数据链路故障，参见"DTC U1000 和 DTC U1255 Class 2 通信故障"	SDM（气囊模块）
DTC U1016 与动力总成控制模块失去通信，参见"DTC U1001-U1254 与×××失去通信（3.0L）"	BCM（车身控制模块）、EBCM（电子制动控制模块）、IPC（仪表）、SDM、PK3（车辆防盗模块）
DTC U1016 与发动机控制模块失去通信，参见"DTC U1001-U1254 与×××失去通信"	BCM、EBCM、IPC、SDM
DTC U1040 与电子制动控制模块失去通信，参见"DTC U1001-U1254 与×××失去通信"	BCM、IPC、SDM
DTC U1064 与车身控制模块失去通信，参见"DTC U1001-U1254 与×××失去通信"	IPC
DTC U1088 与安全气囊模块失去通信，参见"DTC U1001-U1254 与×××失去通信"	IPC
DTC U1096 与组合仪表失去通信，参见"DTC U1001—U1254 与×××失去通信"	SDM
DTC U1192 与钥匙确认系统 PK-Ⅲ型模块失去通信，参见"DTC U1001-U1254 与×××失去通信"	PCM（动力系统控制模块，2.5L、3.0L）、ECM（发动机控制模块，2.0L）
DTC U1255 Class 2 数据链路故障，参见"DTC U1000 和 DTC U1255 Class 2 通信故障"	BCM、PK3
DTC U1300 Class 2 数据链路低电平，参见"DTC U1300 Class 2 数据链路低电平"	BCM、EBCM、IPC、SDM
DTC U1301 Class 2 数据链路高电平，参见"DTC U1301 Class 2 数据链路高电平"	BCM、EBCM、IPC、SDM

任务三　典型汽车车载网络系统故障检修案例

一、奥迪故障检修案例

1. 案例一

一辆奥迪 A6L 轿车行驶里程为 6 000 km，出现的故障现象是：后尾灯、顶灯不亮，电子驻车制动报警，驻车辅助失效，前、后右侧玻璃无法升降。诊断步骤如下：

①连接 VAS5052 读取故障码，舒适控制单元 J393、电动驻车和手制动器控制器 J540、泊车辅助控制器 J446 均显示无法达到，网关有 J393 无法通信故障。

②分析可能为 CAN 数据总线通信出现问题，先检查各个相关控制单元的供电、搭铁，如图 6-14 所示。首先检查 J393 的 15 号线、31 号线均正常，检查 30 号线发现仅有 3.4 V 电压，应为蓄电池电压，不正常。

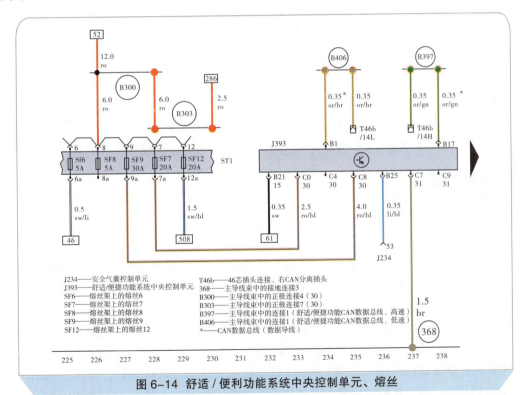

图 6-14　舒适/便利功能系统中央控制单元、熔丝

③查 ELSA 电路图（图 6-15），发现供电是由蓄电池正极→Sl32 熔丝→B300（正极连接 4，在主导线束中）→ST1→J393。ST1 是右后尾箱饰板内黑色熔丝架，ST1 上的熔丝均由 B300 供电，ST1 上有舒适控制单元 J393、电动驻车和手制动器控制器 J540、泊车辅助控制器 J446、右后车门控制器 J389、前排乘客侧车门控制器 J387。

④检查 ST1 上的所有熔丝电压，均为 3.4 V。由此分析为 ST1 前方供电或连接问题。检查发现蓄电池正极到 B300 连接松动，有虚接现象，重新紧固螺钉，故障排除。

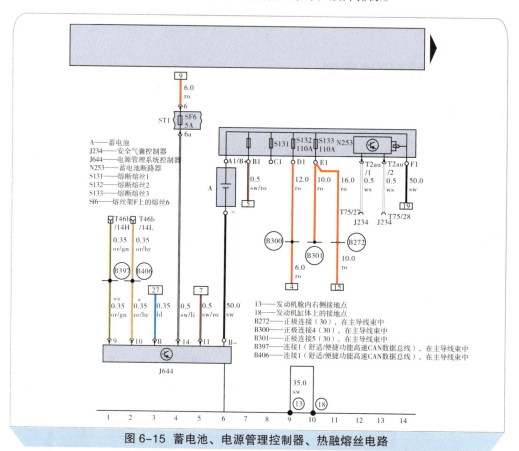

图 6-15 蓄电池、电源管理控制器、热融熔丝电路

2. 案例二

一辆奥迪 A6L 轿车行驶里程为 3 000 km，出现的故障现象是：无法起动，且组合仪表上的故障灯均不亮。诊断步骤如下：

①连接 VAS5052 检测，无法进入诊断，分析可能为数据总线诊断接口 J533（网关）供电故障，检查其熔丝正常，搭铁情况正常。将拔下的熔丝装回后，发现可以进入诊断。

②各控制单元诊断结果（故障码）如表 6-4 所示。

③从上述诊断所得故障码分析，大多为各控制单元和数据总线诊断接口 J533 没有信号或不通信故障，伴有部分控制单元互相之间无通信，但数据总线诊断接口 J533 自身无故障记录。

④考虑到数据总线诊断接口 J533（网关）的功能是将速率不同的各条总线连在一起，实现信息共享和数据传输，从上述故障码均反映数据总线诊断接口 J533（网关）有故障的情况来看，故障点应在数据总线诊断接口 J533。

⑤试更换数据总线诊断接口 J533，清除故障码，系统恢复正常。

表 6-4 各控制单元的诊断结果

控制单元	故障码	故障描述
01 Motronic 燃油喷射和点火装置系统 MED9	01299 P0513 008	错误的防起动锁代码（偶尔发生的）
	05634 P1602 002	电源端子 30 电压太低（偶尔发生的）
	49425 U0111 0D8	蓄电池能量管理控制单元无信息交换（偶尔发生的）
	49493 U0155 008	仪表板控制单元无信息交换（偶尔发生的）
	49508 U0164 008	空调控制单元无通信（偶尔发生的）
02 Multitronic 01J 前轮驱动	05889 P1701 000	禁用变速器控制单元（偶尔发生的）
	49478 U0146 000	诊断接口控制单元无信息交换（偶尔发生的）
	49493 U0155 000	仪表板控制单元无信息交换（偶尔发生的）
03 ABS/ESP Bosch&0	00473 004	电控停车/手制动控制单元 J540 没有信号/不通信（偶尔发生的）
	01299 004	数据总线诊断接口 J533 没有信号/不通信（偶尔发生的）
	01317 004	仪表板控制单元 J285 没有信号/不通信（偶尔发生的）
	01826 000	转向角度信号传感器 G85 电源端子 30（偶尔发生的）
05 驾驶识别系统	00230 010	挡位位置开关 P-F305 断路/对正极短路（偶尔发生的）
	012919 004	数据总线诊断接口 J533 没有信号/不通信（偶尔发生的）
08 全自动空调	01299 004	数据总线诊断接口 J533 没有信号/不通信（偶尔发生的）
	01317 004	仪表板控制单元 J285 没有信号/不通信（偶尔发生的）
09 车辆电气系统	01317 004	仪表板控制单元 J285 没有信号/不通信（偶尔发生的）
16 转向盘电子控制装置	01299 004	数据总线诊断接口 J533 没有信号/不通信（偶尔发生的）
	01317 004	仪表板控制单元 J285 没有信号/不通信（偶尔发生的）
17 仪表板	01299 004	网关控制单元没有信号/不通信（偶尔发生的）
46 舒适系统中央模块	01299 004	数据总线诊断接口 J533 没有信号/不通信（偶尔发生的）
4F 车辆电压 2	01299 004	数据总线诊断接口 J533 没有信号/不通信（偶尔发生的）
53 驻车制动器	00456 004	授权进入并起动控制单元 J518 没有信号/不通信（偶尔发生的）
	00576 012	端子 15 电路电器故障（偶尔发生的）
	01299 004	数据总线诊断接口 J533 没有信号/不通信（偶尔发生的）
61 能量管理	01299 004	数据总线诊断接口 J533 没有信号/不通信（偶尔发生的）
62 车门电子控制装置，左后	01299 008	数据总线诊断接口 J533 没有信号/不通信（偶尔发生的）
72 车门电子控制装置，右后	01299 008	数据总线诊断接口 J533 没有信号/不通信（偶尔发生的）
19 数据总线诊断接口		无故障

二、通用别克故障检修案例

一辆别克 GL 轿车，行驶里程 80 000 km，仪表板上的仪表灯（警告灯）有时会全部点亮，类似车辆起动后仪表自检的情况，但发动机没有熄火。

故障分析：根据故障现象，首先可以确定为间歇性电路故障。造成这种故障的可能原因有仪表故障或仪表供电的线路有接触不良的地方，因为仪表灯对应的各系统的控制单元均与 Class 2 总线有联系，因此 Class 2 总线也有存在故障的可能。

在不平的路面上进行路试，当车身起伏较大时，仪表板上的仪表灯会瞬间点亮，但很快又会熄灭，各仪表的指示变化的幅度不大。用 Tech2 检查仪表系统 IPC，无故障码，检查连接在 Class 2 总线上的各控制单元，各控制单元内部存在不同的故障码，这说明故障由 Class 2 总线引起的可能性较大。

因为各控制单元是通过组合件 SP205 连接到 Class 2 总线上的（图 6-16），所以首先检查组合件 SP205，但没有发现接触不良的情况。

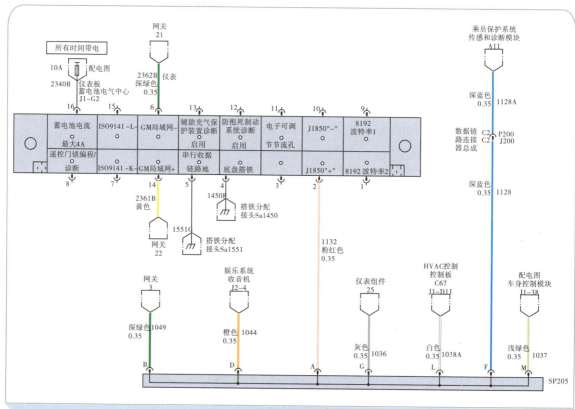

图 6-16 数据链接通信器示意图

当蓄电池的电压发生变化或接地点的电阻发生变化时，将会影响 Class 2 总线上的数据传递。将万用表的一端固定在组合件 SP205 插头的 A 脚，用电压挡测量数据线上的电压，在发动机工作时电压为 7V，正常。为了模拟故障出现的条件，大幅度晃动车身，发现该电压有时波动较大。测量发电机的发电电压为 14V，符合标准，检查主要的搭铁线，车身搭铁点 G200（图 6-17）无异常，位于变速器壳体处的搭铁点 G117/G113（图 6-18）虚接，且明显有电流烧蚀的痕迹。打磨搭铁线并妥善固定，多次路试后故障排除。

图 6-17 车身搭铁点 G200

图 6-18 变速器壳体搭铁点 G117/113

三、宝马故障检修案例

> **1. 宝马 750Li（E65）发动机无法起动故障检修**

该车行驶里程为 50 000 km，出现的故障现象是：在行驶过程中曾出现几次自动熄火问题，均都能勉强重新起动；最后一次熄火后，发动机无法起动。诊断步骤如下：

①进行试车，将点火钥匙插入 CAS 插座中，按动起动按钮，组合仪表上出现"Driving stability affected"警告信息，含义为驾驶稳定系统存在故障。踩住制动踏板，按住起动按钮，组合仪表上出现"Dynamic drive inactive"警告信息，含义为动态驾驶系统未激活。

②将车辆推入举升机工位进行检修时，发现无论怎样拨动转向柱上的换挡杆，变速器都一直锁在 P 挡，且组合仪表上显示"Transmission fail safe drive mode raterly"警告信息，含义为自动变速器起动故障安全模式。在整个试车过程中，组合仪表上的发动机故障警告灯没有点亮过，分析为 DME 控制模块的工作电源没有接通。

③连接宝马专用诊断仪进行自诊断，单击快速测试，对全车电控系统进行扫描和检测，控制单元安装位置如图 6-19 所示。诊断仪没有识别到 DME（数字式发动机控制单元）、VTC（电子控制气门）。扫描完成后进入故障信息清单界面，多个电控系统储存有故障码，记录如表 6-5 所示。

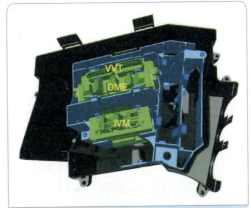

图 6-19 变速器壳体搭铁点 G117/113

VVT-电子气门控制（可调式气门控制）；
DME-数字式发动机电子伺控系统；
IVM-带熔丝的集成供电模块

表 6-5 多个电控系统储存的故障码

控制单元	故障码	故障描述
CIM 中央底盘电控系统	5D35	纵向霍尔效应传感器无信号（当前不存在）
ZGM（CAN/Byeflight）中央网关电控系统	D711	EHC 控制模块（电子高度控制系统）K—CAN 数据总线通信故障（当前不存在）
	9C90	IHKA 控制模块（集成自动取暖/空调控制）与发动机 DME 控制模块通信故障（当前存在）
	D1E1	ARS 控制模块（主动式侧翻稳定装置）来自 DME 的 CAN 数据总线的冷却温度信号故障（当前存在）
	D98F	CIM 控制模块（中央底盘电控系统）发动机系统控制模块信息缺失（当前存在）
	CF16	EGS 控制模块（电子变速器控制系统）发动机系统控制信息缺失（当前存在）
EDC 电子减振控制系统	5FFD	电子减振控制系统的唤醒总线故障（当前存在）
	5FFE	总线电压对负极短路（当前存在）
SCM-SIM（安全信息模块）电控系统	93FC	系统电压过低（当前不存在）

④将诊断仪退回至诊断主菜单，单击快速删除，对全车电控系统进行故障码清除，完成后重新查询，CIM、EDC、SCM-SIM 电控系统中的故障码被清除，ZGM 中央网关电控系统只剩下故障码 D98F 和 CF16，发动机仍然无法起动。

⑤ 联系前面诊断仪无法识别到 DME 发动机电控系统，分析可能为 DME 控制模块或相关电路故障。检查 DME 控制模块的供电和搭铁，其熔丝 F34、F40、F001 均正常。在发动机舱右侧的电控箱内找到 DME 控制模块，对照电路图对其电源线和地线针脚进行检测均正常。

⑥ 由于 VTC 是通过 LOCAN 子总线与 DME 控制模块进行通信连接的，LOCAN 子总线属于发动机电控系统局域网总线，VTC 控制模块只有通过 DME 控制模块才能被网关控制模块识别，进而才能被诊断仪识别到，因此 DME 控制模块的通信问题是关键点。

⑦ 如图 6-20 所示，从车载网络系统的组成来看，DME 控制模块是 PT-CAN 数据总线成员，在该总线上还连接有 ARS、EDC、EGS、DSC、EMF 等控制模块，只有 DME 控制模块识别不到，这说明有两种可能性：一是汽车 DME 控制模块损坏；二是 DME 控制模块的 PT-CAN 数据总线连接不良。

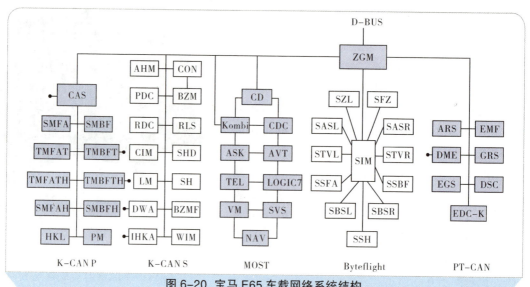

图 6-20 宝马 E65 车载网络系统结构

D-BUS- 诊断总线；K-CANP 外围总线；K-CANS 系统总线；MOST- 多媒体传输系统总线；Byteflight- 安全总线系统；PT-CAN- 动力传动系统；CAS- 便捷进入及起动系统；HKL- 后行李舱盖提升机构；PM- 供电模块；SMBF- 前乘客侧座椅模块；SMBFH- 前乘客侧后座椅模块；SMFA- 驾驶员侧座椅模块；SMFAH- 驾驶员侧后座椅模块；TMBFT- 前乘客侧车门模块；TMBFTH- 前乘客侧后车门模块；TMFAT- 驾驶员侧车门模块；TMFATH- 驾驶员侧后车门模块；AHM- 挂车模块；BZM- 中央操控中心；BZMF- 后中央操控中心；CIM- 中央底盘模块；CD- 控制显示；CON- 控制器；DWA- 防盗警告系统；IHKA- 自动恒温空调；Kombi- 组合仪表；LM- 灯光模块；PDC- 驻车距离警告系统；RDC- 轮胎压力监控；RLS- 晴雨灯光传感器；SH- 停车预热装置；SHD- 活动天窗；WIM- 刮水器模块；ZGM- 中央网关模块；AVT- 天线放大器/调谐器；ASK- 音频系统控制器；CDC- 光盘转换匣；NAV- 导航；SVS- 语音输入处理系统；TEL- 电话接口；LOGIC7- 功率放大器；VM- 视频模块；SASL- 左侧 A 柱卫星式传感器；SASR- 右侧 A 柱卫星式传感器；SBSL- 左侧 B 柱卫星式传感器；SBSR- 右侧 B 柱卫星式传感器；SFZ- 车辆中央卫星式传感器；SIM- 安全信息模块；SSH- 后部座椅卫星式传感器；SSBF- 前乘客座椅卫星式传感器；SSFA- 驾驶员座椅卫星式传感器；STVL- 左前车门卫星式传感器；STVR- 右前车门卫星式传感器；SZL- 转向柱开关中心；ARS- 主动式侧翻稳定装置；DME- 数字式发动机电子伺控系统；DSC- 动态稳定控制系统；EDC-K- 连续式电子减振控制系统；EGS- 电子变速器控制系统；EMF- 电动机械式驻车制动器；GRS- 偏航角速率传感器

⑧断开控制模块线束插头，采用测量双线之间阻值的方法进行检查，阻值约为 60 Ω，正常。打开点火开关且发动机不运行的条件下，测量双线的对地电压，CAN-L 线为 2.4 V，CAN-H 线为 2.6 V，正常。PT-CAN 数据总线连接正常。

⑨由此分析可能为 DME（数字式发动机控制单元）控制模块损坏。更换 DME 后，故障消失。

2. 宝马 745Li（E65）组合仪表显示器自动变速器和转向灯故障的检修

该车行驶里程为 3 000 km，出现的故障现象是：组合仪表和显示器显示自动变速器故障信息，安全气囊警告灯长亮，前挡刮水器及清洗功能失效，转向盘上的按钮功能失效，近光灯无法点亮、转向灯不工作等。诊断步骤如下：

①从故障现象分析，上述问题集中在转向柱及转向盘上的各类按钮或开关上，分析故障可能与转向柱开关中心 SZL 模块有关。

②连接宝马专用诊断仪进行自诊断，单击快速测试，对全车电控系统进行扫描，完成后查看故障码清单，具体如下：

● 动态稳定控制系统 DSC5.7：5EF4（转向角传感器内部故障，当前存在）。

● EDKII1 电子减振控制系统：5FF7【转向柱开关中心 SZL 模块 CAN 信息（转向角）中断，当前存在】。

● PM 电源模块：A158〔蓄电池接线柱曾经断开（休眠电流），当前不存在〕。

● EGS 自动变速器控制系统：4F56（换挡监控装置不良，当前不存在）、4F4B（挡位监控 R 不可信，当前存在）、5079（串联导线超时，当前不存在）。

● CAN/Byteflight 总线系统：SASL、SASR、STVL、STVR、SBSL、SBSR、SSH 等卫星传感器不能通信（当前存在）；转向柱开关中心 SZL 不能通信（当前存在）。

③综合上述故障，分析可能为 Byteflight 总线通信不良造成。选取"转向柱开关中心 SZL 不能通信"诊断项目，进入功能测试菜单，对 4 个测试项目逐一进行测试，分别为安全信息模块的供电电压、安全信息模块至转向柱开关中心的输出电压、光缆线路的发送和接收二极管、转向柱开关中心和转向盘电子控制装置之间的通信，结果为安全信息模块的 CAN/Byteflight 总线通信功能失效。

④图 6-21 为安全信息模块 SIM 供电示意图，安全信息模块 SIM、中央网关模块 ZGM 和熔丝 Fl5 均在手套箱后部，检查熔丝正常，拆下 SIM 检查，无损坏迹象，插回 SIM，试车发现自动变速器故障信息消失，刮水器、灯光及转向盘上的按键功能恢复，清除故障码，发现安全气囊故障灯熄灭。

⑤分析故障原因，由于蓄电池曾经出现亏电导致电源系统电压过低，安全信息模块无法正常复位，从而出现上述故障。

⑥将安全信息模块 SIM 断电使其复位，故障排除。

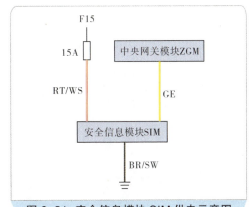

图 6-21 安全信息模块 SIM 供电示意图

课题六 各车系车载网络系统

一、填空题

1. 目前通用公司采用的车载网络总线包括_____、_____和_____3种类型。

2. UART通信采用_____单线数据线,其系统电压为_____。

3. 别克君威采用的是_____网络,由一根_____将不同的单子控制模块相连,称为_____。

二、简答题

DME控制模块损坏表现在哪几个方面?